Norbert Scholl

Religiös ohne Gott

Am besten lesen.

Am besten lesen.

Norbert Scholl

Religiös ohne Gott

Warum wir heute anders glauben

Einbandgestaltung und -abbildung: Peter Lohse, Büttelborn

Die Deutsche Nationalbibliothek verzeichnet diese Publikation
in der Deutschen Nationalbibliografie;
detaillierte bibliografische Daten sind im Internet über
http://dnb.d-nb.de abrufbar.

Der Lambert Schneider Verlag ist ein Imprint
der WBG (Wissenschaftlichen Buchgesellschaft), Darmstadt.

Die Herausgabe dieses Werks wurde durch
die Vereinsmitglieder der WBG ermöglicht.
Satz: SatzWeise, Föhren
Lektorat: Monika Thaller
Gedruckt auf säurefreiem und alterungsbeständigem Papier
Printed in Germany

Besuchen Sie uns im Internet: www.lambert-schneider-verlag.de

ISBN 978-3-650-23590-9

Inhalt

Zur Einführung

Zwei Drittel aller Deutschen, also rund 50 Millionen, sind Mitglieder der katholischen oder evangelischen Kirche. Zum Vergleich: Der nächstgrößere Verein, der Deutsche Sportbund, hat nur 25 Millionen Mitglieder. Doch die Kirchen beider Konfessionen werden immer leerer. Die Zahl der Taufen geht kontinuierlich zurück, die Zahl der Kirchenaustritte wird nicht geringer. Seit 1990 hat sich die Zahl der Katholiken in Deutschland um 2,8 Millionen bzw. um 9,9 Prozent verringert. Schon seit 1974 ist sie rückläufig.[1] Ähnlich sieht es in den Kirchen der Reformation aus.[2] 65 Prozent der Jugendlichen finden, die Kirche habe keine Antworten auf die Fragen, die sie wirklich bewegen.[3]

Andererseits geht aus einer groß angelegten, 2007 durchgeführten Umfrage der Bertelsmann Stiftung hervor, dass sich 50 Millionen von 80 Millionen Deutschen als „religiös" bezeichnen.[4] Und jeder fünfte von ihnen stuft sich sogar als „hochreligiös" ein. 10 Millionen Deutsche als „hochreligiös"?[5] Kann man von einem „Megatrend Religion"[6] sprechen?

Hier tritt eine merkwürdige Diskrepanz in unserer Gesellschaft zutage:

- einerseits stetig rückläufige Zahlen der Gottesdienstbesucher,
- andererseits weit verbreitete Religiosität – ohne Gott.

Angesichts dieser Situation erscheint es mir angebracht, den Ursachen dafür etwas intensiver nachzuspüren.

1. Religion und Religiosität

Bis in die Mitte des 18. Jahrhunderts war mit „religio“ in erster Linie eine kultisch-rituelle Handlungs- und Verhaltensweise der Gottesverehrung gemeint. Sie betraf die gesellschaftliche Lebensordnung im Ganzen, im Großen wie im Kleinen. Erst im Verlauf der Aufklärung kam es zu einer Verinnerlichung des Religionsbegriffs. Religion wird seitdem als Gefühl und Erfahrung verstanden, immer stärker im Gegensatz zum Glauben – und mit unklarer Bestimmung, was eigentlich mit Gott gemeint und wer (oder was) das in Wahrheit sei.[1] Wie soll man von Gott reden? Wie ist vom Göttlichen zu sprechen: personal, transpersonal oder gar a-personal? Wie lässt sich Religion sozial und gesellschaftsrelevant gestalten? Ist sie „Privatsache“ oder besitzt sie einen „öffentlichen Charakter“? Wie sind „Privatheit“ und „Öffentlichkeit“ miteinander in Einklang zu bringen und zu vermitteln? Fördert Religion das Leben oder behindert sie eher die Lebensentfaltung und -gestaltung? Gibt es so etwas wie gute oder böse Religion, gute oder böse Religionen? Nicht zuletzt: Ist der Mensch womöglich „unheilbar religiös“?

Alle Antworten auf die Frage „Was ist Religion?“ bleiben unvollständig, fragmentarisch, perspektivisch. Sie erfassen eine Seite und lassen andere Seiten unberücksichtigt oder blenden sie – zum Teil bewusst – aus. Ich möchte im Folgenden versuchen, einige Aspekte dieses vielschichtigen Phänomens vorzustellen.[2]

Etymologie

Der Begriff „Religion“ ist etymologisch nicht eindeutig geklärt. In der römischen Antike bezog man das Wort vor allem auf die Verben „relegere“ (= sorgfältig wahrnehmen), „reeligere“ (= wiedererwählen) und „religare“ (= zurückbinden). „Sorgfältig wahrnehmen“ lässt, dem römischen Rechtsbewusstsein entsprechend, vornehmlich an kultische Verpflichtungen und deren gewissenhafte Beachtung denken. „Wiedererwählen“ könnte daran erinnern, dass der Mensch gehalten ist, durch Opfer und Kult die Gottheit immer wieder zu versöhnen und sich neu nach ihr auszurichten. „Zurückbinden“ weist auf die Beziehung des Menschen zu den Göttern und – in christlich veränderter Akzentuierung – auf die personale Rückbindung des

Menschen an und zu Gott. Merkwürdig ist, dass es ein vergleichbares umfassendes Wort weder in der griechischen noch hebräischen Sprache gibt.

Phänomenologische Erhebung

Die etymologische Bestandsaufnahme führt zu keinem Konsens, wie der Begriff „Religion“ exakt zu fassen ist. Besser geeignet erscheint der Weg einer phänomenologischen Erhebung durch Addition oder Subtraktion. Er geht aus von einem umfassenden Überblick über die Vielfalt der existierenden Religionen in der Welt:

Durch die Addition aller Phänomene kann es gelingen, zu einem Begriff von Religion zu kommen, der ihre Fülle und Vielfalt zu fassen vermag. Die Problematik eines solchen Verfahrens liegt darin, dass die Ränder unscharf und diffus werden. So kann eine breite Palette von Phänomenen als „religiös“ bezeichnet werden, die vielleicht eher als skurril, schwärmerisch oder extravagant zu qualifizieren sind. Gleichzeitig stellt sich die Frage, ob Menschen wegen ihrer bloßen Zugehörigkeit zu einer bestimmten (institutionalisierten) Religion schon als „religiös“ apostrophiert werden dürfen, ob da nicht manches eher als Tradition, Brauchtum oder Folklore einzustufen ist.

Durch Subtraktion aller konkreten Merkmale, Ausprägungen und Bestimmungen stößt man auf den eigentlichen Kern, auf die „Substanz“ von Religion. „Religion“ ist dann zu bestimmen als Bezug des Menschen auf den Wesens-, Existenz- und Sinngrund seiner selbst. Dieser Bezug umfasst ein Erkennen und Anerkennen, ein totales, existenzielles Sich-Einlassen auf einen letzten und tiefsten, transzendenten Grund alles Seins. Eine solche weitgehende, aber keineswegs ausschließlich formale Bestimmung beschreibt die „Religion“ in allen Religionen. Sie kann deutlich machen, dass „Religion“ – so verstanden – zum Menschen als Menschen gehört und von ihm nicht gelöst werden kann.

Beschreibungsversuche

Friedrich Schleiermacher: Anschauen des Universums

Einer der Ersten, die sich mit der grundsätzlichen Frage nach dem Wesen der Religion befassen, ist *Friedrich Schleiermacher* (1768–1834). Er vertritt die Ansicht, dass „Anschauen des Universums [...] die allgemeinste und höchste Formel der Religion (ist), woraus Ihr jeden Ort in derselben finden könnt, woraus sich ihr Wesen und ihre Grenzen aufs genaueste bestimmen lassen.“[3] Sie ist das Bewusstsein unserer Einheit mit dem Unendlichen. Im „Anschauen“ geschieht eine Einflussnahme des Angeschauten auf den Anschauenden. Zum „Anschauen“ sind wir auf die ganze Welt verwiesen, überall spiegelt sich in ihr ein Teil des Ganzen. Aus dem „Anschauen“ erwächst das Bewusstsein unserer Einheit mit dem Unendlichen.

Schleiermacher wendet sich damit gegen die Auffassung von Religion als Metaphysik oder Moral und stellt ihr ein subjektives und vor-reflexives Zentrum entgegen. Religion „an sich“ ist kein objektives und universales Denken, sondern lebendige Erfahrung und kosmische Wirklichkeit. Er siedelt Religion und Religiosität nicht vorzugsweise im Bereich der Begriffe oder der ethischen Praxis an, sondern in persönlicher Innerlichkeit und Ergriffenheit. Religion ist eine Weise der Weltbetrachtung, eine mentale Disposition oder eine innere Haltung.

In der zweiten Auflage seines Werkes ersetzt Schleiermacher den Begriff „Anschauen“ durch den Begriff „Gefühl“. Religion ist „eine Bestimmtheit des Gefühls oder des unmittelbaren Selbstbewusstseins“, deren „Wesen“ darin besteht, „dass wir unserer selbst als schlechthin abhängig oder, was dasselbe sagen will, als in Beziehung mit Gott bewusst sind.“[4] Von daher rührt wohl die häufig zitierte, aber nicht ganz richtige Kennzeichnung des Schleiermacher'schen Religionsbegriffs als „Gefühl schlechthinniger Abhängigkeit“. Denn er versteht – gleich wie das „Anschauen“ – auch das „Gefühl“ nicht als einseitiges, subjektives Fühlen, sondern als ein von „allen anderen Gefühlen“ unterschiedenes Gefühl.

Rudolf Otto: Das Heilige

Ziemlich genau 100 Jahre später veröffentlicht *Rudolf Otto* (1869–1937) sein noch heute viel zitiertes Werk „Das Heilige“[5]. Im Untertitel präzisiert er genauer, was er darunter versteht: „Das Irrationale in der Idee des Göttlichen und sein Verhältnis zum Rationalen“. Otto führt darin Gedanken weiter und baut sie aus, die er bei Immanuel Kant (1724–1804) und Jakob Friedrich Fries (1773–1843) gefunden hatte.[6] Kant folgt er in der Annahme, dass es im Bewusstsein „unaussprechliche Gegenstände“ gibt, Fries in dem Begriff der „Ahndung“ als Ausdruck für das religiöse Gefühl, welches ein intuitives Wissen vom Ewigen im Endlichen ist. „Otto konnte damit die ausschließliche Verortung der Religion in der praktischen Vernunft umgehen, aber auch eine rein idealistische, spekulative Konzeption von Religion zugunsten einer erfahrungsgesättigten Theorie aufgeben.“[7] Religion ist „Erleben des Geheimnisses schlechthin; [...] das fühlbare Geheimnis alles zeitlichen Daseins überhaupt und das Durchscheinen der ewigen Wirklichkeit durch den Schleier der Zeitlichkeit für das aufgeschlossene Gemüt."[8]

Das schon bei Schleiermacher als grundlegendes religiöses Phänomen beschriebene „Gefühl" bestimmt Otto etwas präziser als „Begeisterung, Ergebung und Andacht". „Begeisterung" schafft die Unterscheidung zum Profanen, „Ergebung" ist ein innerreligiöses Gefühl, das die Abhängigkeit anerkennt und die Sehnsucht nach Erlösung weckt, „Andacht" schließlich ist das positive Gefühl des Vertrauens und Hoffens. Otto fasst alle drei im Gefühl des „Numinosen" zusammen und definiert dieses als Erfahrung eines Geheimnisses, das zugleich „tremendum" und „fascinans" ist, beunruhigend-erschreckend und faszinierend-anziehend. Es handelt sich hierbei um ein Gefühl, das letztlich allen Religionen zugrunde liegt, das den Kern für die Entwicklung und Entfaltung des Wesens einer Religion darstellt. Die Herkunft bleibt geheimnisvoll und unzugänglich. Deswegen wird es als Mysterium, als Geheimnis, erfahren. Dieses „Irrationale in der Idee des Göttlichen" (vgl. Untertitel von „Das Heilige") verunmöglicht eine konsequente Beschreibung in rationalen Begriffen. Darum müssen Symbole und Analogien an deren Stelle treten, wie es ja auch die Bibel bereits vormacht.

Carl Gustav Jung: Beziehung zu dem höchsten und stärksten Wert

Carl Gustav Jung (1875–1961) übernimmt den von Rudolf Otto geprägten Begriff des Numinosen. Religion ist „eine sorgfältige und gewissenhafte Beobachtung dessen, was Rudolf Otto treffend das ‚Numinosum' genannt hat, nämlich eine dynamische Existenz oder Wirkung, [...] die Wirkung ergreift und beherrscht das menschliche Subjekt, welches immer viel eher ihr Opfer denn ihr Schöpfer ist." Jung verknüpft den Begriff mit seiner Theorie von den Archetypen des kollektiven Unbewussten: „Religion ist eine Beziehung zu dem höchsten und stärksten Wert, sei er nun positiv oder negativ. [...] Diejenige Tatsache, welche die größte Macht in einem Menschen besitzt, wirkt als ‚Gott', weil es immer der überwältigende psychische Faktor ist, der ‚Gott' genannt wird."[9]

Sigmund Freud: In die Außenwelt projizierte Psychologie

Sigmund Freud (1856–1939) wirft der Religion vor, die Werte des Lebens und der Vernunft gering zu schätzen. Darüber hinaus belasse sie den Menschen in einem psychischen Infantilismus, ja sie verleite ihn sogar zu Unaufrichtigkeit und Heuchelei: „Wenn es sich um Fragen der Religion handelt, machen sich die Menschen aller möglichen Unaufrichtigkeiten und intellektuellen Unarten schuldig."[10] Religion ist nichts anderes „als in die Außenwelt projizierte Psychologie."[11] Andererseits sieht Freud in der Religion durchaus einen wichtigen Faktor der Erziehung. In Bezug auf die „Geschichte eines infantilen Jungen" gesteht er zu: „Die Religion hat in diesem Falle alles das geleistet, wofür sie in der Erziehung des Individuums eingesetzt wird. Sie hat seine Sexualstrebungen gebändigt, indem sie ihnen eine Sublimierung und feste Verankerung bot, seine familiären Beziehungen entwertet und damit einer drohenden Isolierung vorgebeugt, dadurch, daß sie ihm den Anschluß an die große Gemeinschaft der Menschen eröffnete. Das wilde, verängstigte Kind wurde sozial, gesittet und erziehbar. [...] So tat die Religion ihr Werk bei dem kleinen Entgleisten durch Mischung von Befriedigung, Sublimierung, Ablenkung vom Sinnlichen auf rein geistige Prozesse, und die Eröffnung sozialer Beziehungen, die sie dem Gläubigen bietet."[12]

In seinem letzten, 1939 erschienenen Werk „Der Mann Moses und die monotheistische Religion"[13] reflektiert Freud noch einmal die bereits in „Totem und Tabu"[14] vorgetragene Auffassung zur Entstehung der Religion und ihrer Funktion: „Wir haben aus den Psychoanalysen von Einzelpersonen erfahren, daß ihre frühesten Eindrücke, zu einer Zeit aufgenommen, da das Kind noch kaum sprachfähig war, irgend einmal Wirkungen von Zwangscharakter äußern, ohne selbst bewußt erinnert zu werden. Wir halten uns für berechtigt, dasselbe von den frühesten Erlebnissen der ganzen Menschheit anzunehmen. Eine dieser Wirkungen wäre das Auftauchen der Idee eines einzigen großen Gottes, die man als zwar entstellte, aber durchaus berechtigte Erinnerung anerkennen muß. Eine solche Idee hat Zwangscharakter, sie muß Glauben finden. Soweit ihre Entstellung reicht, darf man sie als *Wahn* bezeichnen. Insofern sie die Wiederkehr des Vergangenen bringt, muß man sie *Wahrheit* heißen. Auch der psychiatrische Wahn enthält ein Stückchen Wahrheit, und die Überzeugung des Kranken greift von dieser Wahrheit aus auf die wahnhafte Umhüllung über."[15]

Mircea Eliade: Die Wirklichkeit auf eine bestimmte Art und Weise erleben

Mircea Eliade (1907–1986) macht darauf aufmerksam, dass jedes Ding zu etwas Heiligem werden kann. Religion bedeutet, die Wirklichkeit auf eine bestimmte Art und Weise zu erleben. „Für den religiösen Menschen ist die

Natur niemals nur ‚natürlich': Sie ist immer von religiöser Bedeutung erfüllt. […] Die Welt ist so beschaffen, daß der religiöse Mensch, indem er sie betrachtet, die vielfachen Formen des Heiligen und damit des Seins entdeckt."[16] So erscheint der gesamte Kosmos als eine Manifestation des Heiligen, als „Hierophanie". Die kosmischen Symbole weihen ihn in die Grundwirklichkeit der Existenz ein – denn Sonne und Erde, Wasser, Berg, Wald und Quelle offenbaren ihm das Göttliche. In den Erscheinungen und Gestalten der Welt offenbart sich ihm das Transzendente. Es ließ sich in Dingen nieder, um ihren Kultur- oder Naturcharakter zu verwandeln. Für Eliade schließt die Religion immer den Gegensatz von heilig und profan mit ein. „Eine Hierophanie setzt eine mehr oder minder deutliche Auswahl, eine Besonderung voraus."[17] Wie der Gegenstand einer Hierophanie verkörpert auch der religiöse Ritus das Heilige. Er wiederholt eine „archetypische Handlung, die von den Ahnen oder den Göttern in illo tempore [am Anfang der Geschichte, N. S.] ausgeführt wurde. […] In der Wiederholung koinzidiert der Ritus mit seinem ‚Archetyp', die profane Zeit wird aufgehoben. Wir wohnen gleichsam jenem in illo tempore, in der kosmischen Frühzeit vollzogenen Vorgang, noch einmal bei."[18] Auch die räumliche Struktur des Universums wie seine zeitliche Entfaltung haben heiligen Charakter.[19] Die Gegenwart des Heiligen schafft im irdischen Raum ein Verweisungszentrum, einen festen Punkt, an dem der Raum festgemacht ist, einen Ort, auf den er sich gründet. Es handelt sich hier aber zunächst keineswegs um eine kosmische Theorie. Das Heilige kann sich nämlich an jedem beliebigen Ort niederlassen. Aber der Gegenstand oder Ort, an dem es sich ansiedelt, wird symbolisch zu der Stelle, an der sich das Diesseitige mit dem Jenseitigen verbindet. Diese symbolische Gegenwart des Heiligen ist es, die die Naturreligionen in ihrem Wesen charakterisiert. Das Heilige bildet den allgegenwärtigen Horizont der menschlichen Welt.

Erich Fromm: Orientierungssystem des Denkens und Tuns, das von einer Gruppe geteilt wird

Der Psychoanalytiker und Religionsphilosoph *Erich Fromm* (1900–1980) weitet den Religions-Begriff noch mehr aus. Er versteht unter Religion „jedes System des Denkens und Tuns, das von einer Gruppe geteilt wird und dem Individuum einen Orientierungsmaßstab und einen Gegenstand der Hingebung bietet." Und er vertritt die Ansicht, dass es „keine geschichtliche Kultur (gibt) – noch kann es eine künftige geben –, die nicht Religion in diesem weiten Sinne mit einschlösse. Doch brauchen wir nicht bei dieser bloß beschreibenden Feststellung stehen zu bleiben. Das Studium des Menschen führt uns zu der Erkenntnis, daß das Bedürfnis nach einem gemeinsamen Orientierungssystem und einem Gegenstand der Hingebung in den Grundlagen des menschlichen Daseins tief verwurzelt ist." Jeder Mensch habe ein Bedürfnis nach einem Orientierungssystem und einem Objekt der Hingabe. Aber diese Feststellung besagt noch nichts über den besonderen Rahmen, in dem dieses religiöse Bedürfnis sich äußert. Der Mensch könne einen unsichtbaren Gott, einen Heiligen oder einen diabolischen Führer anbeten; er könne seine Vorfahren, seine Nation, seine Klasse oder Partei, das Geld oder den Erfolg vergöttern; seine Religion könne dem Zerstörungsgeist oder der Liebe, der Unterdrückung oder der Brüderlichkeit förderlich sein, könne die Kraft seiner Vernunft stärken oder lahmlegen, der Mensch könne sich seines Systems als einer Religion bewusst sein oder glauben, er habe keine Religion, und seine Hingabe an angeblich weltliche Ziele, wie Macht, Geld oder Erfolg, für nichts weiter halten als seinen Wunsch nach etwas Nützlichem und Praktischem. „Die Frage lautet nicht: *irgendeine Religion oder keine?*, sondern: *welche Art Religion*? Fördert sie die Entwicklung des Menschen, die Entfaltung der spezifisch menschlichen Kräfte, oder unterbindet sie sie?"[20]

Hermann Lübbe: Dienlichkeit für das menschliche Leben

Ein eher „funktionaler" Religionsbegriff richtet das Augenmerk vor allem auf die Bedeutung der Religion im Hinblick auf die „Dienlichkeit" für das menschliche Leben. Der Begriff beschreibt, wie Religion in und auf Gesellschaft und Person wirkt. Aus dieser Perspektive versucht *Hermann Lübbe* (geb. 1926) eine analytische Rechtfertigung der Religion als „Verhalten zum Unverfügbaren".[21] Kant definierte Aufklärung als „Ausgang des Menschen aus seiner selbstverschuldeten Unmündigkeit". In dieser erkannte er „das Unvermögen, sich seines Verstandes ohne Leitung eines anderen zu bedienen". Warum sollte der Mensch nicht versuchen, in freier Selbstbestimmung, das heißt unabhängig von der Autorität religiöser Tradition, sein Leben einzurichten? Hat durch den europäischen Aufklärungsprozess die Wissenschaft die Religion ersetzt? Oder zeigt sich die Widerstandsfähigkeit der Religion nach der Aufklärung gerade darin, dass sie sich im Zeitalter totalitärer Ideologien als Anwalt des Menschen erweist? Lübbe erinnert daran, dass sich die politische, kulturelle und soziale Stellung der Religion durch die Aufklärung folgenreich gewandelt hat. Die Aufklärung verfolgte ja keineswegs eine Abschaffung der Religion. Die Aufklärer des 18. Jahrhunderts waren in ihrer großen Mehrheit keine Ungläubigen. Was sich nicht geändert hat, sind die uralten Fragen nach dem Sinn des Lebens, des Leidens, der Geschichte überhaupt. In einer religiös bestimmten Kultur werden sie wachgehalten und beantwortet, indem in ihr gelernt wird, das Geschick der Sterblichkeit anzunehmen, ohne zu resignieren. Daraus ergibt sich die geschichtskritische Bedeutung der Religion, vor allem in ihrer jüdisch-christlichen Ausprägung. Nach Lübbe ist Religion nicht ersetzbar, ja sie gehört heute „zu den Erhaltungsbedingungen aufgeklärter Kultur". Die Diskussion um die Grundwerte und die Menschenrechte zeigt, dass die Frage nach ihrer Begründung in einer säkularisierten Welt letzten Endes auf die religiöse Wurzel von Begriffen wie Menschenwürde, Freiheit und Verantwortung führt.

Thomas Luckmann: Unsichtbarkeit

Der Religionssoziologe *Thomas Luckmann* (geb. 1927) vertritt in seinem vor vierzig Jahren zunächst in englischer Sprache verfassten Buch „Die Unsichtbarkeit der Religion"[22] die These, dass religiöses Verhalten in zunehmendem Maße nicht mehr institutionell gebunden oder bedingt sein wird. Die Religion verlagert sich ins Private und wird damit zunehmend „unsichtbar". Denn, so meint Luckmann, jedem Menschen eignet eine gewisse Religiosität, gleichgültig wie er eine institutionalisierte Religion bewertet. Der Soziologe glaubt, dass die Fähigkeit zu religiösem Verhalten den Unterschied zwischen Mensch und Tier ausmacht, weil es Tieren nicht möglich sei, ihr Verhalten zu reflektieren und es in einem zeitlichen und räumlichen Sinnzusammenhang zu sehen.[23] Dieser Prozess entwickelt sich im Laufe der Evolution von einer rein biologisch-unreflektierten auf eine menschlich-reflektierte, bewusste Ebene. In der subjektiven Ausformung und Aneignung wird er durch den Einzelnen zu einer „Weltansicht".[24] Innerhalb dieser „Weltansicht" kann sich ein Sinnbereich herauskristallisieren, „der ‚religiös' genannt wird. Dieser Bereich enthält Symbole, die eine wesentliche, ‚strukturelle' Eigenschaft der ganzen Weltansicht widerspiegeln: ihre innere Bedeutungshierarchie. Allein der Umstand, dass dieser Bereich stellvertretend für die religiöse Funktion der gesamten Weltansicht steht, berechtigt uns, ihn religiös zu nennen."[25] Luckmann bezeichnet an anderer Stelle diesen Sinnbereich als einen „heiligen Kosmos".[26] Denn dieser Kosmos transzendiert die alltägliche Welt und wird darum als „geheimnisvoll und andersartig erfahren. Wenn das tägliche Leben ‚profan' ist, so erscheint die transzendente Welt als ‚heilig'."[27] Erfahrungen dieses „heiligen Kosmos"

„reichen von der Hilflosigkeit im Angesicht unkontrollierbarer Ereignisse bis zum Wissen um den Tod. Sie werden regelmäßig von Angst oder Ekstase (oder einer Mischung aus beidem) begleitet. Erfahrungen dieser Art werden in aller Regel als unmittelbare Äußerungen der Wirklichkeit des sakralen Bereichs aufgefasst. Sowohl der ‚letzte Sinn' des Alltagslebens wie auch der Sinn außergewöhnlicher Erfahrungen haben also ihren Ort in diesem ‚anderen', ‚heiligen' Wirklichkeitsbereich."[28]

Mit dem Begriff „unsichtbare Religion" gelingt es Luckmann, deutlich zu machen, dass der ständig schrumpfende Geltungsbereich der von religiösen Institutionen getragenen offiziellen Darstellung von „Religion" keineswegs ein religiöses Vakuum hinterlässt. Denn Religion ist eine anthropologische Grundgegebenheit; der Mensch bleibt religiös. Wohl aber verschwinden zunehmend jene Formen, die von den traditionellen religiösen Institutionen repräsentiert wurden. Basis einer neu entstehenden Religion bildet die „Privatsphäre". Die Folge ist eine Vielfalt höchst unterschiedlicher Modelle von „privater" (und darum für die Öffentlichkeit unsichtbarer) Religion, die häufig in Konkurrenz zu den „Restbeständen" des offiziellen Modells der Religion treten und auf Dauer deren Mitgliedszahlen reduzieren, wenn nicht gar ihren Bestand gefährden.

Jürgen Habermas: Funktion, soziale Integration zu generieren

Jürgen Habermas, der im Jahre 2009 seinen 80. Geburtstag feierte und aus diesem Anlass weltweit als „Großphilosoph" (DIE ZEIT) geehrt wurde, schien als prominenter Vertreter der Frankfurter Schule anfangs der Religion keineswegs nahezustehen. In den 40 Jahren, die seitdem vergangen sind, hat sich seine Einstellung offensichtlich geändert. So trat er in der Friedenspreisrede von 2001 verstärkt für ein konstruktives Miteinander von Glauben und Vernunft ein. Drei Jahre später diskutierte er mit dem damaligen Kardinal Joseph Ratzinger über die vorpolitischen Grundlagen des demokratischen Rechtsstaates. In der Aufsatzsammlung „Zwischen Naturalismus und Religion" von 2005 plädiert er für die Akzeptanz von Religionen als Sinnressource der Demokratie. Er verlangt, die demokratische Öffentlichkeit müsse auch für religiöse Beiträge offenbleiben und dürfe sich nicht von diesen Ressourcen der Identitäts- und Sinnstiftung abschneiden.[29]

Im Februar 2007 nahm Habermas an einer Podiumsdiskussion mit Vertretern der Hochschule für Philosophie der Jesuiten in München teil.[30] Gleich zu Anfang seines Gesprächsimpulses erinnert Habermas an die Totenfeier für Max Frisch, die 1991 nach dem Willen des Verstorbenen zwar in der Stiftskirche St. Peter in Zürich stattfand, aber ohne jeden Anklang an ein religiöses Ritual: „Kein Priester, kein Segen." – „Damals habe ich die Veranstaltung nicht für merkwürdig gehalten. Aber deren Form, Ort und Verlauf sind merkwürdig. [...] Max Frisch – ein Agnostiker, der jedes Glaubensbekenntnis verweigerte – hat offenbar die Peinlichkeit nichtreligiöser Bestattungsformen empfunden und durch die Wahl des Ortes öffentlich die Tatsache dokumentiert, dass die aufgeklärte Moderne kein angemessenes Äquivalent für eine religiöse Bewältigung des letzten, eine Lebensgeschichte abschließenden rite de passage gefunden hat."

Das langsam erwachte Interesse an der Religion hängt wohl damit zusammen, dass Habermas die funktionale Dienlichkeit der Religion erkannt hat. Trotz des wachsenden Abstands zu religiösen Überlieferungen ist deren normativer Gehalt für praktische Lebensbewältigung zu beachten. Der Religion komme so lange eine Bedeutung zu, wie die Funktion, soziale Integration zu generieren, nicht von der kommunikativen Vernunft selbst geleistet werden kann. Die „moderne Vernunft wird sich selbst nur verstehen lernen, wenn sie ihre Stellung zum zeitgenössischen, reflexiv gewordenen religiösen Bewusstsein klärt, indem sie den gemeinsamen Ursprung der beiden komplementären Gestalten des Geistes aus jenem Schub der Achsenzeit begreift."[31]

Habermas plädiert dafür, dass Religion auch in einer säkularisierten Gesellschaft nicht an den Rand gedrängt und aus dem öffentlichen Bewusstsein gleichsam ausgeschlossen werden darf. Denn sie bleibt nach seiner Überzeugung relevant, solange die Gesellschaft einen „Sinn von Humanität"[32] bewahren möchte, wie er ursprünglich in der Religion zur Geltung gebracht worden ist. Um in einer säkularen Gesellschaft verstanden und akzeptiert zu werden, muss sich die Religion dazu allerdings einer säkularen Sprache und säkularer Begründungen bedienen: „Ohne eine gelingende Übersetzung besteht keine Aussicht, dass der Gehalt religiöser Stimmen in die Agenden und Verhandlungen staatlicher Institutionen Eingang findet und im weiteren politischen Prozess ‚zählt'."[33] Solche Übersetzungsprozesse erfordern ein Reflexwerden religiöser Überzeugungen. Religiöse Menschen können nicht nur in der Innenperspektive ihrer Glaubensüberzeugungen verbleiben. Sie müssen ihre Glaubensüberzeugung auch aus der „Außenperspektive", also aus der Perspektive der Nichtglaubenden, reflektieren und sich von ihnen befragen lassen. Nur unter dieser Voraussetzung ist es möglich, religiöse Überzeugungen in nichtreligiöse Sprach- und Denkzusammenhänge hineinzuübersetzen und sie durch Gründe zu untermauern. Hier sind Bereitschaft und Fähigkeit zu einem Perspektivenwechsel gefordert.

Die besondere Bedeutung der Religion in dieser Situation kann vor allem darin bestehen, dass sie den Menschen auf das verweist, was in der Sprache der traditionellen Theologie mit „Geschöpflichkeit“ gemeint ist. In einem säkularen Kontext umfasst der Bedeutungsgehalt der theologischen Rede von der Geschöpflichkeit des Menschen im Wesentlichen dreierlei:

Der Mensch muss erstens davon ausgehen, dass sein Dasein unaufhebbar „zufällig“, kontingent, ist, dass es immer mitbestimmt bleibt von seiner natürlichen Abstammung wie auch von seiner soziokulturellen Herkunft.

Zum Zweiten verweist die theologische Rede von der Geschöpflichkeit auf den anthropologischen Tatbestand, dass kein Mensch sich ursprünglich sich selbst, seinem eigenen Wollen und Wirken verdankt. So gründet auch die Fähigkeit, sein Leben in autonomer Weise zu bestimmen und die Verantwortung dafür zu übernehmen, nicht in einem Akt autonomer Selbstbestimmung.

Drittens lenkt die theologische Rede von der menschlichen Geschöpflichkeit den Blick darauf, dass der Mensch sich auch insofern selbst entzogen bleibt, als die Verfügbarkeit über sich selbst und das eigene Leben nicht unbegrenzt ist.

Der religiöse „Mehrwert“ der Rede von der menschlichen Geschöpflichkeit bleibt auch angesichts einer solchen Übersetzung ihres anthropologischen Gehalts in eine säkulare Sprache erhalten. Er besteht darin, dass das menschliche Dasein auch in seiner vielfältigen Gebrochenheit und Unvollkommenheit als ein im Ganzen sinnvolles begriffen und bejaht werden kann. Denn in einem religiösen Zusammenhang dürfen die Menschen sich gerade als solche unbedingt anerkannt und angenommen wissen.[34]

Edward Osborne Wilson: Produkt der biologischen Evolution

Neuere soziobiologische Forschungen vertreten die These, dass „Religion“ eine wichtige Rolle innerhalb der evolutionären Entwicklung gespielt habe: „Die höchsten Formen der Religionsausübung verleihen, betrachtet man sie näher, einen biologischen Vorteil.“[35] So sieht es der Soziobiologe *E. O. Wilson* (geb. 1929). Religion sei „nichts anderes als“ eine von den Genen gesteuerte Anpassungsstrategie des Gehirns zum Zweck der Optimierung der „fittesten“ Gene der Art. Religion ist demnach ein Produkt der biologischen Evolution, das in frühen Zeiten der Kulturgeschichte einen hilfreichen Beitrag zur Bewältigung des Daseins geliefert haben mag, insbesondere dadurch, dass die Religion das (moralische) Verhalten prägte und sie so der Gemeinschaft diente. „Religion“ bot offenbar beim Kampf ums Überleben einen Selektionsvorteil und wurde darum von Generation zu Generation weitergegeben.

Paul Tillich: Dimension der Tiefe in allen Funktionen des menschlichen Geisteslebens

Der Theologe *Paul Tillich* (1886–1965) sieht Religion als die „Tiefe des menschlichen Geisteslebens". Unter einem besonderen Blickpunkt stelle sich der menschliche Geist als religiös dar. Es ist jener Blickpunkt, „von dem aus wir in die Tiefe des menschlichen Geisteslebens blicken können. Die Religion ist keine spezielle Funktion, sie ist die Dimension der Tiefe in allen Funktionen des menschlichen Geisteslebens. Aus dieser Behauptung ergeben sich für die Interpretation der Religion weitreichende Folgerungen, und jeder der in ihr verwandten Begriffe bedarf der Erläuterung."[36] Und an anderer Stelle schreibt er: Die Religion „ist überall zu Hause, nämlich in der Tiefe aller Funktionen des menschlichen Geisteslebens. Die Religion ist die Tiefendimension, sie ist die Dimension der Tiefe in der Totalität des menschlichen Geistes." Die Metapher der Tiefe bedeutet, „dass die religiöse Dimension auf dasjenige im menschlichen Geistesleben hinweist, das letztlich, unendlich, unbedingt ist. Religion ist im weitesten und tiefsten Sinne des Wortes das, was uns unbedingt angeht. Und das, was uns unbedingt angeht, manifestiert sich in allen schöpferischen Funktionen des menschlichen Geistes. [...] Das, was uns unbedingt angeht, wird offenbar in dem Reich des Erkennens als das leidenschaftliche Verlangen nach letzter Realität."[37]

Weil die Religion Grund und Tiefe des menschlichen Geisteslebens bildet, hat sie eine doppelte Wirkung. Sie kann „der Entmenschlichung ebenso dienen wie der Rettung des Menschlichen. [...] Diese Doppelwirkung fordert einen doppelseitigen Religionsbegriff. Und ohne diese Doppelseitigkeit kann niemand etwas von der Geschichte, der Religion und von den Problemen seines eigenen religiösen Lebens verstehen. Und sicherlich kann er nichts Grundsätzliches über das Verhältnis von Humanität und Religion aussagen. [...] In der Religion wird die Frage nach dem Sinn unseres Seins gestellt und eine Antwort gegeben. Und darum, wo immer diese Frage mit unbedingtem Ernst und unendlicher Leidenschaft gestellt wird, da ist Religion, ganz gleich, ob in der Antwort von Gott die Rede ist oder nicht. Wo die Frage nach dem Sinn des Seins so gestellt wird, da ist heiliger Grund, selbst wenn im Heiligen das Dämonische überwiegt. Und dann müssen wir sagen, dass keine Humanität möglich ist, die nicht auf diesem Grund erwachsen ist und ihm dauernd verbunden bleibt." Aus diesem Grund heraus „wächst Humanität in immer neuen Formen, mit immer neuen Einsichten. Denn es gibt kein absolutes Ideal der Humanität, auch nicht das klassische. Durch die dämonischen Verzerrungen, denen die Religionen unterliegen, verzerren und verderben sie die von ihnen geschaffene Humanität. Die Religionen sind beides: Stätten der Menschwerdungen und Stätten der Menschenopfer."[38]

Die hier kurz skizzierten Beschreibungsversuche zeigen: „Religion" umfasst und erfasst den ganzen Menschen mit allen seinen Möglichkeiten und Fähigkeiten. „Religion" ist keine Randerscheinung des menschlichen Lebens – wenn auch nicht zu verkennen ist, dass an den vielfachen Grenzsituationen des menschlichen Daseins (Geburt, Leid, Tod) die religiöse Grundverfassung sich intensivieren oder aus der zeitweiligen Verdeckung oder Verkümmerung hervortreten kann. „Religion ist der wesensgemäße, sachliche, aber auch nachgewiesenermaßen zeitlich-geschichtliche Ursprung von Recht, Sittlichkeit, Ethos, Kultur. Kraft dieses Ursprungsgesetzes besitzt die Religion die Funktion einer ‚ursprünglichen' richterlichen Instanz und eines immer wieder geforderten Kriteriums ungeachtet der unbestrittenen Eigengesetzlichkeit all dieser Bereiche" (H. Fries[39]).

Könnte es sein, dass die tradierten Ausdrucksformen von Religion, wie sie die etablierten Kirchen (nicht nur) in Deutschland anbieten und praktizieren, dem heute verbreiteten gesellschaftlichen Empfinden nicht mehr entsprechen und dass deshalb die Kirchen immer leerer werden, obwohl zwei Drittel der Deutschen sich durchaus als „religiös" einschätzen? Ich möchte dieser Frage nun etwas nachgehen.

2. Schwindende Akzeptanz: Tradierte religiöse Ausdrucksformen

„Die Religion wird ihre alte Kraft nicht wiedererlangen, solange sie Veränderungen nicht in demselben Geiste begegnen kann wie die Wissenschaft. Ihre Prinzipien mögen zeitlos sein, aber der Ausdruck dieser Prinzipien verlangt eine kontinuierliche Weiterentwicklung.“[1] So urteilte schon 1925 der britische Philosoph und Mathematiker Alfred North Whitehead. Die Religionen hierzulande sind dieser Einsicht nur in sehr beschränktem Maße nachgekommen. Die Ausdrucksform von „Religion“, wie sie von den etablierten Kirchen dargestellt und angeboten wird, scheint sich stattdessen sogar noch weiter von der realen Welt entfernt zu haben. Der Katholizismus ist zumindest in seiner lehramtlichen Gestalt „prämodern“ geblieben, stellt der Philosoph Herbert Schnädelbach fest. Er meint damit ein Verständnis des Glaubens, das diesen nicht aus subjektiven Erfahrungen der Evidenz und Gewissheit heraus begreife, sondern aus pseudokognitiven Sätzen, zu deren Fürwahrhalten sich Gläubige entschlössen, was allerdings nicht ohne das Opfer des Intellekts, des Anspruchs auf Selbstdenken, abgehen könne.[2]

Die in Europa von den großen Kirchen tradierte und praktizierte Form von Religion ist zu einer altertümlich erscheinenden Sonderwelt geworden – mit eigenem, nur Insidern (wenn überhaupt) verständlichen Sprachsystem, eigenen manchmal reichlich folkloristisch anmutenden Riten und eigenen, dogmatisch festgelegten archaischen Gottesvorstellungen.

Ich möchte das im Folgenden an drei Aspekten exemplarisch aufzeigen und illustrieren.

Abgehobene Sondersprache

Die religiöse Sprache, wie sie im theologischen Schrifttum und in den Gottesdiensten der etablierten Kirchen zumeist verwendet wird, ist weitgehend zu einer Sondersprache geworden, die von den meisten als etwas Fremdes, wie einer anderen Welt Zugehöriges empfunden wird. Die meisten Texte kranken daran, dass sie ein veraltetes Weltbild widerspiegeln. Die Sprache wirkt weithin wie eine Sache von gestern, die mit der Welt von heute nicht mehr viel zu tun hat. „Welt“ und „Religion“ werden als zwei verschiedene, voneinander getrennte Bezirke mit unterschiedlichen Sprachsystemen wahrgenommen. Das Profane, das „Weltliche“ besitzt eine allen Menschen zugängliche, für alle erfahrbare Realität; das Sakral-Religiöse erscheint davon abgehoben, welt-entrückt. Damit aber wird es zu etwas Irrealem, Weltfernem, Weltfremdem. Das Profane ist angefüllt mit den höchst realen Lebenserfahrungen und Lebensbedingungen der Menschen; das Sakrale wirkt leer und unwirklich. Das Profane ist etwas, das man ernst zu nehmen hat, weil man täglich mit ihm zu tun bekommt, weil es einen überall angeht; das Sakrale braucht man nicht ernst zu nehmen, es geht niemanden wirklich an. Es ergreift niemanden, es erzeugt keine Ergriffenheit, es macht nicht betroffen.

Zwei Beispiele mögen das illustrieren.

- Der Rat der Evangelischen Kirche in Deutschland (EKD) hat im Jahr 2008 eine „Orientierungshilfe“ in Sachen Taufe durch eine Kommission unter Leitung des Kirchenhistorikers und Präsidenten der Berliner Humboldt-Universität, Christoph Markschies, erarbeiten lassen. Darin heißt es über den durch die Taufe vermittelten Heiligen Geist: „Dieser Geist schenkt Kraft zu Glaube, Liebe und Hoffnung und konkretisiert sich in einer Vielzahl von Geistesgaben. Die Taufe mit dem Heiligen Geist, die dadurch verliehene Kraft und der dadurch geschenkte Trost sind keine magische Angelegenheit, vielmehr ist der Heilige Geist ‚der intimste Freund des gesunden Menschenverstandes‘ (Karl Barth). Er ist der Tröster, den Jesus den Seinen nach seiner Auferstehung sendet (vgl. Johannes 16,14). Menschen werden so durch die Taufe fähig, ihr eigenes Leben in der Gewissheit der Gegenwart Gottes und im Gehorsam gegenüber Gottes Wort verantwortlich zu gestalten und in den Dienst ihrer Nächsten zu stellen. Anders formuliert: Der Heilige Geist gibt den Getauften die Kraft, ein Leben als Zeugen Jesu Christi zu führen.“ Der Heilige Geist mache die Getauften, so weiß die Kommission außerdem, „lebenstüchtiger und gemeinschaftstauglicher, weil sie sich so weder über- noch unterschätzen.“[3]
- Im Gotteslob, dem offiziellen Gebet- und Gesangbuch der katholischen Kirche im deutschsprachigen Raum, ist folgendes Dankgebet für die Taufe abgedruckt:
  „Ich danke dir, Vater im Himmel, dass ich aus Wasser und Geist neu geboren wurde in der Taufe. Ich darf mich dein Kind nennen, denn du hast mich aus Schuld und Tod gerufen und mir Anteil an deinem Leben geschenkt. Ich danke dir, Jesus Christus, Sohn des Vaters, für deinen Tod und deine Auferstehung. Wie die Rebe mit dem Weinstock, so bin ich

mit dir verbunden; ich bin Glied an deinem Leib, aufgenommen in das heilige Volk zum Lob der Herrlichkeit des Vaters. Ich danke dir, Heiliger Geist, dass deine Liebe ausgegossen ist in unsere Herzen. Du lebst in mir und willst mich führen zu einem Leben, das Gott bezeugt und den Brüdern dient. So kann ich einst mit allen Heiligen das Erbe empfangen, das denen bereitet ist, die Gott lieben.“[4]

Die Sachverhalte, die da verhandelt werden, sind den noch religiös sozialisierten Kirchenbesuchern bekannt. Sie brauchen vielfach nur die Anfangsstichworte zu hören, um Bescheid zu wissen. Es besteht für sie nach der ersten Andeutung kaum noch Ungewissheit, wie etwa die Rede weitergehen wird. Das meiste, was in kirchlicher Verkündigung zu hören ist, sind verbale Variationen, wenn nicht gar mehr oder minder wörtliche Wiederholungen altbekannter Themen und Lehrsätze. Das Interesse der Zuhörerinnen und Zuhörer wird kaum mehr geweckt. Erwartungshaltung und Neugier auf das Angebotene kommen kaum mehr zustande. Allenfalls die Art des Wie, die Weise der Vermittlung, das didaktische Geschick des Predigers oder des Religionslehrers, stößt noch auf Interesse.

Schon vor 40 Jahren hat ein Sprachforscher die für die religiöse Rede höchst beunruhigende Forderung aufgestellt: „Damit [...] eine Kommunikationsverbindung zustande kommt, müssen Signale wenigstens einen gewissen Überraschungswert besitzen, sie müssen zu einem gewissen Teil unerwartet sein – andernfalls ist die Übertragung Zeitverschwendung.“[5] Wie der Tod eines Witzes häufig darin besteht, dass die Pointe schon im Voraus gewusst wird, so zerfällt der Reiz jeder Nachricht mit dem Grad ihrer Bekanntheit. Das hat fatale Folgen. Denn Psychologen sagen: „Das Interesse am Neuen bezieht sich auf einen Reizbereich, der zwischen allzu homogenen und vertrauten Reizen einerseits und allzu fremdartigen (furchterregenden) andererseits liegt.“[6] Religion, wie sie von den etablierten Kirchen angeboten und vorgestellt wird, erscheint demnach als uninteressant, wenig überraschend und kaum anreizend.

Ein treffendes Beispiel dafür bringt Martin Walser:

„Mit Lissa in der Kirche. Konnte nicht beten. Die feierliche Amtssprache der Kirche klang fremd. Kunstgewerbevokabular. Glauben die Frommen, Gott höre sie nur, wenn sie beten, er habe keine Ahnung von den Worten, die sie sonst denken und sagen? Man kann sich nicht vorstellen, dass der Pfarrer erlebt hat, was er in der Predigt erzählt. Mein Leben ist in der Gebetssprache nicht mehr unterzubringen. Ich kann mich nicht mehr so verrenken. Ich habe Gott mit diesen Formeln geerbt, aber jetzt verliere ich ihn durch diese Formeln. Man macht einen magischen Geheimrat aus ihm, dessen verschrobenen Sprachgebrauch man annimmt, weil Gott ja von gestern ist.“[7]

Eine weitere Schwierigkeit kommt hinzu, die jedem Sprachgeschehen anhaftet. Wenn ich einem Mitmenschen etwas sage, so kann es vorkommen, dass der etwas gänzlich anderes versteht, obwohl ich der Meinung bin, mich klar und unmissverständlich ausgedrückt zu haben.

Auch „Religion" und „Welt" leben in unterschiedlichen Sprachsystemen. Mit dem Wort „Liebe" verbindet ein Erwachsener in der „Welt" sicher andere Vorstellungen als ein religiös sozialisierter Kirchenbesucher. Und selbst der kann „neugeboren" (s. o., Beispiel Taufgebet) heutzutage möglicherweise als Bestätigung seines Glaubens an die Reinkarnation ansehen, obwohl damit im Hinblick auf die christliche Taufe kirchenoffiziell etwas ganz anderes gemeint ist. Gleiche Wörter täuschen häufig auch gleiche Bedeutung vor. Tatsächlich aber weichen die Bedeutungen mehr oder minder wesentlich voneinander ab oder stehen einander geradezu diametral gegenüber. Wenn von „Buße" gesprochen wird, so assoziieren viele damit „Bußgeld-Bescheid", was so viel heißt wie: Man bezahlt die festgesetzte Summe, und damit ist der Fall erledigt; in der Sprache der (christlichen) Religion meint aber „Buße" eine Umkehr, eine Bewusstseinsänderung, einen gänzlich neuen Anfang.

Die Sprachwissenschaft spricht hier von „De-notation" und „Kon-notation":

Bei der Denotation ist die Sachlage eindeutig und beide Sprachteilnehmer verstehen darunter dasselbe. Die Denotation von „Nacht" ist die Zeitspanne zwischen Untergang und Aufgang der Sonne.

Im Gegensatz dazu meint Konnotation (das Mit-Bezeichnete) eine eher assoziative Nebenbedeutung eines Wortes. Konnotationen des Begriffs „Nacht" sind je nach Kontext: Angst, Einsamkeit, Bedrohung, Schwärmerei, Liebe, Romantik etc. Die Konnotation kann allerdings in bestimmten Text- und Äußerungszusammenhängen die durchaus vorherrschende sein. Auch muss die konnotative Bedeutung eines Wortes keine bloß von einem individuellen Subjekt vorgenommene Bedeutungszuschreibung sein. Der Hörer versteht – häufig unterschwellig und emotional – etwas „mit", was der Sprecher gar nicht meint, was aber im Hörenden bestimmte Gefühle, Sympathien oder Antipathien, aufkommen und ihn so dem Wort gegenüber voreingenommen werden lässt. Wer etwa unter der Obhut eines liebevollen, fürsorglichen Vaters aufgewachsen ist, wird beim „Vaterunser" wahrscheinlich andere Konnotationen haben als jemand, dessen Vater sein Kind misshandelt hat. Die Konnotation kann auch mehr oder weniger stark konventionalisiert sein. Viel zitiert ist der Ausspruch von Gertrude Stein „Eine Rose ist eine Rose ist eine Rose", mit dem sie auf die verschiedenen Konnotationen des Begriffes anspielt. „Eigentlich" ist die Rose nur eine Zierpflanze, aber mitschwingende Bedeutungen sind hier Liebe, Wohlgeruch, Vergänglichkeit und verschiedene politische Bedeutungen sowie Schmerz durch die „mitgedachten" Stacheln.

Eine dritte Schwierigkeit kommt hinzu. Die tradierte religiöse Sprache zu ändern und heutigem Sprachgefühl anzupassen, ist nicht leicht. Denn der als verbindlich und authentisch von einer kirchlichen Obrigkeit festgelegte Wortlaut besitzt ein zähes Beharrungsvermögen. „Man weiß alles, und doch sagt es nichts [...]. Man kann sich in dieses Vokabular wie in eine vergangene Weltanschauung einspinnen, dann bleibt man im Gedeuteten, begegnet aber nicht mehr oder nur sehr bedingt dem Anspruch der absoluten Wirklichkeit."[8] „Ewige Wahrheiten", so meint man offenbar in den Amtsstuben der offiziellen Sprachregler in der Kirche, können nicht alle hundert Jahre ihr Gewand, in das sie gekleidet sind, verändern. Aber: „In geschlossenen Räumen weht kein Wind. Der Mensch aus Nazareth wies allen, die ihn hörten, den Gang aus den geschlossenen Räumen des ‚Gesetzes'. Der Preis für den Gang ins Offene kann hoch sein. Aber es gibt die Wahrheit und die Huld des Geistes."[9] Häufig sind die Exponenten dieser Sprachsklerose subjektiv redlich meinende Menschen, aber sie sind inzwischen in ihrem Sprachsystem so fixiert, dass sie es nicht wagen, nach neuen sprachlichen Ausdrucksformen des Glaubens zu suchen – aus lauter Angst, es könnten ihnen dabei Wortschöpfungen oder Sprachregelungen unterlaufen, die zu Missverständnissen führen, oder sie könnten sich an den geheiligten altehrwürdigen Traditionen vergehen. Auch viele Gläubige, die sehr früh und nachhaltig religiös sozialisiert wurden, möchten das ihnen vertraute und wohlbekannte Vokabular nicht aufgeben, mit dem sie aufgewachsen sind, das ihnen vielleicht über lange Zeit hinweg große Glaubensschwierigkeiten bereitet hat, die sie nun überwunden (zu) haben (meinen).

So wird die religiöse Sondersprache gleichsam „von oben" und „von unten" gestützt und immunisiert. Das Sprachsystem der Religion hält sich, weil es „oben" als sakrosankt und unveränderlich betrachtet und „unten" frühzeitig eingeübt wird. Aber das ist auf Dauer nicht ungefährlich. „Anachronistische Orientierungsschemata blockieren den Kontakt mit der Wirklichkeit und machen unfähig, die gegenwärtige Situation – die allein real gegebene, zur Bewältigung aufgetragene – sachgemäß anzugehen."[10] Wer Klischees anbietet, offeriert alles und nichts. Er setzt sich nicht der Gefahr der Rückfrage aus, er erzeugt auch keine Unruhe. Denn niemand fühlt sich davon betroffen, weil er genau weiß, dass hier mit mehr oder weniger großem Wortaufwand im Grunde nichts gesagt wird. „Je allgemein gehaltener ein Aufruf ist, je entfernter von konkret bestimmter sozialer Situation, desto leerer wird seine Sprache."[11] Die Erfahrungsferne und Formelhaftigkeit der religiösen Sprache hat dazu geführt, dass religiöse Thematik im spezifischen Sinne fast nur noch in besonderen Zirkeln besprochen wird. Im Übrigen redet man von sich aus nicht davon, um nicht bei anderen peinliche Gefühle und Verlegenheit aufkommen zu lassen. Man bleibt „unter sich".

Sterile Kulthandlungen

Mit Ausnahme vielleicht der Armeen zählt keine öffentliche Körperschaft einen so großen Anteil an Dekorierten, Titulierten und Uniformierten wie die katholische Kirche. In westlichen Demokratien ist die Etikette längst vereinfacht worden. Wo sie noch beibehalten wird, wie in England, wirkt sie wie ein Relikt aus längst vergangenen Zeiten. „Kirche" aber zeigt sich nach außen für viele noch immer als ein fremdartig-folkloristisch wirkendes Ritual mit viel Rot, Violett, Gold und einem großartig-unwirklich erscheinenden, unverständlichen Zeremoniell.

Geradezu clownesk wirkt aus heutiger Sicht die im Jahre 1905 von Papst Pius X. eingeführte und noch heute gültige Kleiderordnung für die Prälaten: „Die Prälaten Erster Klasse können bei den heiligen Handlungen die Prälatenkleidung (nämlich die Strümpfe, das Kollar, die Soutane, das seidene, links herabhängende Zingulum mit zwei ebenfalls seidenen Troddeln, den Mantel oder die Mantelletta über dem Rochett) in violetter Farbe tragen; dazu das schwarze Birett mit einer amarantroten Quaste; der Hut hat auch schwarz und von einem seidenen Band eingefasst zu sein, das mit einer Borte im selben Rot verziert ist. Von derselben Farbe und ebenfalls aus Seide haben auch die Knopflöcher, die Knöpfe, die kleine Litze, die den Hals und die Kanten der Soutane wie des Mäntelchens schmückt, das Futter dieser beiden Kleidungsstücke sowie die Ärmelaufschläge, selbst die des Rochetts, zu sein."[12]

Diese Erscheinungen haben sich leider so weit entwickelt, dass sie nicht mehr ein nebensächliches Beiwerk sind, sondern einen ins Auge springenden Zug des Katholizismus darstellen. Sie mögen als kurios, antiquiert oder folkloristisch betrachtet und als Randerscheinungen gewertet werden, in ihrer Gesamtheit wirken sie sich höchst nachteilig aus. Denn jedermann und jedefrau muss sich doch sagen: Wäre das alles nur eine Kleinigkeit, dann würde die Kirchenleitung das rasch beseitigen; wenn es aber so schwerfällt, sich davon zu trennen, dann ist das eben keine Nebensächlichkeit mehr und dann lässt das einige Schlüsse auf die Einstellung der Kirchenführer insgesamt zu. Im Mittelalter hatte die feudale Gesellschaft auf die kirchlichen Bräuche abgefärbt und der Kirche ein herrschaftliches Gesicht gegeben. Aber es ist höchst bedenklich, dieses feudalistische Erbe, das selbst schon mit dem vorangegangenen konstantinischen Einfluss belastet und dann noch um den Pomp der Renaissance vermehrt worden ist, bis mitten ins 21. Jahrhundert weiter zu schleppen.

Problematische Gottesvorstellungen

Ein dritter und vielleicht wichtigster Grund für die schwindende Akzeptanz tradierter Ausdrucksformen von Religion liegt in der Gottesfrage. Für die Kirchenführer scheint es diese Frage gar nicht zu geben. Für sie ist Gott scheinbar die selbstverständlichste und unbezweifelbarste Sache der Welt. Noch nie habe ich von irgendeinem höher gestellten Repräsentanten der Kirche gehört, dass er von Zweifeln angefochten sei. Unbekümmert wird von Gott so geredet, wie das vor 100, 200 oder mehr Jahren geschehen ist. Papst Benedikt schreibt eine Enzyklika „Gott ist die Liebe“ und erwähnt darin mit keiner Silbe, dass es wohl auch viele Menschen – Gläubige, „praktizierende“ Katholiken – gibt, die nicht nur die Liebe, sondern auch die Rätselhaftigkeit und die Frag-Würdigkeit Gottes erfahren haben und die sich mit ihren Zweifeln herumplagen.

Und wenn einer der Kirchenführer einmal eine neue Sprache probiert, dann wirkt sie nicht selten peinlich. So offenbarte der Münchner Erzbischof Reinhard Marx eine völlig neue Facette des Gottesbildes. Der Bischof verriet nämlich der „Münchner Abendzeitung“ exklusiv und allen Ernstes: „Gott hat Freude am schönen Spiel; wenn gut gespielt wird und schöne Tore fallen.“[13] So redet ein Bischof, der demnächst vermutlich Kardinal werden wird und damit den nächsten Papst wählen darf.

Ein beeindruckendes und sehr ehrliches Geständnis für die verbreitete Unfähigkeit, den Glauben an die tradierten Gottesvorstellungen zu bewahren, machte der bekannte bayerische Dirigent und Liebhaber geistlicher Musik Enoch zu Guttenberg auf die Frage, was man darunter zu verstehen habe, wenn man ihn als einen Rom-treuen Agnostiker bezeichne: „Ich gehe jeden Sonntag mit meinen Kindern in die Kirche, und wir beten jeden Abend mit ihnen, weil ich finde, sie können erst für oder gegen etwas entscheiden, wenn sie es kennen. Ich liebe die alte, tridentinische Kirchenliturgie, und ich liebe das Evangelium. Es gibt keine schönere Religion als das Christentum mit seinem Gesetz der Liebe. […] Doch mein Gehirn ist absolut atheistisch, ich müsste wirklich lügen, wenn ich sagen würde, ich könnte glauben.“[14]

Im Wesentlichen sind es fünf Grundtypen, fünf „Bestimmungen des göttlichen Wesens“, die in vielfachen Abwandlungen und individuellen Ausprägungen das Gottesbild der Kirchen prägen und die in den Köpfen der meisten religiös sozialisierten Menschen (noch) vorhanden sind.

Der Herrscher-Gott

Am häufigsten war wohl das Bild des Herrscher-Gottes anzutreffen. Viele stellten (und stellen?) sich Gott vor als absoluten Herrscher, der alles kann, was er will, und der alles regiert und beherrscht, wie es ihm gefällt; Gott ist „allmächtig“ – so steht es gleich zweimal im christlichen Credo. Gott bestimmt das Schicksal jedes einzelnen Menschen im Voraus: er verdammt, wen er verdammen will, und er beruft zu sich, wen er zu sich berufen möchte. Gott weiß alles voraus, alles, was ich tun und lassen werde; er ist allwissend. Gott verlangt von mir totale Unterwerfung wie ein Herrscher von seinen Untertanen. Er erwartet blinden Gehorsam. Auflehnung gegen seinen Willen zieht ewige Verdammnis nach sich. Zweifel ist Sünde, Rebellion bedeutet Schuld und damit Untergang. Gott sitzt auf einem Thron. Vor ihm in wortloser Anbetung und Unterwerfung liegt auf dem Boden die Schar der (wenigen?) Auserwählten und Heiligen.

Dieses herrschaftliche Gottesbild trägt unverkennbar Züge, die frühere Generationen ihrem eigenen Erfahrungsbereich über den Umgang mit Kaisern und Königen entlehnt haben. Heute, unter anderen politischen Umständen und in einer anderen, demokratischen Gesellschaftsordnung ist diese Gottesvorstellung im Verschwinden begriffen. Solange es noch Könige und Kaiser, Despoten und Monarchen jeder Art gab, forderten diese Herren eine Projektion ihres Herrschergebarens auf Gott geradezu heraus. Wenn Menschen einen (absolutistischen) Monarchen erlebten, der ihr Leben bis ins Detail bestimmte und nahezu uneingeschränkte Verfügungsmacht, ja sogar Leibeigenschaft über sie besaß, so konnten sie sich den obersten aller Herren, den Herrn der Herren, nur unter jenem Bild vorstellen, nun aber nochmals gesteigert als „allmächtiger“ Herrscher. Ängste und Hoffnungen, Befürchtungen und Erwartungen, die Menschen gegenüber weltlichen Alleinherrschern hegten, übertrugen sie auf den „Allerhöchsten“.

Geschichtskundige Menschen erinnern sich noch, dass in einer noch gar nicht so lange zurückliegenden Vergangenheit manche weltlichen und geistlichen Herrscher ihre Stellung als „gott-gegeben“ betrachteten, dass sie sich unter dem besonderen Schutz der (göttlichen) „Vorsehung“ wähnten. Gottesbild und Herrscherbild samt den daraus abgeleiteten Praktiken beeinflussten und verstärkten sich gegenseitig.

Der Gesetzes-Gott

Auch ein dem Herrscher-Gott verwandtes Gottesbild hat erheblich an Boden verloren: der Gesetzes-Gott, der Paragraphenreiter, der überdimensionale Buchhalter, dem nichts entgeht, der alles aufzeichnet, der ein genaues Konto über unser Tun und Lassen führt. Nach dem Tod des Menschen, beim „Jüngsten Gericht“, kommt dann die große Abrechnung, die unerbittliche Offenlegung von Soll und Haben. Wehe dem, dessen Konto nicht zumindest ausgeglichen ist!

Die Vorstellung vom Gesetzes-Gott war (und ist) noch immer bei jüngeren Kindern in manchen christlichen Elternhäusern anzutreffen. Das hängt wohl damit zusammen, dass eine falsche „christliche“ Erziehung Gott als pädagogisches Druckmittel und als Verstärker elterlicher Gebote und Verbote eingesetzt hat. Nicht selten wurde als Wille Gottes ausgegeben, was schlicht und einfach Wille der Eltern war, der mit einem göttlichen Gebot nicht unbedingt etwas zu tun haben musste, bei dem die Berufung auf Gott nur zur überdimensionalen Autoritäts-Verstärkung missbraucht wurde.

Der strafende Gott

In engem Zusammenhang mit dem Gesetzes-Gott steht die Vorstellung eines strafenden Gottes. Wenn einem „bösen“ oder „sündigen“ Menschen Unglück zustößt oder er von einer schweren Krankheit befallen wird, sehen nicht wenige „strenggläubige Christen“ dies als die (verdiente) „Strafe Gottes“ an. Bekanntlich rang der junge Martin Luther verzweifelt mit der Frage: Wie finde ich einen gnädigen Gott?

Jedem Erzieher, jedem Vater und jeder Mutter dürfte längst die Problematik des Strafens bewusst geworden sein. Selbst im staatlichen Strafvollzug wird man sich immer stärker der Tatsache bewusst, dass Strafe nur selten zur erhofften und beabsichtigten Besserung führt. „Repressive Systeme bessern den Schuldigen nicht, im Gegenteil, sie erwecken die niedrigsten Instinkte des Menschen: Aggression und Zorn, Hass und Rache, Verrat und Betrug, Gewalt und Unbarmherzigkeit. Strafe, durch Gewalt auferlegt – auch wenn sie legal ist –, kann kaum einen Menschen bessern.“[15]

Ein Gott, der es nötig hat zu strafen, ist ein pädagogischer Versager. Die „Strafe Gottes“ ist nichts anderes als eine Projektion der Strafpraxis der Menschen. Weil sie glauben, strafen zu müssen, meinen sie, auch Gott müsse strafen (und legitimieren damit wieder ihre eigene schlechte Praxis). Weil sie schlechte Pädagogen sind, sehen sie auch in Gott einen schlechten Pädagogen (und waschen sich die Hände in Unschuld).

Der kosmologische Gott

Weniger neurotisierend, sondern wohl eher die intellektuelle Redlichkeit in Frage stellend ist das Bild des kosmologischen Gottes. Sein Zustandekommen hängt mit unserem Naturerleben zusammen. Die Natur gibt dem Menschen Rätsel auf, die er nicht zu lösen vermag. In Naturkatastrophen, aber auch in weniger spektakulären Ereignissen (Missernten, Gewitter, Frost, Erdbeben, Überflutungen u. a.) erfährt der Mensch sein Unvermögen trotz aller technischen Fortschritte. Um sich die Natur wenigstens einigermaßen griffig zu machen, begannen die Menschen in früheren Zeiten, menschliche Eigenschaften in sie hineinzuprojizieren, die sie aber gleichzeitig so überhöhten, dass der Natur übermenschliche (= göttliche) Kräfte zukamen.

Die moderne Naturwissenschaft hat den Menschen heute ein anderes Verhältnis zur Natur gegeben. Die fortschreitende Technisierung hat manche Probleme bewältigt und sie befähigt, die Naturkräfte zu zähmen und sich dienstbar zu machen. Die kosmologische Gottesvorstellung verliert innerhalb der christlichen Kirchen mehr und mehr an Bedeutung – wenigstens theoretisch. Denn noch immer halten sich, von den Kirchen durchaus gefördert, Reste von Brauchtümern, die auf diesem Gottesbild beruhen.

Da wird in katholischen Kirchen noch immer der Wettersegen erteilt und gebetet: „Halte Sturm, Hagel, Flut, Frost, Dürre, Schädlinge und *jedes* (!) Unheil von uns fern! Bewahre *alle* (!) Landstriche unserer *Erde* (!) vor Katastrophen, damit *jeder* (!) Mensch das zum Leben Notwendige hat.“[16] Man darf sich fragen: Sind nicht auch „Schädlinge“ wie Wühlmäuse, Engerlinge, Kartoffelkäfer, Läuse usw. Geschöpfe Gottes? Wenn Gott diese „Schädlinge“ geschaffen hat, dürfen wir ihn dann bitten, sie – also Teile seiner Schöpfung! – von uns fernzuhalten? Wohin mit ihnen? Auf die Äcker jener (protestantischen?) Pfarreien, in denen der Wettersegen nicht erteilt wurde?

Da wird in beiden christlichen Kirchen lauthals Gott besungen, „der alles so herrlich regieret“, ohne dass sich diese Aussage mit der bedrückenden Realität versöhnen lässt. Der sachliche Grund solcher Informationen scheint in den Gegebenheiten unerfindlich. Kann man dieses Lied noch singen angesichts des verheerenden Tsunamis in Indonesien an Weihnachten 2004 oder des Erdbebens in Haiti im Januar 2010? Geschieht das dennoch ohne Anstoß und Widerspruch, bestätigt das nur ihren phrasenhaften Gebrauch. Die Sätze leben dann aus sich selbst und benötigen gar nicht mehr die Beziehung zur übrigen Wirklichkeit. Sie werden unreflektiert verwendet, verraten eine „erstaunliche Naivität“ und einen beachtlichen „Mangel an kritischem Sinn“, begleitet von „der nahezu völligen Sinn- und Bedeutungsleere der grundlegenden religiösen Aussagen des Christentums.“[17]

Der liebe Gott

In der oben schon kurz erwähnten Enzyklika Benedikts XVI. „Gott ist die Liebe“[18] spricht der Papst unter anderem „von der Liebe, mit der Gott uns beschenkt“ und die „Gott dem Menschen in geheimnisvoller Weise und völlig vorleistungsfrei anbietet.“[19] Benedikt unternimmt einen Streifzug durch die Bibel und zitiert Texte, die von dieser Liebe sprechen. Er kommt zu dem Schluss: „In der Geschichte der Liebe [Gottes zu den Menschen, N. S.], die uns die Bibel erzählt, geht er uns entgegen, wirbt um uns. [...] Und in der weiteren Geschichte der Kirche ist der Herr nicht abwesend geblieben: Immer neu geht er auf uns zu. [...] Er liebt uns, lässt uns seine Liebe sehen und spüren, und aus diesem ‚Zuerst‘ Gottes kann als Antwort auch in uns die Liebe aufkeimen.“[20] Sicher werden sich zahlreiche Menschen in diesen Gedanken und in dieser Erfahrung wiederfinden. Aber es dürfte auch viele geben – und sie sind wohl zahlreicher –, denen eine derart exklusiv und undifferenziert vorgetragene Aussage unerträglich erscheint. Lässt sich das so einfach und uneingeschränkt sagen – „Gott ist *die* Liebe“? Sonst nichts? Müsste nicht hinzugefügt werden: Viele erfahren ihn aber auch anders – als „den“ Apathischen, „den“ Anstößigen, „den“ Widersprüchlichen, „die“ Anfechtung, das „Fascinans *und* Tremendum“? Ist nicht die „Brauchbarkeit Gottes“ für die eigene Existenz „gerade nach christlicher Lehre doch viel dunkler und schwieriger“?[21]

Benedikt geht in seinem Schreiben mit keiner Silbe auf das anstößige, verwirrende Schweigen Gottes ein, von dem auch in der Bibel wiederholt die Rede ist. Er differenziert nicht. Er bringt die dunklen und rätselhaften Erfahrungen, die Menschen mit Gott gemacht haben, nicht zur Sprache. Er stellt nicht die für den Glauben an Gott bedrückendste aller Fragen: „Wo war (der liebe) Gott in Auschwitz?“ Er blendet sie einfach aus. Seine Rede von Gott wirkt eindimensional und monoperspektivisch. Damit aber werden seine Worte bei vielen nachdenklichen und angefochtenen Menschen kaum auf eine positive Resonanz stoßen.

Der oben schon einmal zitierte Dirigent Enoch zu Guttenberg gehört zu ihnen: „Sollte es wirklich einen Gott geben, der liebend in die Welt eingreift und Gebete erhört, wäre der Umkehrschluss doch irre: Hat sich denn bitte die Mutter im Kosovo, die dafür betet, dass wenigstens einer ihrer fünf Söhne lebendig nach Hause kommt, und ertragen muss, dass er trotzdem stirbt, hat die sich denn mit Gott weniger gut gestellt als andere? Nein, ich kann nicht glauben.“[22]

Die drei hier kurz behandelten Themenkreise machen deutlich, dass es für Menschen, die nach „Religion“ hungern, durchaus gute Gründe gibt zu versuchen, ihren Hunger und Durst anderwärts zu stillen, weil ihnen die Kirchen kaum noch verdauliche Kost anbieten. Immer mehr Menschen machen sich auf die Suche nach Alternativen.

3. Zusammenstellung nach eigenen Bedürfnissen: Moderne „Patchwork-Religion"

Die Religion teilt heute das Schicksal aller großen Orientierungssysteme in den Industrieländern: Eine totale, alle Lebensbereiche umfassende und in kirchlicher Gemeinschaft ausgeübte und kultivierte religiöse Praxis und Ausrichtung verliert an Bedeutung. Daran wird sich in absehbarer Zukunft nichts ändern. Wir befinden uns in einem „Übergang von einem nomozentrischen zu einem autozentrischen Selbst- und Weltverständnis"[1]. Institutionelle Akzeptanz wird nicht mehr einfach zugebilligt, sondern muss von Fall zu Fall durch Überzeugungskraft neu erworben werden. Die autozentrische Person will frei von formalisierten Zwängen jeder Art sein, ungezwungen, echt, unmittelbar – etwas platt ausgedrückt: „Sie will sie selbst sein." Die Prognose der Meinungs- und Religionsforscher diagnostiziert für Westeuropa einen anhaltenden, schrittweise forcierten Rückgang der kirchlich institutionalisierten Religion. Er tritt besonders auffällig zutage im Verblassen des für die kirchlichen Glaubensüberzeugungen konstitutiven Glaubens an einen persönlichen Gott und im zunehmenden Abrücken von den kirchlich formulierten und tradierten Glaubensaussagen. Die Zahl der Gottesdienstbesucher wird immer kleiner und beschränkt sich vornehmlich auf Frauen und Männer über 60 Jahren. Auch eine regelmäßige Gebetspraxis wird seltener, und kirchliche Verhaltensnormen finden immer weniger Beachtung.

Patchwork-identity zieht Patchwork-Religion nach sich

Der kanadische Politikwissenschaftler und Philosoph Charles Taylor glaubt, dass die Unfähigkeit zum Glauben eine anthropologische Verkümmerung und kulturelle Verarmung sei, eine Begabung, die verschenkt werde.[2] Das Menschenbild des „reduktionistischen Materialismus" lasse keinen Platz für eine „Fülle", die nicht unbedingt nur religiös gestaltet oder fundiert sein muss. Sie sollte aber doch offenbleiben für transzendente Fragen. Aber auch für Fragen auf dem Gebiet der Ethik oder Ästhetik. Taylor tritt dafür ein, die Vieldimensionalität westlich-moderner Gesellschaften als Realität wahrzunehmen und sie fruchtbar zu machen. Er weist darauf hin, dass viele säkulare Ideale und Praktiken auf religiöse Motive zurückgehen und dass auch moderne Gesellschaften vielfältige religiöse Dynamiken mit einer Art von Minimalgläubigkeit oder frei schwebender Spiritualität enthalten. Er erhebt Einspruch gegen das agnostische Interpretationsmonopol: „Je mehr man darüber nachdenkt, desto mehr werden die bequemeren Gewissheiten der einen wie der anderen Ausdeutung – der transzendentalen ebenso wie der immanentistischen – untergraben. [...] Das säkulare Zeitalter ist schizophren. Besser ausgedrückt: Es steht stark unter doppeltem gegenläufigen Druck. Die Leute scheinen auf sichere Distanz zur Religion zu gehen, und dennoch rührt es sie zutiefst, dass es tiefgläubige Menschen wie Mutter Teresa gibt. Die Welt der Ungläubigen war es gewohnt, Pius XII. nicht zu mögen, doch das Auftreten von Johannes XXIII. überrumpelte sie. [...] Viele Menschen fanden die öffentlichen Predigten von Johannes Paul mit ihrer großen Themenvielfalt – Liebe, Weltfrieden, weltwirtschaftliche Gerechtigkeit – anregend. [...] Doch unter den Bewunderern des Papstes gab es sogar viele Katholiken, die nicht glaubten, man müsse allen seinen moralischen Geboten Folge leisten."[3]

Es findet eine „Transformation der Religion" (H. Knoblauch) statt.[4] Der Trend geht in Richtung einer Religion in neuer Form – losgelöst von traditionellen Bekenntnissen und Dogmen, losgelöst von Institutionen. Die soziale Patchwork-identity zieht eine Patchwork-Religion nach sich. Das religiöse Bedürfnis des Einzelnen bleibt bestehen, aber es ist privatisiert, nutzorientiert, individualisiert. Aus der öffentlichen Religion wird damit eine eher „unsichtbare Religion" (Th. Luckmann[5]).

Angesichts der vielen Angebote auf dem Markt der religiösen Möglichkeiten, wie sie die moderne Gesellschaft bereithält, und des hohen Maßes an Wahlfreiheit ist es nicht leicht, eine richtige Wahl und eine gut begründete Entscheidung für diese individuelle Religiosität zu treffen. Es zeichnet sich ein verstärkter Wunsch nach unmittelbarer religiöser Erfahrung ab, nach einer Erlebnisdimension, die zu vermitteln den etablierten Religionsgemeinschaften nicht oder zumindest nicht mehr in ausreichendem Maße gelingt. Bedenklich wird es freilich, wenn Religiosität ausschließlich zur Überhöhung menschlicher Sehnsüchte dient, wenn sie nur sichert, tröstet, entgegenkommt, sich wohl fühlen lässt, aber nicht mehr die Kraft findet, auch Ansprüche zu stellen und Forderungen zu erheben, die menschliche Bedürfnisse gegebenenfalls auch durchkreuzen können.

Wie eine solche Patchwork-Religiosität konkret aussehen kann, zeigt ein aufschlussreiches Beispiel in der Zeitschrift „Publik-Forum": „Die Schweizerin Susanna Maeder hat aus buddhistischen, hinduistischen und schamanischen Bausteinen ihre persönliche Religiosität zusammengefügt. In aller

Frühe vollzieht sie ein Ritual, das seinen Ursprung in der Mongolei hat: Vom Balkon wirft sie aus einem kleinen Schälchen Milch in den Himmel, ‚um den Tag zu begrüßen und zu segnen‘. Dann geht sie spazieren, zusammen mit ihrem Hund. ‚Im Gehen verbinde ich mich mit der Natur.‘ Die 39-jährige Sängerin, Chorleiterin und Stimmtrainerin aus Bubikon sagt von sich selbst: ‚Ich habe mein eigenes Glaubens-Sammelsurium.‘ Mit ihren rituellen Chören singt sie indianische Liedrufe, indische Mantras und Taizé-Gesänge. ‚Es geht mir um die Essenz, die hinter allen Religionen steht. Die Musik ist für mich eine wichtige Quelle, mich damit zu verbinden.‘ Aufgewachsen ist sie in der katholischen Kirche, die sie jedoch im Alter von zwanzig Jahren entschieden verlassen hat; das war zur Zeit des ultrakonservativen Bischofs Haas in Chur. Noch immer versteht sie sich als ‚Frau mit klar christlichen Wurzeln‘. Auch deshalb haben sie und ihr Mann, der als praktizierender Buddhist Mitglied der reformierten Landeskirche geblieben ist, ihre Töchter reformiert taufen lassen. ‚Damit sie unsere christliche Kultur kennen lernen‘, begründet Susanna Maeder. Abends betet sie mit beiden das Vaterunser, ‚in nur leicht abgewandelter Form‘.“[6]

Wir leben in einer Gesellschaft, die von Religiosität, Spiritualität, religiösen Erfahrungen und Kulten geradezu überschwemmt ist. Der Religionssoziologe Detlef Pollack meint, das Religiöse finde sich in Songs der Schlagersänger und Popstars, im Theater, in der Sportbegeisterung, beim Fußball, in Fernsehunterhaltungsserien, Werbeslogans, im Nervenkitzel von Extremsportarten wie Basejumping, Freiklettern, Wildwasserschwimmen, Bodybuilding, in meditativen Techniken für Selbstfindung, Gemeinschaftserfahrungen, Gruppentherapie, in sogenannter Selbsttranszendierung, in Liebe und Sexualität. Pollack bemerkt dazu ein wenig spöttisch: „Betrachtet man diesen inflationären Gebrauch des Religionsbegriffs, dann gewinnt man zuweilen den Eindruck, als ob sich alles, was manche Theologen und Religionssoziologen auch anfassen, wie von Zauberhand in Religion zu verwandeln vermag.“[7]

Europa stellt sich als Raum vielfältiger, differenter und mehrdeutig religiöser Situationen dar, die man begrifflich nicht ohne weiteres auf einen Nenner bringen kann. In der bunten Vielfalt alternativer Ausdrucksformen und Auswahlmöglichkeiten von „Religion“ und „Religiosität“ zeichnen sich einige Präferenzen ab, denen ich im Folgenden etwas nachgehen möchte.

Der sogenannte Aberglaube

Der Begriff „Aberglaube“ ist belastet, weil er meist in abwertendem Sinn verwendet wird – zur disqualifizierenden Beurteilung und polemischen Ausgrenzung religiöser, pseudoreligiöser, unwissenschaftlicher, infantiler, ja neurotischer Einstellungen. Nicht selten wird auch das im Volksglauben verankerte religiöse Brauchtum als „Aberglaube“ abgestempelt. Von daher und auch wegen seiner begrifflichen Unschärfen ist zu fragen, ob der Begriff überhaupt noch als tauglich für die Bezeichnung bestimmter Erscheinungsformen von „Religion“ und „Religiosität“ zu betrachten ist. Ich verwende das Wort deswegen hier grundsätzlich in Anführungszeichen.

Einige Erscheinungsformen von „Aberglauben“ möchte ich nennen, ohne näher darauf einzugehen:

- Es finden sich Äußerungen der Leichtgläubigkeit (Haschen nach Wundern, Sucht nach Visionen oder Privatoffenbarungen), Beschäftigung mit Geister- und Dämonenspuk, Satanismus. Nicht wenige der heutigen Formen des „Aberglaubens“ geben sich als solide begründet aus und spekulieren mit der verbreiteten Wissenschaftsgläubigkeit. Mancher Trend mag der Mode, dem Werben der Medien (z. B. die Horoskop-Leidenschaft) oder dem Sensationsbedürfnis zuzuschreiben sein.
- Verbreitet anzutreffen sind heute der Okkultismus (Hellsehen, Telepathie, Verkehr mit den Geistern durch „Medien“ wie Pendeln, Gläserrücken und Tonbandstimmen von Verstorbenen).
- Der Spiritismus bietet Erklärungshilfen an für Vorgänge, die anscheinend aus den gewohnten Gesetzmäßigkeiten menschlicher Erkenntnis herausfallen (vgl. auch die Esoterik-Welle in all ihren trivialen Spielarten).
- Quasirituelle Vollzüge versuchen, mit Hilfe von Worten, Gesten, Gegenständen, bestimmten Orten oder Zeiten durch Inanspruchnahme übernatürlicher Kräfte und Mächte auf Umwelt oder Personen zwingend einzuwirken.

Die Wurzeln alter wie neuer „abergläubischer“ Haltungen oder Handlungen liegen in tief sitzenden Ängsten, in der Furcht vor Dämonen, im Wunsch nach Abwehr von Unheil oder Unglück, im Streben nach Enträtselung der Zukunft und verborgener Sachverhalte, in Krisenzeiten und nicht zuletzt im Bedürfnis nach Sicherheit. Vornehmlich bei Menschen ohne kirchliche Bindung, aber auch bei kirchlich Gebundenen finden sich derartige Praktiken häufig in den Grenzsituationen des Lebens, bei Geburt, Liebe, Krankheit, Tod, in Situationen gesteigerter Angst oder schicksalsschwerer Entscheidungen, neuerdings auch bei drohender oder eingetretener Arbeitslosigkeit.

Man könnte vielleicht sagen: „Aberglaube“ ist einer der verzweifelten Versuche des Menschen zur Erklärung des als bedrückend empfundenen Daseins, zur Bewältigung der Ausweglosigkeit der aktuellen schlimmen Situation, der Lebensunsicherheit und Lebensangst. Darin kann sich ein latentes Wissen um die numinosen Tiefen des Daseins und die Verwiesenheit des Menschen an das Transzendente offenbaren.

Die Welt ist für den Einzelnen in ihren wirtschaftlichen, gesellschaftlichen und wissenschaftlichen Verflechtungen unüberschaubar geworden. Diese Undurchsichtigkeit erzeugt das Gefühl des Ausgeliefertseins, das Bewusstsein, im großen Prozess der mit scheinbarer Notwendigkeit ablaufenden gesellschaftlichen Vorgänge nur ein austauschbarer Faktor zu sein. „Aberglaube“ lebt aus der Meinung, durch eigenes rituelles, beschwörendes Reden und Tun die (göttlichen) Mächte und jenseitigen Kräfte, von denen das undurchschaubare Dasein als abhängig erfahren wird, günstig stimmen zu können. Er kann so eine gewisse Scheinsicherheit vermitteln, bei der aber die eigentlichen Lebensfragen zum Schweigen gebracht werden, bevor sie überhaupt richtig aufgebrochen und wahrgenommen sind. Diese Haltung erspart die intellektuelle Anstrengung wie auch das Engagement der Freiheit und Verantwortung. „Aberglaube“ ist so einer der Faktoren, die die Bildung zur religiösen, sittlichen und gesellschaftlichen Persönlichkeit eines Menschen erschweren oder gar unmöglich machen. Er ist immer Symptom einer Existenzkrise.

Fernöstliche Religionen – Buddhismus

Eine starke Anziehungskraft übt vor allem in Deutschland der Buddhismus aus. Die Zahl der deutschen Buddhisten beträgt rund 130 000. Dazu kommen rund 120 000 hier lebende buddhistische Asiaten. Die Faszination hängt sicher zusammen mit der Gestalt des Dalai Lama, des Oberhaupts der tibetischen Form des Buddhismus. Er gilt wegen seiner strikten Gewaltfreiheit, seiner betont modernen Religiosität und seiner tiefen Freundlichkeit vielen Zeitgenossen als der sympathischste Mensch der Erde. Wenn der freundliche alte Herr kommt, füllen sich die größten Säle. Sogar ein veritables Fußballstadion in Frankfurt musste herhalten, um die herbeiströmenden 52 000 Zuhörer – mehr als zwei Drittel davon Frauen – aufnehmen zu können. „Der Dalai Lama kommt“, so hieß die viertägige Großveranstaltung, mit der dafür geworben wurde. „Die Kunst des Lebens“ wolle der Tibeter vermitteln. „Einmal im Leben den Dalai Lama treffen. Nutzen Sie diese einzigartige Gelegenheit. Holen Sie sich einen Impuls, der Ihnen neue Kraft im Alltag gibt." So lautete die Internet-Werbung.[8]

Vielfach wird der Buddhismus als „Religion ohne Gott" oder als eine philosophische Weltanschauung bezeichnet. Buddha betrachtete sich weder als Gott noch als Verkünder einer Gotteslehre. Er habe die Lehre nicht aufgrund einer göttlichen Offenbarung erhalten. Vielmehr habe er durch seine Meditation ein Verständnis der Natur des eigenen Geistes und der Natur aller Dinge erhalten. Diese Erkenntnis sei jedem zugänglich, wenn er seinen Weisungen folge. Die von ihm aufgezeigte Lehre sei auch nicht streng und genau zu befolgen. Der Buddha warnte sogar vor blinder Autoritätsgläubigkeit und hob die Selbstverantwortung des Menschen hervor. Er verwies auch auf die Vergeblichkeit von Bemühungen, die Welt und ihre Geheimnisse mit Hilfe von Begriff und Sprache zu fassen, und mahnte eine gesunde Skepsis gegenüber dem geschriebenen Wort oder feststehenden Lehren an, die in anderen Religionen in dieser Radikalität kaum anzutreffen ist.

Darum versteht sich der Dalai Lama auch nicht als ein Missionar. Von einem Wechsel der Religion rät er grundsätzlich ab. Es sei besser, in der eigenen, vertrauten spirituellen Tradition zu bleiben und sie zu vertiefen. Im Grunde hätten alle Weltreligionen ja dasselbe Ziel: „Alle wollen den Menschen dabei helfen, friedvoller und ausgeglichener, ja glücklicher zu werden und das menschliche Potenzial besser zu nutzen." Wer sich mit dem Buddhismus vertraut machen wolle, solle den Kern, die Praxis – „das, worum es geht" – suchen und nicht an Äußerlichkeiten oder Traditionen kleben.

Was macht die weltweit zurzeit einzigartige Faszination des Dalai Lama aus? Er tritt den Menschen – ob in Asien oder dem Westen – gegenüber als eine Person, die ganz aus einer alten religiösen Tradition lebt und ihr Leben in den Dienst dieses Glaubens stellt. Ihm gelingt dabei ein Kunststück, das den Kirchenführern nicht gelingt – und das zum Teil auch nicht gewollt ist: dem religiösen Anspruch alles Bedrohliche, unbedingt Fordernde, eine angemaßte Männermacht Demonstrierende und Verbothafte zu nehmen. Stattdessen verkörpert der Dalai Lama eine zur Selbstironie fähige, verständnisvolle, heitere Seite von Religion. Darüber hinaus dürfte die buddhistische Religion insgesamt deswegen auf manche Menschen anziehend wirken, weil die Gottesfrage hier offengehalten wird: Es gibt kein fest umschriebenes Bild eines Gottes, der Eigenschaften hat, die man genau zu kennen glaubt. Und es gibt keine Dogmen, kein ausformuliertes Glaubensbekenntnis, keine Katechismuswahrheiten, die anzunehmen sind.

So bieten der Buddhismus und der ihn hierzulande vor allem repräsentierende Dalai Lama sich dar als eine ideale Projektionsfläche für heutige

Menschen, die in ihren Alltagsnöten nach Hilfe suchen, wie sie die komplexen Widersprüchlichkeiten der modernen Lebenswelt aushalten und gestalten können.[9]

Ein deutscher Buddhist bekennt:

„Vor dreißig Jahren bin ich Buddhist geworden und es geblieben. Warum? Die Gründe sind vielfältig. – Am meisten beeindruckt hat mich, wie klar der Blick des Buddha auf unser Leben ist, wie tief er reicht. Hier spricht jemand, der hinter die Kulissen des Daseins geschaut hat. Jemand, der selbst völlige geistige Freiheit erreicht hat und anderen den Weg dahin zeigt. Die buddhistischen Lehren geben mir Zukunftsorientierung und Rat für meine alltägliche Praxis – im Umgang mit anderen und mit mir selbst. Drei Felder versuche ich also zu beackern: das des Wissens, das mir ein besseres Verständnis der Existenz ermöglicht, mir Ziele setzt und Wegweiser ist; das des besseren Miteinanders und Füreinanders, auf dem das soziale und gesellschaftliche Zusammenleben gedeihen soll; und schließlich das der Meditation. Sie lässt mich teilhaben an einer spirituellen Praxis, die sich bewährt hat, aber in unserer Kultur nur noch ein Schattendasein führt. – Für mich finden im Buddhismus Religion und Wissenschaft zusammen. Mir gefällt das prinzipielle Nein des Erwachten zu Dogmatismus und blindem Glauben. Der Buddha als beispielloser Vertreter einer universellen Wissenschaft des Geistes lädt ein, seine Entdeckungen selbst kennen zu lernen und zu prüfen. Er lädt ein, nicht mehr. Kein missionarischer Druck. Buddhist geblieben bin ich aber auch, weil ich zu unterscheiden lernte zwischen den zeitlosen Wahrheiten des Erwachten und dem Menschlichen und Allzumenschlichen, das später aus ihnen gemacht wurde und wird. Das eine suche ich, mit dem anderen kann ich kritisch und offen umgehen.“[10]

Wellnesskultur

Die Menschen sehnen sich nach Tempeln

„Wellnesstempel“ schießen wie Pilze aus dem Boden, vor allem in den neuen Bundesländern. Das Wirtschaftsforschungsunternehmen Global Insight (Deutschland) hat Ende 2003 die Zahlen zur Entwicklung der Wellnessbranche in Deutschland errechnet. Danach belief sich der Umsatz des deutschen Wellnessmarktes im Jahre 2002 auf 61,5 Mrd. Euro. Die Erwartungen für die zukünftige Entwicklung der gesamten Wellnessbranche sah Global Insight sehr positiv. Geschätzt wurden bei Erstellung der Studie: 2004: 68,8 Mrd. Euro Umsatz, Wachstumsrate 5,7 Prozent; 2005: 72,9 Mrd.

Euro Umsatz, Wachstumsrate 6,0 Prozent.[11] Schätzungsweise eine Milliarde Euro Steuergelder sind seit der Wiedervereinigung in neue öffentliche Wellnessbäder Ostdeutschlands geflossen. Das Tourismusbarometer prognostiziert den Erlebnisbädern im Osten eine „steigende Nachfrage". „Nach Export- und Reiseweltmeister sind die Deutschen auf dem besten Weg, sich einen dritten Titel zu erobern", beobachtet der Hamburger Freizeitforscher Horst Opaschowski: „Die Wohlstandsgesellschaft mutiert zur Wohlfühlgesellschaft."

Lutz Hertel, Diplom-Psychologe und seit 20 Jahren Vorsitzender des Deutschen Wellness-Verbandes, konstatiert bei den Bundesbürgern einen „Mangel an kulturellen oder religiösen Leitplanken". Offenbar finden sie diese nicht in den etablierten Kirchen und den dort angebotenen Gottesdiensten. Wenn die Seele droht, sich zu verlieren, entsprechen viele ihrem Bedürfnis nach Einkehr und innerer Ausgeglichenheit, indem sie ihren Körper verwöhnen. Und da hilft die „Wellnesskultur".

Psychosoziale Gesundheit – die Balance zwischen Körper, Geist und Seele – ist für Heinz Georg Rupp das wichtigste Thema der Zukunft. „Die Menschen sind extremen Belastungen ausgesetzt und haben nicht gelernt, damit umzugehen", sagt der Architekturpsychologe. Nur wer die Frage nach dem Sinn beantworten könne, „hat für die Zukunft ausgesorgt". Früher hatten die Leute Halt im Glauben gefunden. Das sei heute vielfach nicht mehr der Fall. Und trotzdem: „Die Menschen sehnen sich nach Tempeln." Im Zeitalter der Kinetik, der immer schnelleren Beschleunigung von Prozessen, gingen die Menschen immer mehr den Weg „nach innen".[12]

Auch Philosophen und Theologen beschäftigen sich inzwischen mit dem Wellnessboom. Willigis Jäger, Benediktinermönch und Zen-Meister, und Christoph Quarch, Studienleiter des Evangelischen Kirchentags, sehen darin einen „Ort der Sinnsuche".[13] Wellness, Selfness und Mindness seien nicht nur Konzepte gegen den anstrengenden Alltag. Sie seien vor allem auch ein Zeichen für die aktive Suche der heutigen Gesellschaft nach einem Lebenssinn. Das bringe Wellness und seine Weiterentwicklungen in die Nähe des Religiösen.

Die Orte der Sinnsuche haben sich verschoben

Jäger und Quarch bewerten das nicht als Zufall. Das Ganze habe geschichtliche Wurzeln. Die Orte der Sinnsuche haben sich heute lediglich ein wenig verschoben. Immer weniger Menschen glauben an den christlichen Gott, gehen zur Kirche oder fühlen sich in einer Religion gehalten. Wenn sie nun ersatzweise am Sonntag eher in den Wellnesstempel gehen, hoffen sie, dort dieses „Etwas“ zu finden. Umspült von der weichen Wärme im Dampfbad oder im Whirlpool oder zutiefst entspannt von einer Massage, kann einen das Gefühl des Einsseins und einer innigen Verbundenheit mit allem erfüllen. „Warum sollten wir die Präsenz Gottes nicht dort erfahren dürfen, wo wir glücklich sind?“, fragen Jäger und Quarch und geben gleich im nächsten Satz selbst die Antwort: „Mehr Sinn dürfte es machen, gerade unsere Glückszustände – unsere wirklichen Glückszustände – als Auswirkungen einer Begegnung mit der Wirklichkeit Gottes zu deuten.“

Besorgniserregend sei, so Willigis Jäger, dass die angestammten religiösen Einrichtungen mit der Sehnsucht nach Spiritualität, nach individueller Erfüllung und Glück offenbar wenig anfangen können. Im Gegensatz zu der vorwiegend kirchlich verankerten und geförderten Spiritualität setzt sich diese „populäre Spiritualität“ (H. Knoblauch) über diese Grenze hinweg. Jäger sieht diese Entwicklung nicht nur negativ, denn sie bietet die Chance, „sich im Wellnessbad zu sammeln, in seine Sinne zu spüren, sich von diesen leiten zu lassen, weiter in den Körper einzudringen, immer tiefer zu spüren und am Ende eine beglückende Erfahrung unseres wahren Seins zu machen.“

Neuerdings haben sich einige Kirchen den Wellnessboom zunutze gemacht und bieten Meditationszeiten in den Wellnesstempeln an.

„An der Tür hängt ein Schild: ‚Meditation. Bitte nicht stören‘. Karin Herrmann spricht mit sanfter Stimme: ‚Schließen Sie die Augen und entspannen Sie sich.‘ In den Ruheraum der Aachener Carolus-Thermen kehrt Stille ein.

15 Frauen und Männer haben sich in den eleganten Liegestühlen ausgestreckt. Ihre Gesichter sind rosig vom Thermalbad oder vom Saunagang. ‚Willkommen zur Meditation‘, setzt Herrmann an. So beginnt eine 20-minütige Reise durch den eigenen Körper, eine Reise weg vom Alltäglichen, hin zum eigenen Ich. Die ‚Meditation in den Thermen‘ ist ein Angebot der katholischen Kirche im Bistum Aachen und in Deutschland bislang einzigartig.

Kirche mitten in einem ‚Wohlfühlparadies der Extraklasse‘, wie sich die Thermen nennen. Kirche zwischen dampfenden Thermalbädern und exotischen Ruheräumen. Für Barbara Baumann (43), Leiterin des Fachbereichs ‚Kirche in der Gesellschaft‘ in der Diözese, ist es nicht fremd, Menschen auch an Freizeitorte zu begleiten: ob Sportplatz oder Wellness-Tempel. Bis zu 1000 Menschen zwischen acht und 88 Jahren zieht es täglich in die Carolus-Welt der Sinne und Sinnlichkeiten.

Hier sieht die Initiatorin der Therme-Meditation Berührungspunkte zum Religiösen und Spirituellen. ‚War es früher der sonntägliche Gottesdienst, der Menschen eine Stunde des Zu-sich-selber-Findens ermöglichte, erfüllt heute wohl auch der Saunabesuch diese Funktion', meint Baumann. ‚Nur dass die Beziehungspflege zu Gott verloren gegangen scheint.' Sie legt die Betonung auf ‚scheint', denn auch bei Wellness gehe es um die Einheit von Körper, Geist und Seele. Speziell bei älteren Menschen außerdem um Heil und Heilung. ‚Für mich ist das durchaus ein pastorales Feld', sagt die Theologin.

Auf ihrer Reise durch den Körper sind Karin Herrmann und ihre Gäste inzwischen beim Unterkiefer angelangt. Die Entspannung hat sich sichtlich in den Körpern der Teilnehmer breitgemacht.

‚Stellen Sie sich vor', spricht die Theologin weiter, ‚Sie befinden sich an einem Meeresstrand. Die Luft riecht nach Salz. Die Sonne glitzert auf dem Wasser.' In dem kostenlosen Meditationsangebot geht es um Themen, die in den Thermen naheliegen: Wasser, Wärme, Stille. Und jeder der mittlerweile 14 ehrenamtlichen Mitglieder im Meditationsteam hat seine eigene Methode. Einige arbeiten mit Phantasiereisen und Textmeditationen, andere setzen Aufmerksamkeitsübungen ein, experimentieren mit Klängen oder Mantras.

Die Gäste sind eher älter als jünger, eher krankheitserfahren als trainiert. Die meisten lassen sich mit großer Offenheit auf die Meditation ein – ganz gleich, ob sie kirchenfern oder kirchlich gebunden sind, ob sie zum ersten Mal meditieren oder zur wachsenden Stammklientel gehören. Gelegentlich fragen Teilnehmer nach weiterführenden Angeboten. Für sie hält Herrmann ein Faltblatt mit kirchlichen und nichtkirchlichen Adressen bereit. ‚Das hier', sagt sie, ‚ist Kirche am Rand, nicht im Zentrum.' Und das mache es spannend.

Was unterscheidet das Angebot der katholischen Kirche von anderen Anbietern moderner Entspannungstechniken? Baumann erklärt: ‚Es geht um die Begegnung von Kirche mit Menschen außerhalb des Kernfeldes Gemeinde.' Studien hätten gezeigt, dass ein Aspekt des Wellnesskultes die Suche nach Spiritualität, nach Lebenssinn und -orientierung ist. So kann Wellness auch zum Ort missionarischer Kirche werden. Er schafft Berührungspunkte. Losgelöst von Religionszugehörigkeit oder Konfession geht es zunächst um die offene Begegnung zwischen Menschen und Kirche.

Mittlerweile haben Karin Herrmann und ihre Gäste den gedanklichen Strandspaziergang beendet. ‚Sie atmen aus und ein, schöpfen Kraft und Energie', spricht die ruhige Stimme. ‚Dann öffnen Sie die Augen und kommen langsam in diesen Raum zurück.' Auf den Liegestühlen regt sich Leben.

Oft kommen Gäste nach der Meditation zu ihr: ‚Was haben Sie Schönes mit mir angestellt! Jetzt geht es mir richtig gut‘, hört Herrmann häufig. ‚Mit den Meditationen kommt wirklich die innere Besinnung‘, schildert eine ältere Frau ihre Empfindung. ‚Wo es sprudelt und dampft, ist das einfacher als auf knarzenden Kniebänkchen in der Kirche.‘“[14]

Sind nun auch die Kirchen auf dem Weg zu einer „weichgespülten Geborgenheitsreligion“ (Herbert Schnädelbach[15])? Der österreichische Pastoraltheologe und Werteforscher Paul Zulehner steht diesem Trend sehr kritisch gegenüber. Wellness-Spiritualität sei letztlich schädlich. Denn in einer Kultur der Ich-Besorgnis liege es nahe, dass auch die dort gebotene Spiritualität nur der Ich-Inszenierung diene. „Wo die Wellness, die Wohl-Lust, boomt, kann Spiritualität zu deren Steigerung genützt werden. Dann dienen spirituelle Praktiken dem Abbau von Stress, der Bewältigung von Leid, der Rechtfertigung unstillbarer Bedürfnisse. Unbemerkt wird aus einem unpassenden Gott ein uns passender Gott. Spiritualität kann dann eine Art Religion ohne Gott werden: Wir richten es uns mit Gott, statt uns von ihm richten und damit herrichten und aufrichten zu lassen.“[16] So gesehen verändert uns die Wellness-Spiritualität nicht, was Grundvoraussetzung wirklicher Heilung wäre, sondern übertüncht lediglich unsere Krankheit spirituell. „Sie ist Flucht aus dem Elend in ein spirituell erzeugtes Paradies, aber keine Umwandlung des Lebens und der Welt in eine menschenfreundlichere Gestalt. Als entscheidend im religiösen Erleben gilt nicht mehr der im Erleben erschlossene Inhalt, sondern das bloße Ergriffenwerden – egal wovon.“[17]

Gewiss, alle spirituellen Wege beginnen beim Körper. Doch können Wellnessunternehmen auch die Bedürfnisse von Sinnsuchenden befriedigen? Sind Wellness, Selfness und Mindness Religionsersatz oder auf dem Weg zu einer neuen Religion? Oder wird hier nur ein Tagtraum vom ewigen schönen Leben und Denken inszeniert, ein Wochenend-Paradies im Diesseits?

„Humanistische“ Spiritualität

Auch der (atheistische) Humanismus kennt eine Spiritualität. Joachim Kahl, Mitglied im Humanistischen Verband Deutschlands, vertritt die Ansicht, dass „ein Humanismus, der keine spirituelle Dimension entfaltet, armselig und steril, verkürzt auf Rationalismus“ ist. Denn „spirituelle Bedürfnisse sind gemüthafte Bedürfnisse: das Verlangen nach Sinn, Ziel, Halt, Ordnung,

Trost, Mut im Leben. Wie alle geistigen Bedürfnisse, die zur Natur des Menschen gehören, können sie eine religiöse und eine nicht-religiöse Antwort finden." Kahl hält es für „intellektuell unredlich, bereits diese Bedürfnisse selbst religiös zu vereinnahmen und mit Hilfe eines weitgefassten, funktionalistischen Religionsbegriffs jeden Sinnsucher zum Gottsucher zu mystifizieren. [...] Entscheidend sind Inhalte – nicht die Form. Die unterscheidende Trennlinie zwischen einer weltlich-humanistischen und einer religiösen Spiritualität wird durch deren Inhalte, nicht durch Formen gezogen. Kerzenlicht, Wohlgerüche, sanfte Musik, Rotwein und Lyrik können ganz verschiedene Botschaften begleiten und befördern. Auch Yoga, Fasten und Meditation sind keine Domäne irgendeiner Religion, sondern können sich von ihren ideellen (etwaig religiösen) Ursprüngen lösen, verselbständigen und auch einen Stellenwert in einem atheistischen Lebensentwurf finden."

Kahl bringt als Beispiel für eine weltlich-humanistische Spiritualität eine Erschließung des Yin-Yang-Symbols, das er als ein „geistiges Geschenk Asiens an die Menschheit" bezeichnet: „Das Yin-Yang-Symbol ist ein Weltsymbol, hervorgegangen aus der unmittelbaren Anschauung und Deutung der Natur. Es beruft sich nicht auf göttliche Offenbarung, es knüpft nicht an irgendeinen legendären Vorgang mit angeblicher Heilsbedeutung an, sondern es ist gebildet aus allgemein nachvollziehbaren sinnlichen Erfahrungen von Licht und Schatten an einem Bergabhang. Das Yin-Yang-Symbol ist ein einzigartiges Beispiel dafür, wie aus naturalistischen Wurzeln die Höhen ästhetischer und philosophischer Abstraktion erreicht werden können – in einem langen anonymen Prozess der Sublimierung, Vergeistigung, Verallgemeinerung. Als chinesischer Inbegriff dessen, was in Europa als Dialektik bezeichnet wird, stellt es das Grundgesetz von Polarität und Komplementarität der Gegensätze dar. Es setzt stilisiert ins Bild, was als erster der Grieche Heraklit auf Begriffe gebracht hat: dass alles im Fluss ist und die Gegensätze an ihren Extrempunkten ineinander übergehen."[18]

Vor 50 Jahren bekannte der sich selbst als „Nichtchrist" bezeichnende Gerhard Szczesny in der Weihnachtsausgabe der ZEIT, dass auch er Weihnachten feiere:

„Gerade die pluralistische Gesellschaft muss, um nicht auseinander zu fallen, durch alle Lebensbereiche hindurch für den Bestand einer optimalen Summe von allgemeinverbindlichen Prinzipien und Gewohnheiten sorgen. Es versteht sich von selbst, dass eine Vielzahl dieser Prinzipien und Gewohnheiten in unserer Hemisphäre christlichen Charakter tragen. Aber auch bei diesen handelt es sich teilweise um vorchristliche Kulturelemente, die mit einem christlichen Akzent versehen wurden. [...] Auch der Sinn der Weihnachtsgeschichte liegt diesseits der Grenze, von der ab das Christentum für Nichtchristen unannehmbar wird. [...] Die Weihnachtszeit hat ihren universalen Zauber nur entfalten können, weil es den Theologen nicht gelungen ist, daraus eine Prinzipienfrage zu machen. [...] Zu Weihnachten ist man lieb zueinander, betont die kommunikativen Elemente und macht sich Freude. Die Gegensätze, die sich hart im Raume stoßen, werden für Augenblicke durch Luftkissen abgefedert, und vorübergehend herrscht das sanfte Gesetz der ‚weichen Welle'. [...] Für Augenblicke bekümmert es uns, dass irgend jemand die heilige Nacht ohne Leuchtfeuer auf einsamer See verbringen, dass irgend jemand sich allein auf der Straße herumtreiben und niemanden und nichts – nicht einmal mehr eine Zukunft – haben könnte."[19]

Kirchlich-liturgisches Zeremoniell als „Wohlfühlkultur"[20]

„Morbus infantilitatis"

In die Nähe der Sehnsucht nach einer „Wellnesskultur" lassen sich auch bestimmte Tendenzen innerhalb der römisch-katholischen Kirche stellen, die eine Rückkehr zur „Alten Messe", zu jener Form des eucharistischen Kultes fordern, wie er vor der Liturgiereform im Jahre 1974 allgemein praktiziert wurde. Ein beredtes Zeugnis dieser Tendenz ist ein Eintrag am 11.9.2009 auf einer Internetseite:[21]

Der Autor berichtet von seinem ersten Besuch der Alten Messe vor einigen Jahren: „Er fiel in die Zeit meiner Rückkehr zur Kirche." Er habe nicht viel über den Alten Ritus gewusst: „Ich war aber neugierig, wissensdurstig und – da frisch bekehrt – ziemlich motiviert." Die Liturgie habe er sich fremd und unzugänglich vorgestellt. Doch das Vorurteil bestätigte sich nicht: „Die Schönheit des Gesangs, die ruhigen, ausgewogenen Gesten berührten mich." Die stillen Teile erzeugten Ruhe, und es entstand eine Empfindung der Angemessenheit beim Gebet mit dem Priester zusammen auf Gott hin zu schauen: „Ich konnte mich fallen lassen, einfach da sein, und das geht mir auch heute noch so." Doch trotz der Freude über diese Entdeckung hatte der Blogger anfänglich gemischte Gefühle. Denn seine Rückkehr zur Kirche ließen in ihm auch die liturgischen Tage der Kindheit aufsteigen: „Als ich zur Kirche zurückgefunden hatte, hatte ich mir zurückerobert, was ich in den Jahren des Glaubensverlusts aufgegeben hatte." Seine Hoffnung ist, dass Papst „Benedikts ‚Hermeneutik der Reform' sich durchsetzt und die Kirchengeschichte nicht mehr von gewissen Kreisen auf die letzten vierzig Jahre reduziert wird".

Könnte es sein, dass manche Katholiken heute bei der „Alten Messe" in eine Art von infantiler Wellness-Stimmung versetzt werden, weil sie mit dieser „Messe" aufgewachsen sind, weil sie sich in ihrem unverständlichen Zeremoniell geborgen und behütet gefühlt haben? 1997 diagnostizierte der SPIEGEL den „Morbus infantilitatis" für die (damalige) bundesdeutsche Gesellschaft. Solches Zurückfallen auf frühere, kindliche Stufen der Persönlichkeit, die „Reaktivierung entwicklungsgeschichtlich älterer Verhaltensweisen", beschreibt die Psychoanalyse mit dem Begriff der Regression, entstanden als Abwehrverhalten in Situationen der Überforderung.[22] Eine solche Vermeidungshaltung hat auch der deutsche Trendforscher Matthias Horx im Blick, wenn er Infantilisierungstendenzen in der gegenwärtigen Gesellschaft konstatiert.[23] Er sieht in der Welt der Regression eine Strategie, sich den Überforderungen der ernsten, von neuen und zurückgekehrten Härten geprägten Welt zu entziehen. Regression macht das bereits Erreichte wieder rückgängig oder möchte es gern rückgängig machen. Sie äußert sich in infantilen Handlungssymptomen. Kennzeichnend dafür sind: Haften an bestimmten lustvollen Erfahrungen, Verbleiben in einem unangemessenen, dem Alter nicht entsprechenden Anspruchsniveau, Trotzhaltung, übermäßige Identifikation mit Autoritäten und anderen „Respekts"-Personen, übermäßig starkes Bedürfnis nach Schutz, Anlehnung, Geborgenheit und Führungsautorität.

Unter diesen Erscheinungsformen ist Infantilismus auch ein im kirchlichen Bereich weit verbreitetes Phänomen. „Die Versuchung, in die beglückende und bergende Ursituation der Kinderstube zurückzukehren, ist eine schwere Gefährdung des sittlichen Lebens, die im katholischen Raum oft nicht erkannt wird. [...] Tatsächlich ist das ‚alte Kind' ein oft erreichtes Fehlprodukt katholizistischer Erziehung. Der Autorität freilich ist infantiler Gehorsam nicht selten erwünscht, denn er macht ihr das Leben leichter. [...] Die Autorität ist immer versucht, den falschen Gehorsam zu ermutigen, zu fördern und zu belohnen."[24]

Der religiöse Kult besitzt eine innere Nähe zum Spiel

Doch überlieferte Formen von christlicher Religion, vor allem in römisch-katholischer Ausprägung, können auch unter einem positiveren Aspekt gewisse Anziehungskraft ausüben, der durchaus aufklärerisch und nicht als Ausdruck von Infantilismus oder Regression zu werten ist.

Der niederländische Kulturhistoriker Johan Huizinga (1872–1945) veröffentlichte 1938 den kulturhistorischen Essay „Homo ludens" (lat.: der spielende Mensch).[25] Er vertritt darin die Ansicht, dass „Homo sapiens" – der Mensch als *denkendes* Wesen – nicht das einzige Attribut sein kann, welches das Menschsein ausmacht. Auch der Begriff „Homo faber" – arbeitender Mensch – sei eine unzureichende Beschreibung, denn auch Tiere arbeiten. Huizinga meint, dass menschliche Kultur vor allem anderen in und aus Spiel entsteht. Der Homo ludens entwickle seine Fähigkeiten über das Spiel. Menschliche Kultur komme im Spiel und als Spiel auf. Das Spiel sei eine grundlegende menschliche Aktivität, die Kreativität freisetze. Im Spiel werden verfestigte Strukturen aufgebrochen und Innovationen hervorgebracht. So wird das Spiel zu einer Aktivität, die in der Lage ist, die Elemente einer Situation so zu verändern, dass Neues und Unbekanntes entsteht und Lösungen für scheinbar nicht mehr lösbare Probleme gefunden werden können. Spielen setzt eigenes Denken voraus. Huizinga bringt zur Begründung seiner These zahlreiche Beispiele aus Politik, Rechtsprechung, religiösem Kult, Wissenschaft, Dichtung und Philosophie. Überall findet er Formen von Spiel, die über die Sphäre des sogenannten Notwendigen und die Befriedigung menschlicher Elementarbedürfnisse hinausgehen.

Auch der religiöse Kult greift auf formale Strukturen des Spiels zurück: Er hat „etwas" zum Inhalt, es gibt handelnde Personen, er folgt Regeln und hat bestimmte Ausdrucksformen, bevorzugte Zeiten und Räume. Vor allem in der christlichen, insbesondere in der römisch-katholischen und in der orthodoxen Liturgie ist die Tendenz zu beobachten, bestimmte Festinhalte abzubilden und dramatisierend zu „vergegenwärtigen" – in Essen und Trinken (Eucharistie bzw. Abendmahl), in Bewegungsabläufen (Prozessionen), im Wechsel von Licht und Dunkel, von Tag und Nacht. Im Laufe der Geschichte des christlichen Kults gab (und gibt) es szenische Darstellungen biblischer Ereignisse: Weihnachtsspiele (Krippen-, Hirten- und Dreikönigsspiele), Palmprozession am Palmsonntag (in Erinnerung an den Einzug Jesu in Jerusalem), Osterspiele („Ludus paschalis" in Origny-sur-Loire), dramatische Darstellungen von Christi Himmelfahrt und von Pfingsten. Vor allem die in der katholischen Kirche zu besonderen Festen in bischöflichen Kathedralen vollzogene Liturgie – ein „Pontifikalamt" mit Orchestermesse und den in prunkvolle Gewänder gekleideten Akteuren – kann zu einem erhebenden Schauspiel für Augen und Ohren werden, zu einer Utopie von Schönheit und Harmonie. Das choreographisch perfekt inszenierte und vom Fernsehen in alle Welt übertragene Begräbnis des Papstes Johannes Paul II. im Jahr 2005 bot dafür ein eindrucksvolles Beispiel.

Die Schriftstellerin Luise Rinser berichtet von einem Besuch im polnischen Wallfahrtsort Tschenstochau im Jahr 1970, zur Zeit der kommunistischen Herrschaft:

„Schlag zwölf (die Messe, wohlberechnet in der Länge, ist soeben zu Ende, aber der Bischof steht noch am Altar) tritt eine Stille ein, die etwas ankündigt. Alle Blicke sind auf den Altar gerichtet, auf das Bild der Schwarzen Madonna. Man hält den Atem an. Ganz, ganz langsam beginnt der goldene Vorhang von oben über das Bild herabzurollen. Zögernd werden nacheinander Haar, Stirn, Antlitz, Hals, Brust der Madonna den Blicken entzogen. Dieses Verhüllen hat magische Wirkung: das Bild selbst entzieht sich, die Madonna tritt, nach gewährter Audienz, zurück ins unzugängliche Geheimnis, in die Wolken. Es ist das Sich-Entziehen einer Göttin. Ein Sich-Entfernen mit barmherziger Langsamkeit: sie gibt eine letzte und noch eine und eine allerletzte Gelegenheit zu Bitte und Gewährung. Als sei die Madonna nach der Verhüllung nicht mehr erreichbar, sammelt das Volk seine Gebetskraft zu einem letzten Ansturm. Nützt die Gelegenheit, strengt euch aufs alleräußerste an, betet bis zum Zerreißen, gleich ist die Stunde der Gnade vorüber …

Jetzt ist das Bild verhüllt. Noch ist der Raum aufgeladen. Langsam löst sich die Spannung. Leise Traurigkeit überzieht die Gesichter: man hat nicht stark genug gebetet, man ist selber schuld, wenn das Gebet nicht erhört wird … Macht nichts, ein andermal kommt man wieder, die Madonna kommt auch wieder, sie läßt ihr polnisches Volk nicht im Stich. NIEMALS. Tschenstochau wirkt auf mich viel viel stärker als Lourdes. Das machen die Umstände.“[26]

Könnte bei jenen Menschen, die sich in früheren Zeiten in der kirchlichen Liturgie bei der farbenfrohen Prachtentfaltung, bei ihrer kunstvollen musikalischen Gestaltung und dramatisierenden Darstellung, beim Duft von Weihrauch und beim Schein der Kerzen „wohlgefühlt“ haben und die auch heute noch gerne solchen „Augen- und Ohrenschmaus“ aufsuchen, etwas Ähnliches eine entscheidende Rolle spielen wie bei jenen, die heute die modernen Wellnesstempel besuchen und sich dort mit Musik und aromatischen Düften verwöhnen lassen – der Wunsch nach umfassendem Wohlbefinden und die Sehnsucht nach unvergänglicher Schönheit?

„Warum rührt mich das Lied ‚Segne du Maria‘ an (wie übrigens sehr viele meiner Patienten), obwohl ich mich doch längst von Marianischer Theologie und Frömmigkeit verabschiedet habe?“, so schrieb mir ein lange Zeit als Krankenhausseelsorger tätiger Theologe. Und er fährt fort: „Handelt es sich da um eine zu diffamierende bzw. zu überwindende Schicht in mir? Oder hat das nicht vielmehr etwas zu tun mit Geborgenheitssehnsucht, mit der Beziehung zu meiner Mutter und mit dem, was feministische Theologie in der Gottheit schätzt? – Oder was ist das in mir, das durch prunkvolle Liturgie so angenehm angerührt wird, obwohl ich doch im Grunde die, die das im Dom vorexerzieren, gar nicht schätze und sogar denke, ich verstünde besser, was die da machen, als sie selbst? Ist das nur ein Relikt meiner kirchlichen Sozialisation, das es zu überwinden gilt, oder nicht vielmehr eine Sehnsucht nach Harmonie und Schönheit und Heil, die in meiner Kindheit zuerst in den Gottesdiensten meines Heimatdorfes geweckt wurde, weil es eben nur da schöne Musik (wir hatten zuhause nur ein altes kleines Radio), tollen Blumenschmuck, goldene und silberne Geräte, prunkvolle Gewänder gab? Die Utopie von Schönheit und Harmonie – ist das nichts Positives?“

Mit theologischem und psychologischem Scharfsinn lässt sich literarischen Erzeugnissen, etwa Märchen oder biblischen Geschichten, ein tieferer Sinn abgewinnen, so dass damit einerseits diese Texte aufgewertet werden und andererseits der Leser dieser Texte mit ihrer Hilfe zu einem heilvolleren Menschsein kommen kann. Könnte man dies nicht auch mit liturgischen Texten, mit alten Kirchenliedern, mit dogmatischen Texten, aber auch mit liturgischen Handlungen, mit liturgischen Gewändern, ja selbst noch mit solch skurrilen Gegenständen wie der (offiziell vorgeschriebenen römisch-katholischen) klerikalen Kleiderordnung versuchen? Man dürfte dabei eben nicht nur auf das achten, was Menschen im Intellekt anspricht, sondern auch auf das, was ihnen emotional, affektiv, psychisch guttut. Auch manches, worüber aufgeklärte (religiöse) Mitteleuropäer die Nase rümpfen, kann bei anders gestimmten, ebenso aufgeklärten, aber den affektiven Bereich vielleicht ernster nehmenden Menschen Saiten in der Psyche zum Schwingen bringen, die sie in eine Wohlfühl-Stimmung versetzen und sie irgendwie „heil“ machen.

Der Soziologe Hubert Knoblauch hebt die große Bedeutung des Event-Charakters hervor, den die Manifestationen der „Populären Religion“ annehmen und der inzwischen auch auf die kirchliche Religiosität übergreift, wie man das etwa bei Papstmessen oder beim „Weltjugendtag“ in Köln beobachten konnte. Unter massenpsychologischem Aspekt sind diese Events für den Einzelnen die Form, in der er oder sie heute Gemeinschaft erlebt – als organisiertes Ereignis, bei dem viele zusammenkommen. Für die heutigen Menschen, die sich als Einzelne kommunikativ und sozial durch die Welt bewegen und dauernd wählen müssen, zu wem sie gehören oder nicht gehören, ist das die Erfahrung von Gemeinschaft. „Subjektiv meint nicht einfach individualisiert. Es geht um einen subjektbezogenen Ausdruck von Religion. Das ist gerade im Katholizismus bedeutsam. Wer von Individualisierung spricht, legt Wert auf die Loslösung des Einzelnen von Gemeinschaft. Subjektive Erfahrungen können dagegen auch in Gemeinschaften gemacht werden."[27] Derartige Events sind „Hilfsmittel", um eine symbolische Überhöhung der subjektiven Biografie zu erreichen.[28]

Esoterik

In einem gewissen Zusammenhang zu Spiritualität und Mystik steht die Esoterik. In der breiten und durchaus uneinheitlichen Esoterik-Szene wird der Begriff „Spiritualität" inflationär angewandt. Er verweist auf ein „Mehr", ohne dieses Mehr jedoch mit einem umschriebenen Inhalt zu verknüpfen.

Der Begriff „Esoterik"

Esoterik (von gr.: esoterikós, „innerlich") ist in der ursprünglichen Bedeutung des Begriffs eine für einen begrenzten „inneren" Personenkreis bestimmte Lehre. Er wurde in der Antike gebraucht für bestimmte geheime Lehren oder Kulte, die nur Eingeweihten zugänglich waren.

Im Gegensatz dazu bedeutet „Exoterik" das öffentliche, allen zugängliche Wissen. Im engeren und heute gebräuchlichen Sinn bezieht sich der Begriff Esoterik auf einen inneren, spirituellen Erkenntnisweg (in etwa vergleichbar mit Mystik oder mit einem „höheren", „absoluten" Wissen). Er steht für ein breites Spektrum verschiedenartiger spiritueller und okkulter Lehren und Praktiken. *Die* Esoterik gibt es ebenso wenig wie *die* Religion oder *die* Philosophie. Es fallen darunter unzählige Praktiken, Techniken und „Denk"-Richtungen, die zum Teil nur lose miteinander verbunden sind oder sich zum Teil sogar widersprechen.

Kennzeichnungen

Ein Charakteristikum der Esoterik sind die Vielfalt und die Unüberschaubarkeit der Erscheinungsformen. In der Regel zeichnen sich esoterische Auffassungen dadurch aus, dass versucht wird, über die materielle Welt und über das praktische tägliche Leben hinaus auf das „Geistige" und das „Seelische" des Menschen und der Welt insgesamt hinzuweisen und einzuwirken. Die traditionellen Religionen und erst recht die Naturwissenschaften werden als untauglich und zu eng angesehen, um diese Sphäre zu begreifen und die Welt vollständig zu erklären.

Es würde zu weit führen, an dieser Stelle auch nur annähernd hinlänglich auf dieses „weite Feld“ einzugehen. Schon ein Blick ins Internet zeigt eine unübersehbare und verwirrende Fülle von Angeboten. Die Abgrenzung ist nicht leicht. Unschärfen in Randzonen sind zu erwarten, Entwicklungen auf dem „Markt der Religionen“ zu beachten.

Vieles stammt aus der Tradition des Abendlandes, wie Astrologie, abergläubische Praktiken der Zukunftsdeutung, Glaube an Geister, Dämonen, Teufel und Hexen. Diese Praktiken und Überzeugungen haben letztlich alle vorchristliche Ursprünge und häufig lange Traditionen, sie haben teilweise unter christlicher Adaption (Teufels- und Hexenglauben), teilweise im Verborgenen immer in bestimmten Kreisen gelebt.

Manche Bereiche der Esoterik kommen erst im 19. und 20. Jahrhundert auf. Das gilt für den Spiritismus, aber auch für die Neubildungen der Theosophie und Anthroposophie, die ihrerseits vieles aus der Tradition des christlichen und vorchristlichen Abendlandes aufnehmen. Im 20. Jahrhundert kam, befördert durch Science-Fiction-Filme und Science-Fiction-Literatur, der Glaube an Ufos und Außerirdische auf.

Im 20. Jahrhundert beginnt die Öffnung hin zu den östlichen Religionen, insbesondere zum Buddhismus und zum Hinduismus. Eine wichtige Rolle spielte und spielt dabei die zunehmende Kenntnis östlicher Mystik, insbesondere die Entdeckung eines nicht-personalen Gottesverständnisses. Die zunehmende religiöse Durchmischung der Bevölkerung hat den Horizont auch für weitere Religionen geöffnet. Unter dem Dach der Esoterik finden sich auch immer wieder Anleihen etwa beim Schamanismus oder bei Voodoo-Kulten.

Ein – auch kommerziell – wesentliches Teilstück esoterischen Angebots betrifft bestimmte psychologische Modelle und medizinische Methoden.

Darüber hinaus gibt es jedoch ein inzwischen breites Spektrum nichtorganisierten esoterischen Christentums, das bis weit in die Kirchen hineinwirkt, in kirchlichen Bildungshäusern und in der kirchlichen Frauenarbeit vorzufinden ist und in der Regel beansprucht, christlich zu sein. Vertraute Begriffe, die bisher einen klar erkennbaren Inhalt hatten, werden benutzt und verändert, ohne dass die Veränderungen jedoch benannt werden.

Gemeinsamkeiten esoterischer Überzeugungen

In der Esoterik drückt sich das Sehnen vieler Menschen nach etwas Geheimnisvollem, die materielle Welt übersteigendes, hinter ihr Liegendes aus. Esoterisch werden die Menschen, in denen dieses Sehnen überdurchschnittlich stark ausgeprägt ist, die aber nicht mit einer bestimmten Religion fest verbunden sind und die die intellektuelle Kraft zum systematischen, methodischen und kritischen Philosophieren nicht aufbringen bzw. nie damit in Berührung kamen, nie eine entsprechende Ausbildung erhielten.

In vieler Hinsicht erweist sich die zeitgenössische Esoterik als ein Kind der Moderne. Sie erscheint als eine Antwort auf die Aufklärung, als Versuch, die Epoche des naturwissenschaftlich-technischen Weltbildes zu überwinden. Das geschieht entweder durch Wiederentdeckung verschütteter oder unterdrückter Traditionen und menschlicher Fähigkeiten, oder es wird versucht, die wissenschaftliche Moderne mit neuen ganzheitlichen Lösungsmodellen zu überbieten und damit hinter sich zu lassen.

Mit „Ganzheitlichkeit“ dürfte schon eine erste Antwort auf die Frage nach dem Erfolg von Esoterik zu finden sein: Ganzheitlichkeit hat sich als Denkmuster in vielen Bereichen der Wissenschaft und des Alltagslebens längst eingebürgert: bei der Frage nach den psychosomatischen Wechselwirkungen in der Medizin ebenso wie in einem gewachsenen Bewusstsein für komplexe Umweltprozesse und für die Notwendigkeit einer gründlichen Technikfolgenabschätzung. Viele dieser ganzheitlichen Aspekte sind von der alternativen Bewegung in die Diskussion eingebracht worden.

Weiterhin kommen esoterische Angebote dem verstärkten Bedürfnis nach Individualität und individueller Religiosität entgegen. Esoterik ist – schon dem Begriff, aber auch der Praxis nach – niemals ein Massenphänomen, sondern lebt von kleinen Zirkeln, überschaubaren Gruppen oder auch ganz individueller Praxis. Damit wird zum einen das Bedürfnis nach Überschaubarkeit befriedigt, Esoterik kommt mit der Vielfalt ihrer Angebote und letztlich auch mit ihrer Kommerzialisierung den sehr unterschiedlichen Bedürfnissen nach individueller spiritueller Erleuchtung und persönlichem innerem Wachstum entgegen. Sie bietet sich nicht dar als Antwort für alle und jeden, sondern als persönlich gewählter Weg. Das Selbst, das eigene Geschick, der eigene Weg, Selbstfindung, Selbstwerdung, eine Antwort auf die Frage nach dem Sinn nicht des Lebens überhaupt, sondern meines persönlichen Lebens – all das lässt sich in der Fülle esoterischer Angebote finden, und zwar in persönlich zu wählender Geschmacksrichtung und Intensität. Subjektive Formen von Religiosität oder von „Spiritualität als persönlicher Prozess“[29] spiegeln den Trend zur Individualisierung und zur Emanzipation des Subjekts, verweisen aber gleichzeitig auf den Verlust verbindlicher Lebensorientierung und die Neigung zu einer „Patchwork-Identität“ in der heutigen Gesellschaft.[30]

Fließende Übergänge

Häufig sind die Übergänge von esoterischen Praktiken und esoterischem Denken zu Erscheinungsformen einer veränderten religiösen Praxis innerhalb der etablierten Religionsgemeinschaften fließend. Was von den einen als „esoterisch“ eingestuft wird, sehen die anderen als Ausdruck einer besonders intensiven Spiritualität.

Ein Beispiel dafür lieferte der Evangelische Kirchentag in Bremen 2009. Auf der Suche nach neuen spirituellen Erfahrungen versammelten sich rund tausend Teilnehmer zum Forum „Spiritualität und christliches Bekenntnis“. Denn längst haben sich neue und für viele noch ungewohnte spirituelle Formen verbreitet, die man in verschiedenen Workshops ausprobieren und neu dazulernen kann: sakraler Tanz und meditatives Malen, Yoga und Bibliodrama, Atemarbeit und Arbeit mit Klangschalen, Herzensgebet, Eutonie und Za-Zen, Kontemplation und Qigong. Aber, so mögen sich viele fragen, ist das alles noch evangelisch? Einer der Referenten, der Theologe und Autor Christoph Quarch, der mit der Hannoveraner Bischöfin Margot Käßmann auf der Bühne steht, sieht im christlichen Bekenntnis nicht das Maß aller Dinge. Das sei die individuelle spirituelle Erfahrung. Wenn man den „Sinn und Geschmack der Unendlichkeit“ erfahren habe, sagt Quarch, verändere dies immer auch das religiöse Bekenntnis. So kann es nach Quarch sogar Menschen geben, die der „Religion der Liebe folgen“ und deshalb Christen sind, auch wenn sie die Bibel gar nicht kennen. „Und woher wissen die dann, dass sie Christen sind?“, fragt die Bischöfin spitz: „Weil Herr Quarch ihnen das gesagt hat?“

Das Publikum folgt der Debatte interessiert, ergreift aber keine Partei. Den Kirchentagsbesuchern scheint es weniger um theologische Erklärung zu gehen als um die konkrete spirituelle Praxis. Fast alle bleiben in der Halle, als im Anschluss an das Forum eine persönliche Segnung angeboten wird. In langen Schlangen stehen sie geduldig an zehn Stationen, wo die Besucher mit Olivenöl gesalbt und mit erhobenen Händen gesegnet werden. Die Gesichter sind bewegt, und viele haben Tränen in den Augen.[31]

Zugespitzt könnte man sagen: Alle Religiosität ist – mehr oder weniger – esoterisch. Aber nicht alles, was esoterisch ist, ist darum schon Religiosität. Sicher ist die verbreitete Suche nach (mehr) Spiritualität innerhalb der etablierten Kirchen berechtigt. Doch auch hier ist zu fragen: Welche Spiritualität? Spiritualität umfasst neben individuell-meditativ-mystischen Erfahrungen wesentlich auch rationale, zwischenmenschliche, moralische, soziale, politische Erfahrungen. Die Esoterik nimmt allein die individuelle, meditativ-mystische Bedeutung heraus. Nur diese mystische Erfahrung wird als

Plausibilitätskriterium anerkannt. Die Auswahl richtet sich nach persönlichen Vorlieben.

Außerkirchliche Spiritualität ist sinnvoll und keineswegs mit esoterischen Absonderlichkeiten gleichzusetzen. Das sagt der Berliner Soziologe Hubert Knoblauch. Er warnt die Kirchen davor, sich von subjektiven religiösen Erfahrungen strikt abzugrenzen. Vor der kirchlichen Religiosität könne eine grundlegende spirituelle Suchbewegung ein Beitrag dazu sein, dass Menschen überhaupt einen Zugang zum Christlichen finden. Knoblauch verweist auf die Vereinigten Staaten, wo eine subjektive Spiritualität sehr stark auch innerhalb der Kirchen verankert ist, etwa im Rahmen der charismatischen Bewegung.

„Subjektiv meint nicht einfach individualisiert. Es geht um einen subjektbezogenen Ausdruck von Religion. Das ist gerade im Katholizismus bedeutsam. Wer von Individualisierung spricht, legt Wert auf die Loslösung des Einzelnen von Gemeinschaft. Die subjektive Erfahrung kann dagegen auch in Gemeinschaften gemacht werden." Als Beispiel nennt der Wissenschaftler Papstbesuche oder den Weltjugendtag.

In Deutschland werde von den Kirchen seit Jahrzehnten darüber diskutiert, ob sie sich öffnen oder ob sie auf ihren eigenen Kernbestand zurückblicken sollten. Eine differenzierte Antwort sei wichtig. „Einerseits verfolgte schon Papst Johannes Paul II. so eine Art Abgrenzungsstrategie. Das ist unter seinem Nachfolger nicht sehr viel anders geworden. Andererseits gibt es aber eine sehr starke Integration auch populärer Formen des Religiösen, einer populären Religion." Die dazugehörende Spiritualität werde auch im Kirchenraum gepflegt, wie das Interesse an Meditation belege, welches von den Kirchen und kirchlichen Ordensgemeinschaften angeregt wurde.[32]

4. Suchbewegungen: Moderne Kunst und die Erfahrung von Transzendenz

Über das alltäglich Sichtbare oder Bewusste hinausdringen

„Religion und Kunst – Das ist etwas, was in meinem eigenen Leben und in meiner künstlerischen Arbeit immer mehr Brisanz gewonnen hat in den letzten zehn, fünfzehn Jahren. Es ist etwas, was mich als Mensch und als Künstler immer mehr bewegt hat [...]. Wir Künstler suchen nach einer Form, nach einer Wahrheit. Wir machen ja Kunst nicht, weil wir dafür Geld kriegen, sondern Kunst machen heißt: Es gibt in uns eine Sehnsucht nach einem Größeren. Die Kunst ist eines der Mittel, vielleicht sogar eines der potentesten Mittel, um diesen Weg gehen zu können. Dabei begegnet sie der religiösen Suche, die ebenfalls eine Sehnsucht ist, über das alltäglich Sichtbare oder alltäglich Bewusste hinauszudringen." So Willy Decker, der Intendant der Ruhrfestspiele, in einem Interview mit Curt Heinrich.[1]

Sehnsucht nach einem Größeren

Religion ist Ausdruck der Erfahrung, dass zur Welterfahrung das Nichtwahrnehmbare, das Transzendente hinzukomme. Zaghafte, scheue und nicht immer als solche gleich erkennbare Annäherungsversuche sind in der modernen Kunst zu beobachten. Sie will in einer ihr eigenen Unruhe stets über das Erreichte hinausgehen. Dies ist am Ende mühsam errungen und immer eingebettet in ein ungesichertes Suchen. „Das künstlerische wie jedes geistige Tun vollzieht sich in der Dialektik von Setzen und Hinterfragen, von Zutrauen und Zweifel. Dieser Zweifel ist das eigentliche Movens, die treibende Kraft, das Schöpferische in der Bewegung." In der Kunst ist der Zweifel gleichsam zu Hause. „Doch setzt die Kunst die Kreativität dagegen, das neue Werk, selbst dann, wenn sie kurz darauf wieder ins Schwanken zurückfällt. Die Kunst lebt aus einer Energie, sich gegen den Zweifel gestaltend zu behaupten. Hier hat sie ihre spirituelle Kraft. [...] Kunst und Religion sind in funktionaler Richtung zwei Ausdrucksweisen des Menschen bei seiner Suche nach Sinn und Selbstverstehen. Ihr Fundament ist das gleiche, ihre

Zielorientierung verwandt, die Methode unterschiedlich. Auf der einen Seite: Gestalten, Figurieren, verschlüsselndes Enthüllen; auf der anderen Ritus, Gebärde, ahnendes Enträtseln." So schreibt der Kölner Pfarrer und Kunstkenner Friedhelm Mennekes.[2]

Das zweifelnde Suchen und Tasten, das in vielen zeitgenössischen Kunstwerken zum Ausdruck gebracht wird, macht vielleicht das Faszinierende an ihnen aus. Die Kunst gleicht darin dem Tasten und Suchen, wie es manche neueren religiösen Bewegungen kennzeichnet. Dieses eigenartige „Religiös-" oder sogar „Religion-Werden" der Kunst ist beobachtbar in einer gewissen „Kathedralisierung" unserer Museen. Menschen, die sich hier zu „wechselnden Kunstgemeinden" zusammenfinden und an diesen „neuen Wallfahrtsstätten" mit großer Geduld in langen Schlangen auf Einlass warten, erhoffen sich von den Kunstwerken „belebende Erfahrungen. Sie suchen hier Orientierung, Weltdeutung, emotionale Betroffenheit – vielleicht auch Augenblicke der Kontemplation."[3] Der Kunstgenuss beim sonntäglichen Gang ins Theater, Konzert oder Museum erhält einen quasireligiösen Charakter häufig gerade für jene Menschen, die nicht an eine bestimmte Religionsgemeinschaft gebunden, aber vielfältig gebildet und ästhetisch empfänglich sind. Sie lassen sich hier auf die Fragen nach dem Woher und Wohin menschlicher Existenz, auf die Frage nach dem Sinn des Lebens ein. Sie schauen, verweilen, diskutieren, lassen sich an- oder auch aufregen, nehmen sich Zeit. Der rituelle Charakter von Ausstellungseröffnungen, die mystische Atmosphäre der Präsentation oder auch die sakrale Ausstellungsarchitektur mancher moderner Museumsbauten sind weitere Stichworte, die es nahelegen, dieses Geschehen dahingehend zu interpretieren.

Die Künstler übernehmen die Funktion der Priester. Tatsächlich gibt es manche von ihnen, die eine regelrechte Liturgie – „happening", „performance" – als Kunstwerk zeigten und zeigen. Und es besteht auch kein Zweifel, dass zahlreiche Kunstwerke der Moderne etwas in sich und an sich tragen, das man in die Nähe von Religion, Mystik, Transzendenz rücken kann. Künstlerinnen und Künstler offenbaren sich in ihren Werken als „suchende Menschen". Sie ähneln darin vielen ihrer Zeitgenossen, die ebenfalls auf der Suche nach einem tragfähigen Lebensmodell sind. Sie lassen uns durch ihre künstlerischen Aussagen und Arbeiten an ihrem Suchen teilhaben. Sie laden auf diese Weise gleichsam zu einem Gespräch ein und regen zu neuen Betrachtungsweisen an. Sie stellen uns ihre Wahrnehmungen, ihre Auseinandersetzungen, ihre Deutungen zur Verfügung und lösen damit nicht selten einen eigenen Wahrnehmungs-, Deutungs-, Hoffnungs- und vielleicht sogar einen Veränderungsprozess aus. Papst Johannes Paul II. betonte in seiner viel beachteten Ansprache vor Künstlern und Publizisten, dass „nirgends

[...] die Situation, das Lebensgefühl und auch der Fragehorizont des heutigen Menschen so eindrucksvoll dargestellt [ist] wie in der heutigen Kunst.“[4]

„Ins-Werk-Setzen der Wahrheit des Seienden“

Martin Heidegger hat darauf verwiesen, dass der Mensch im Umgang mit den Kunstwerken aus der Uneigentlichkeit seines Daseins, seiner Verfallenheit an das ‚man‘ herausgerufen wird in eine neue Eigentlichkeit. Heidegger glaubt, in den Werken der Kunst den „Ruf des Seins“, das „Seinsgeschick“ vernehmen zu können, das in jeder geschichtlichen Epoche neu und auf neue Weise in seine Wahrheit führen will. Die An-Fragen der Kunst bewirken beim Rezipienten, dass dieser die Schein-Welt dessen, was „man“ sagt, was „man“ tut, was „man“ denkt, zu hinter-fragen lernt. Erst so kann sich das „Ins-Werk-Setzen der Wahrheit des Seienden“ – wie Heidegger es ausdrückt – in seiner ganzen befreienden Tragkraft ereignen.[5]

Manche sehen die Aufgabe der Kunst darin, die durch Aufklärung und Rationalismus zerbrochene Einheit von Welt, Mensch und Gott wieder zusammenzuführen. Kunst unternehme den Versuch einer universellen Weltdeutung, eine Aufgabe, die bis zum 18. Jahrhundert der Religion zugesprochen wurde. Allerdings spielen hierbei das individuelle Künstlertum des jeweiligen Einzelnen und seine Weltanschauung die entscheidende Rolle. Die autonom gewordene Kunst wagt Weltdeutungen auf eigene Rechnung und Gefahr. Kunst ist Sinndeutung durch Gestalt und Form. Kunst kann Zeichen setzen für das, was der Mensch auf dem Weg religiöser Sinnsuche erfährt. So kann Kunst sogar als „Sprache der Religion“ (Friedrich Schleiermacher) bezeichnet werden.

Um diese Sprache zu verstehen, braucht es die Bereitschaft, sich ihrem An-Spruch zu stellen. Wer sich um das Verstehen der „Sprache“ eines Kunstwerks bemüht und sich mit ihr vertraut zu machen sucht, kann auch ein Gespür entwickeln für die „Aussage“ des Werks. Er kann seinen „Anruf“ vernehmen. Er kann vielleicht auch in dem einen oder anderen Kunstwerk – möglicherweise gänzlich unerwartet und überraschend – die darin verborgene religiöse Dimension erkennen.

Es bedarf dazu einer bestimmten „Spiritualität“, einer geistigen Wachsamkeit und Aufmerksamkeit. Bei einem interdisziplinären Symposium der katholischen Akademie Stuttgart vertrat der Kunstkenner und -kritiker Wieland Schmied die Ansicht: „Eine Kunst, der das Spirituelle fehlt, gibt es nicht. Das Spirituelle ist ihr zutiefst zu eigen.“[6] Ähnlich äußert sich Schmied noch einmal an anderer Stelle: „Nur die Frage nach der Spiritualität wird –

wie in jedem Jahrhundert menschlicher Geschichte so auch in diesem – uns ins Zentrum aller Kunst führen, nur von der Erkenntnis ihrer Spiritualität her wird sich die Kunst unseres Jahrhunderts in ihrer Substanz, wie in ihrer Qualität, wie in ihrer Fülle ganz erschließen." „Spiritualität" gilt für ihn als „das geheime Kennzeichen aller wahrhaft großen Kunst dieses Jahrhunderts". Sie ist kein Teil- oder Randphänomen, sondern substantielle Dimension der großen Kunst der Moderne überhaupt. Allerdings sagt Schmied nicht, was er genau unter dieser „Spiritualität" versteht. „Warum sie abgrenzen vom Religiösen, vom Numinosen, vom Transzendenten, vom Mystischen, vom Meditativen und verwandten Regionen? Es schadet doch nichts, wenn sich diese Bereiche überschneiden und durchdringen. Sie säuberlich trennen und etikettieren zu wollen, hieße nur, sie zu beschädigen." Das Gemeinsame ist wohl dies: „Keines (der Bilder) erschöpft sich in der Einhaltung ästhetischer Spielregeln, jedes einzelne bedeutet – an seinem Ort und zu seiner Stunde – eine existentielle Behauptung", eine Behauptung auch im Sinne von „Botschaft." Dass die Botschaften sehr unterschiedlich sind, gesteht Schmied durchaus zu. Für ihn ist es „kein Zufall, dass fast gleichzeitig mit der Revolution der modernen Kunst jenes berühmt gewordene Buch von Rudolf Otto erschien, das die Religionsgeschichte revolutionierte: Das Heilige (1917). Hier wird vom Erlebnis des Heiligen durch den Menschen als Realität und Wert ausgegangen und dem erstarrten Gottesbegriff wieder Lebensatem zurückgegeben, auf dass er wieder zum Gottesbild wird." Wieland Schmied glaubt feststellen zu dürfen: „Vielleicht ist es diese Erfahrung, die unserer Zeit aufgetragen wurde: das Aufspüren des Religiösen, des Heiligen, noch im Entferntesten, Entlegensten, im profanen Bereich, wo keiner mehr an das Heilige zu denken wagt."[7]

Infragestellen des fest zementierten Weltbildes

Wir haben verlernt, uns den großen Existenzfragen unseres Daseins zu stellen, weil wir weithin das existenzielle Staunen unserer Kindheit verlernt haben. „Weil wir in einem Zeitalter leben, das weitgehend vom Nutzenkalkül regiert wird, weil wir folglich nur Fragen stellen, die wir auch knapp und effizient beantworten können (nennen wir sie einmal die kleinen Fragen) und weil wir in einer Gesellschaft leben, die uns die großen Fragen ausreden will, sind Menschen wichtig, die uns lehren, an den großen Fragen festzuhalten: Und da rangieren die Künstler sicherlich an vorderer Stelle. Sie stellen unser oft eindimensional fest zementiertes Weltbild immer wieder heilsam in Frage."[8] Die zeitgenössische Kunst tritt als Fragende auf. Den Denkfaulen, die eine bequem anwendbare Antwort einfordern, kann sie mit einer herausfordernden Gegenfrage zur Mobilisierung der eigenen, verschütteten Lösungskompetenz verhelfen – wie Sokrates mit seiner „Hebammenkunst" es versuchte.

Anlässlich seiner Ernennung zum Honorarprofessor der Hochschule für Bildende Kunst in Braunschweig machte Friedhelm Mennekes, Jesuit und Gemeindepfarrer in Köln, das Verhältnis von Kunst und Religion zum Thema seines Vortrags. Er wies darauf hin, dass die Kunst gegenüber der Religion die Macht besitzt, „die Religion in ihrem Kern zu brechen und, gebrochen, zu neuem Leben zu entfachen. Die Kunst raubt der Religion alle selbst fabrizierte Sicherheit und jagt sie in das Pathos bohrenden Fragens. [...] Was mich zur Kunst treibt und an die Kunst bindet, das ist eine weitere Qualität, die sie zu entfalten vermag: ihre Macht zur Weltkonstruktion. Spätestens seit dem letzten Jahrhundert sind sich viele Kunstschaffende bewusst geworden, dass die Kunst es mit dem Innersten, mit den inneren Wahrnehmungen des Menschen zu tun hat. [...] Sehr schnell entwickelte sich bei vielen Künstlern geradezu eine Art religiösen Sendungsbewusstseins, dass sie die bislang verborgenen Zugänge entwerfen könnten. [...] Die Kunst entfaltete sich in diesem Jahrhundert zu einer geistigen Grundform, das Ganze der Wirklichkeit in den Blick zu nehmen und zu gestalten."

Mennekes betonte, dass auch die Religion „ein permanenter Ausgriff auf das Ganze der Welt" ist. Sie erinnert daran, „dass zum Ganzen wahrnehmbarer Realität auch die nicht wahrnehmbare des Transzendenten hinzukomme. Sie verneint die Gewissheit des Sichtbaren und behauptet die Dimension des ‚Ganz und gar Anderen' (Paul Tillich) als das Eigentliche des Lebens und der Welt. Ja, dieses ‚Eigentliche' sei das Tragende aller Wirklichkeit und ermögliche diese überhaupt erst. Nur von hier aus gewinne der Mensch sein Maß, das über das Alltägliche hinausreiche, das den Menschen ins Menschliche rufe und ihm eine Perspektive über alles Erfahrbare hinaus eröffne. Es ist meine Erfahrung, dass in diesem Kern alle Religion eine tiefe Faszination auf die Kunst ausübt, gestern wie heute. Ja, die Religion hat eine Macht, die Kunst zur Kunst herauszufordern: Religion als Test für die Kunst. Wenn die Religion ihre Räume auf die Kunst hin fokussiert, dann kann sie der Kunst entweder eine Glut besonderer Art entlocken – die Kunst als schöpferische Energie, als aufrechter Gang, als Freiheit des Menschen – oder die Religion kann die Kunst enttarnen: als kläglich, schwach, selbstverliebt; kitschig, unglaubwürdig, illustrativ; lebensfremd, unmenschlich, unwürdig ..."[9]

Kunst und Religion – ein verbundenes Getrenntsein

Will man das Verhältnis von Religion und Gegenwartskunst ohne Schönfärberei markieren, so kann man es wohl am ehesten als ein verbundenes Getrenntsein oder ein getrenntes Verbundensein umschreiben. Die Unkenrufe, die eine irreversible Funkstille zwischen Religion und aktueller Kunst konstatieren, haben genauso Unrecht wie jene, welche die Gegenwartskünstler in der Art vereinnahmen wollen, wie es George Steiner tat, als er 1989 die kühne Behauptung aufstellte, alle Kunst, wenn sie denn diesen Namen verdiene, sei religiös.[10] Gegen eine derartige Unterstellung würden sich sicher die meisten Künstler heftig zur Wehr setzen.

Dennoch kommt man kaum umhin, sich darüber Gedanken zu machen, wie und warum die Kunst heute religiöse Themen aufgreift und gleichsam weitertransportiert „in die Reflexion einer Gesellschaft, die sich als eine säkulare begreift, sich aber spätestens seit dem 11. September 2001 und in Europa seit dem Anschlag von Madrid intensiv mit den soziopolitischen Dimensionen von Religion auseinander setzt und auch im Bereich der privaten Sinnsuche einer im Obskuranten diffundierenden Religiosität anhängt. Es gibt ein wachsendes Bedürfnis nach transzendentem Sinn, das die Kirchen in der so genannten ersten Welt offenbar nicht mehr ausreichend befriedigen können."[11]

Was hier vor allem im Hinblick auf die bildende Kunst gesagt ist, spiegelt sich auch in anderen Kunstformen wider, wenngleich von Sparte zu Sparte unterschiedlich und zum Teil gebrochen. Einige Analysen seien angeführt: Reinhold Zwick macht eine „Konjunktur religiöser Sujets im neueren Mainstream-Kino" aus und sieht religiöse Themen und religiöse Subtexte im derzeit erfolgreichen Film „im Vergleich zu den neunziger Jahren deutlich auf dem Vormarsch".[12] Meinrad Walter hält dem Werbeslogan „Die Musik ersetzt die Religion", mit dem in den 1990er Jahren die deutsche Ausgabe eines musikästhetischen Kompendiums vermarktet wurde, entgegen: „Die Musik ersetzt nicht die Religion, vielmehr begleitet sie Menschen auf ganz verschiedenen religiösen Wegen."[13] Georg Langenhorst diagnostiziert in der Gegenwartsliteratur keine Renaissance, sondern „eine neue unbefangene literarische Auseinandersetzung mit Religion, dem Christentum und der Gottesfrage", da Schriftsteller heute nicht mehr unter dem Zwang zur Distanzierung von Religion stünden. Diese „neue Unbefangenheit" in der Thematisierung sei allerdings kein „Massenphänomen" des Literaturbetriebs, finde „gänzlich unabhängig von und außerhalb der Institution Kirche statt" und lasse sich „weder politisch, noch kirchlich und theologisch vereinnahmen oder verzwecken."[14] Auch „Theater und Theologie", so Klaus

Dermutz, „werden nicht mehr als Gegensätze gedacht: Theatermacher und Theologen sind auf der Suche, in welcher Weise die verschiedenen kognitiven und ästhetischen Konzepte in einen für beide Seiten bereichernden Dialog gebracht werden können.“[15] Im deutschen Theater würden seit dem Zusammenbruch des Sozialismus wieder verstärkt religiöse Fragen thematisiert, insbesondere die Fragen nach Leid, Erlösung, Sinn und die Suche nach Gott.

Jedes wirkliche Kunstwerk hat ein Geheimnis zu wahren und weist auf ein Geheimnis hin. Für ein gutes und großes Kunstwerk gibt es nicht nur eine einzige „richtige“ Interpretation. Mozarts „Don Giovanni“, Michelangelos Sixtinische Kapelle, Goethes „Faust“ haben schon Bände mit Auslegungs- und Deutungsversuchen gefüllt. Und sie werden es auch weiterhin tun. Jede Generation entdeckt daran neue Perspektiven. Ein gutes Werk muss man immer wieder anschauen, anhören oder lesen können. Wenn ein Werk sich bei wiederholter Begegnung als leer und „nichts-sagend“ erweist, wenn es diese Probe der Wiederholung nicht aushält, dann ist es keine große Kunst.

Literatur

„Profanliteratur“

1966 beklagte die Theologin und Literatin Dorothee Sölle, dass die Literatur „in der selbstzufriedenen Religionsfreiheit, in der keine Transzendenz und das heißt kein ‚Schmerz der Transzendenz‘ (Karl Rahner) mehr rumort, stirbt oder zumindest uns nicht mehr in der Tiefe unseres Empfindens berührt.“[16]

40 Jahre später, bei dem interdisziplinären Forschungskongress „Theologie und Literatur“ im Oktober 2004, stellte der Bielefelder Germanist Wolfgang Braungart zum Verhältnis von Theologie und Literaturwissenschaft Ähnliches fest. Das weitgehende Desinteresse heutiger Literaturwissenschaft an Theologie beruhe auf einer häufig wenig reflektierten, geradezu naiven Aversion gegenüber Religion, ja gegenüber jeglichen Sinndeutungen. Das wiege umso schwerer, als auf dem Feld der Literatur menschliche Grunderfahrungen nur im Rückbezug auf religiöse Sprachtraditionen angemessen thematisiert werden können. Wenn in der Moderne mit überkommenen religiösen Versatzstücken nur mehr gespielt werde, bedeute das eine Halbierung der hochkomplexen, spannungsreichen Verbindung von Literatur und Religion.[17]

„Das ‚metaphysische Bedürfnis' – ich weiß nicht, ob man es so nennen kann – ist unerfüllt und kann durch eine rein innerweltliche Theorie, die allein auf die Funktionalität einer Gesellschaft gerichtet ist, nicht befriedigt werden." So bekennt Günter Kunert in einem Gespräch über die Bedeutung der Religion für sein Werk.[18] Als Illustration dessen, was Kunert hier mit dem „metaphysischen Bedürfnis" meint und wie er es literarisch gekonnt mit wenigen Worten zum Ausdruck bringt, möchte ich sein Gedicht „Sorgen" vorstellen.

Sorgen

Der zu leben sich entschließt
Muß wissen
Warum er gestern zur Nachtzeit erwachte
Wohin er heute durch die Straßen geht
Wozu er morgen in seinem Zimmer
Die Wände mit weißem Kalk anstreicht.

War da ein Schrei?
Ist da ein Ziel?
Wird da Sicherheit sein?[19]
(Günter Kunert, Die Verkündigung des Wetters. Gedichte

In der ersten Strophe werden als indirekte Fragesätze drei höchst banale Ereignisse der Alltagswelt – zur Nachtzeit erwachen, durch die Straßen gehen, die Wände anstreichen – genannt. Sie gewinnen aber in der zweiten Strophe durch die Formulierung als direkte Fragesätze existentielle Bedeutung. Die Tempora der „Frage-Antwort" (Vergangenheit – Gegenwart – Zukunft) korrespondieren jeweils mit den Zeitadverbien der „Ausgangsfrage" (gestern – heute – morgen), so dass das Immerwährende der in der Überschrift genannten „Sorgen" unüberhörbar ist. Sie werden zu unlösbaren, ständig den Menschen bedrängenden und ihm „Sorgen" bereitenden Lebensrätseln. Das Gedicht gibt keine Antwort auf die Fragen des Menschen nach dem Grund (Warum), dem Ziel (Wohin), dem Sinn (Wozu) des Lebens. Kunert macht aber die Dringlichkeit der Fragen durch die Aneinanderreihung besonders deutlich und hebt sie dadurch ins Bewusstsein des Lesers.

Merkwürdig ist der erste Vers. Denn „zu leben" kann man sich nicht „entschließen". Niemand wird gefragt, ob er leben will oder nicht. Aber vielleicht meint Kunert hier mit „leben" mehr als atmen und essen und schlafen. Das Leben wird erst lebenswert, wird erst zum wahrhaft menschlichen Leben, wenn man über die Grundfragen des Lebens reflektiert. Das *muss* der Mensch tun. Das *muss* er wissen. Dazu muss er sich „entschließen". Der an den ersten Satz sich anschließende Imperativ füllt eine ganze Zeile.

Sicher wird kaum jemand Kunerts Gedicht spontan als ein „religiöses" oder „metaphysisches" Werk bezeichnen. Kunerts Intention ist eher im politischen und gesellschaftlichen als im religiösen Bereich zu suchen. Dennoch weisen seine Fragen über jeden menschlichen Antwortversuch hinaus. Sie transzendieren die „rein innerweltliche Theorie".

Die religiöse Dimension in der Literatur wird vor allem in der Schilderung von Grenzsituationen angedeutet. Menschen erfahren Liebe und Gemeinschaft, Angst und Einsamkeit, Leid und Tod und gelangen so an die Grenzen ihrer Erkenntnis- und Erlebnisfähigkeit. Sie spüren etwas von der Unerlöstheit der Welt, von ihren Brüchen und Verwerfungen. Sie sehnen sich nach einer anderen, heilen und vollkommenen Dimension, die sie sich aber selbst nicht erarbeiten können. Sie muss ihnen geschenkt werden. Sie fühlen sich auf einen letzten, alles umfassenden Sinngrund verwiesen, von dem sie sich abhängig wissen und dem sie ihr Leben verdanken. Texte, die davon etwas zum Ausdruck bringen, dürfen als „religiös" eingestuft werden.

Die Bibel

Auch die Schriften der Bibel sind zunächst vielfach Ausdruck einer transzendentalen Suchbewegung. Das mag die religiösen „Insider" irritieren; sie sind gewohnt, in der Bibel (von Gott inspirierte) Offenbarungsschriften zu sehen. Vor allem in den Büchern des Alten Testaments findet das Suchen und Tasten, das Fragen und Rätseln einen beachtlichen literarischen Ausdruck. Die hier versammelten Schriften stammen aus einer Zeit, die lange zurückliegt – zwei- bis dreitausend Jahre. Sie spiegeln Erfahrungen wider von Menschen, die uns unbekannt sind, die in einer ganz anderen Welt lebten, die eine andere Sprache sprachen, die andere Bräuche und Traditionen pflegten. Aber auch sie waren Suchende, Angefochtene, unruhig nach dem ganz Anderen Ausschauhaltende.

Kohelet

Ich möchte hier exemplarisch das kleine Buch „Kohelet" herausgreifen. Der hebräische Titel des Buches lautet: „Worte Kohelets, des Sohnes Davids, des Königs von Jerusalem". Die Herkunft des Wortes „Kohélet" ist bis heute nicht befriedigend geklärt. Es scheint vom hebräischen „qahál" = „Volksversammlung" abgeleitet zu sein und könnte eine als Eigenname (Spitzname, Deckname) verwendete Funktionsbezeichnung für den Sprecher einer Volksversammlung (gr. = „ekklesiastés", deutsch „Prediger") darstellen.[20] Vielleicht verbirgt sich dahinter auch der Gründer und Leiter eines philosophischen Gesprächskreises. Das Buch ist fiktiv einem israelitischen König in Jerusalem („Sohn Davids") zugeschrieben, wurde aber sehr wahrscheinlich erst in der 2. Hälfte des 3. Jh. v. Chr. in Jerusalem verfasst.

Das kleine Werk beginnt mit dem Ausruf: „Windhauch, Windhauch, das alles ist Windhauch" – oder, in anderer Übersetzung: „Völlig sinnlos ist alles, völlig sinnlos. Man kann tun, was man will, es hat alles keinen Sinn!" (1,2). Das klingt nicht gerade optimistisch. „Ich nahm mir vor, alle Dinge zu ergründen und zu begreifen. Ich wollte herausfinden, was für einen Sinn alles hat, was in der Welt geschieht. [...]. Ich beobachtete alles, was Menschen auf der Erde tun, und ich fand: Alles ist vergeblich. Es ist, als jagte man dem Wind nach. Man kann tun, was man will, es hat alles keinen Sinn. Man müht und plagt sich sein Leben lang, und was hat man davon?" (1,13.14–16). Kohelet versucht es mit dem Genießen des Lebens: „Ich entschloss mich, das Leben zu genießen und glücklich zu sein. Aber ich merkte: Auch das ist sinnlos" (2,1). Er stürzt sich auf die Wissenschaft: „Wissen ist besser als Unwissenheit [...]. Der Wissende sieht, wo er geht; der Unwissende tappt im Dunkeln. Aber ich erkannte auch: Beide trifft am Ende das gleiche Schicksal" (2,13). Sein Wissensdrang schärft den Blick für das Unrecht in der Welt: „Wo Recht gesprochen und für Gerechtigkeit gesorgt werden sollte, da herrscht schreiendes Unrecht [...]. Die Unterdrückten weinen, aber niemand trocknet ihre Tränen. Niemand hilft ihnen, denn ihre Unterdrücker haben die Macht. Wenn du beobachtest, dass in der Provinz die Armen ausgebeutet und Recht und Gerechtigkeit nicht gewährt werden, dann wundere dich nicht über solche Vorgänge: Ein Mächtiger drückt den anderen, hinter beiden stehen noch Mächtigere" (3,16; 4,1; 5,7). Auch Leistungsstreben führt zu nichts: „Jede Arbeit und jedes erfolgreiche Tun bedeutet Konkurrenzkampf zwischen den Menschen. Auch das ist Windhauch und Luftgespinst" (4,4). Kohelet leidet unter der Erfahrung, dass es nicht selten den Guten schlecht und den Schlechten gut geht: „Es gibt Menschen, die nach Gottes Geboten leben und trotzdem elend umkommen; aber andere, die Unrecht tun und sich um Gott nicht kümmern, genießen ihr Leben bis ins hohe Alter" (7,15).

Es ist nicht verwunderlich, dass Kohelet zu der Ansicht kommt, Mensch und Tier würden sich in ihrem Lebensgeschick nicht unterscheiden: „Nichts hat der Mensch dem Tier voraus, denn alles ist sinnlos. Alles muss an den gleichen Ort. Aus dem Staub und der Erde ist alles entstanden, und zum Staub der Erde kehrt alles zurück“ (3,19 f.).

Und welche Rolle spielt Gott? Warum schaut er tatenlos zu? Warum schlägt er nicht drein und schafft Recht und Ordnung? Warum belohnt er nicht die Guten und bestraft die Bösen? Warum lässt er das alles zu? Kohelet findet keine Antwort. Aber er verzweifelt deswegen trotzdem nicht. Denn er sieht ein: „Ein Mensch kann das, was Gott tut und was er unter der Sonne geschehen lässt, niemals in seinem Zusammenhang wahrnehmen, selbst wenn er Tag und Nacht keine Augen zumachte. Und wenn ein Philosoph es anders behauptet, dann irrt er“ (8,17). Und so endet das Buch, wie es begonnen hat, mit dem Ausruf: „Windhauch, Windhauch, das alles ist Windhauch“ – oder: „Völlig sinnlos ist alles, völlig sinnlos“ (12,8).

Ein Hauch von Schwermut und Resignation liegt über der Schrift. So redet ein Mensch, der unter der Last des Lebens leidet, dem alles zuwider ist, der keinen Ausweg sieht aus der Sackgasse dieses Lebens. Und dennoch: Beim Lesen des Buches bekommt man nicht das Gefühl, der Autor habe am nächsten Baum schon einen Strick befestigt, um sich daran aufzuhängen. Er sieht zwar die vielfältige Sinnlosigkeit, sagt aber trotzdem Ja zum Leben. Er möchte keineswegs „Schluss machen“. Eine ruhige Gelassenheit, eine überlegene Abgeklärtheit und ein gesunder Realismus sprechen aus den Zeilen. Selbst wenn er sonst alles in Frage stellt, eines hält er für sicher: Gott existiert; er lenkt alles; aber er ist dem fragenden Menschen keine Rechenschaft schuldig. Der Mensch muss lernen, mit dem immer wieder aufbrechenden Sinnlosigkeitsverdacht zu leben. Er muss das Unerforschliche akzeptieren. Es bleibt ein nicht aufklärbarer, geheimnisvoller Rest, mit dem er sich abzufinden hat.

Zeugnis vielfacher menschlicher Erfahrungen

Die Bibel ist kein Werk, das möglichst realitätsnah und authentisch „Fakten, Fakten, nichts als Fakten“ berichten will. Sie ist keine Reportage von spektakulären Ereignissen, die sich vor langer, langer Zeit im Vorderen Orient einmal zugetragen haben sollen. Und sie ist auch kein Buch für Kinder. Sie erzählt von Erfahrungen, die Menschen während ihres Lebens in der Welt mit dem gemacht haben, was diese Welt überschreitet, was die Juden damals „Jahwe“ oder „El“ oder „Abba“ nannten und was wir „Gott“ nennen. Diese Menschen hatten etwas „gesehen“ und vernommen, was sie tiefinnerlich betroffen machte und das sie darum für mitteilenswert hielten. Sie hatten erlebt, wie sich in Situationen, die ihnen bedeutsam und wichtig erschienen, aber auch in ihrem banalen Alltag eine geheimnisvolle, transzendente Macht offenbarte.

Die Bibel ist Glaubenszeugnis, kein Roman, kein Märchenbuch, keine antike Fantasy-Geschichte. Sie ist ein Werk von Menschen und spiegelt ihre Erfahrungen, ihre Einsichten, ihre Deutungen wider. Sie muss darum „von unten“ gelesen werden, von der Welt, von den Menschen her. Zum richtigen Verständnis ist es notwendig – wie bei jedem anderen Werk der Weltliteratur –, „genau auf die vorgegebenen umweltbedingten Denk-, Sprach- und Erzählformen zu achten, die zur Zeit des Verfassers herrschten, wie auf die Formen, die damals im menschlichen Alltagsverkehr üblich waren.“[21]

Viele Menschen, die mit der Bibel in Berührung kamen, haben sich von den Texten zu eigenem Nachdenken inspirieren lassen. Sie haben sich in die Erfahrungen der Menschen von damals hineinversetzt und nicht selten verwundert festgestellt, dass vieles davon auch heute noch relevant ist, dass die dort gefundenen Antworten auch die Gegenwart betreffen und dass umgekehrt auch wichtige und bedrängende Fragen an das Leben und die Lebensumstände heute darin enthalten sind.

Dazu gibt es verschiedene Zugangswege, von denen ich einige hier nennen möchte.

a) Tiefenpsychologische Methoden: Hier geht es darum, die in den biblischen Texten symbolisch gestalteten menschlichen Grundsituationen aufzuspüren: die Problematik der verschiedenen Lebensphasen, die verdeckten oder offenen Konflikte der Generationen, die Frage nach einem erfüllten Leben, nach Glück und Schmerz, Leiden und Tod, nach dem Sinn des Lebens und der Hoffnung über den Tod hinaus.
Tiefenpsychologische Methoden der Bibellektüre bringen in besonderer Weise die Tiefenschichten des Menschen ins Spiel – Gemüt, Einfühlungsvermögen, wechselnde Befindlichkeit. Sie setzen bei dem an, was den Bibelleser heute bewegt: bei seinen Problemen, Fragen, Ängsten, Hoffnungen, Empfindungen, Tag- und Nachtträumen, Einstellungen, Wertvorstellungen. Sie möchten einerseits diese Erfahrungen vor dem Hintergrund der Bibel (beruhigend, heilend, bestärkend) besprechen und andererseits die biblischen Texte auf das „eigentlich“ und „im Hintergrund“ Gesagte abhören und dem Leser ins Bewusstsein rufen. Die Beschäftigung mit der Bibel kann so eine geradezu therapeutische Funktion gewinnen.
b) Soziologische oder materialistische Interpretation: Eine weitere Methode bietet die sogenannte soziologische oder auch materialistische Interpretation. Sie hat vor allem in den Ländern Südamerikas Verbreitung gefunden. Hier wird versucht, die jeweilige Verflochtenheit der Religion mit den sozialen, ökonomischen und schichtenspezifischen Rahmenbedin-

gungen aufzuzeigen. Die Bibellektüre erfolgt hier vor allem aus einer Perspektive der Lebensumstände der Armen und Unterdrückten. Deren Hunger und Durst nach Gerechtigkeit und ihre Sehnsucht nach Befreiung zu einem menschenwürdigen Leben finden in der Bibel Anhaltspunkte für die Hoffnung, dass irgendwann die Geschichte der Gewalt ein Ende hat und dauerhafter Friede unter den Menschen einkehren wird. Die Bibel wird also „parteilich" gelesen – aus dem Blickwinkel derer, die „ganz unten" stehen in der menschlichen Gesellschaft.

c) Feministische Theologie: Einen anderen Zugang zur Bibel eröffnet die „Feministische Theologie". Sie stellt vor allem die Frauen in den Mittelpunkt. Dabei wird deutlich, dass zahlreiche Texte der Bibel im Interesse der Legitimation des Patriarchats verfasst sind oder zumindest später dazu missbraucht wurden. Es gibt einen „wirkenden Zirkel zwischen Gottesbildern, Gottessymbolen einerseits und den Menschenbildern und gesellschaftlichen Zuständen andererseits."[22] Diese Verschränkung von Gottes- und Menschenbild, von Gottessymbol und Gesellschaftsstruktur, von (angeblich göttlich legitimierter) männlicher Führungsrolle und (angeblich gottgewollter) weiblicher Dienstbarkeit zu erkennen, kann zu einem Prozess des Umdenkens führen: Frauen werden sich ihrer Situation der Unterdrückung, Selbstentfremdung und Fremdbestimmung innerhalb von Gesellschaft und Kirche bewusst.
Feministische Theologie ist darum eine Art von Befreiungs-„Theologie", die sich nicht auf die Eigenart der Frauen als solche gründet, sondern auf ihre historischen Erfahrungen von Leiden, von psychischer und sexueller Unterdrückung, von Infantilisierung und strukturellem Unsichtbarmachen infolge Sexismus.
Feministische Exegese weist darauf hin, dass die ganz am Mann orientierte Prägung vieler biblischer Texte nur gelegentlich Erfahrungen von Frauen mit dem Gott der Bibel einbezog. Diese patriarchalische Einseitigkeit spiegelt die Minderwertigkeit, die Frauen zugeschrieben wurde, und schreibt sie zugleich für die Zukunft weiter fest. Feministische Bibelauslegung versucht herauszufinden, welche Absichten die Verfasser der Texte damals und auch die später sie auslegenden Interpreten verfolgten und verfolgen.

d) Begegnung mit Menschen: Nicht zuletzt kann auch die Begegnung mit Menschen, die das Wort der Schrift glaubhaft zu leben versuchen, zu einer (Neu-)Orientierung des eigenen Lebens beitragen. In zahlreichen Biographien und Autobiographien finden sich dafür eindrucksvolle Beispiele.

Musik

Das Thema „Musik“ möchte ich hier unter einem doppelten Aspekt betrachten – als aktives Musik-Machen und als eher passives Musik-Hören. Beiden Aspekten wohnt, wie wir gleich sehen werden, eine religiöse Dimension inne.

Musik-Machen

Der Atem

Wir können mit dem Atem beginnen.[23] Nach Helmuth Stolze erleben Patienten mit Angstzuständen, Schlaflosigkeit und Organneurosen in der Atemtherapie, dass der Atem zum Weiterleben notwendig ist und dass dieses Lebensnotwendige vom Körper selbst gespendet wird. „Das bedeutet als Erlebnis, dass das Leben nichts Willkürliches, auch nichts ‚Zufälliges‘ ist, sondern etwas Gelenktes. Wer dies annimmt, der lässt los, lässt geschehen, und aus diesem Nachgeben ergibt sich Entfaltung, aus der Lösung echte, lebendige Spannung. Das Ich-Vertrauen weitet sich in diesem Annehmen zum Selbst-Vertrauen und zum Vertrauen in die Welt als etwas Sinnvoll-Geschaffenem, das mich als Ich einschließt, hält und trägt.“[24] Atmen wird erfahren als Übung des Urvertrauens in das Leben überhaupt, Atmen-können als Gewahrwerden von Sicherheit und Geborgenheit. Atmen kann erlebt werden als Symbol des Getragenwerdens von einem unbegrenzten „größeren Leben“ und einer kosmischen Liebe. Karlfried Graf Dürckheim hat die dritte Stufe des Hara (nach einer atemgymnastischen und einer psychisch entkrampfenden Vorstufe) in diesem Sinne als „Meditation durch den Atem“ beschrieben.[25]

In einigen Sprachen hat das Wort (göttlicher) „Geist“ (spiritus, pneuma, ruah) die Grundbedeutung „bewegte Luft“. Wir leben demnach – nicht nur im geistigen, sondern auch im biologischen und religiösen Sinn – von dem, was in uns „einströmt“, und davon, dass wir es wieder ausströmen lassen. Ein ständiges Nehmen und Geben, Empfangen und Loslassen. Wer sich dieser Grundbewegung des Lebens im Atemstrom überlässt, kann ahnen, dass sich hier mehr ereignet als bloße Bewegung. Das Atmen nimmt mich hinein in die Ur-Pulsation menschlichen Lebens zwischen dem Bei-sich-Sein und der Sammlung einerseits und dem Für-andere-Sein und der Hinwendung zum Außen andererseits. Ich erspüre die Lebensrhythmik von Empfangen und Geben, von Hingabe und Abgrenzung.

Was wir beim Atmen automatisch und unbewusst tun, wird uns beim

Singen plötzlich bewusst. Ich muss zuerst etwas in mich hereinholen, muss Luft schöpfen, muss „Geist" einatmen. Im Singen lasse ich diesen „Geist" wieder aus mir herausströmen. Ich erzeuge damit einen Ton, bringe ihn anderen zu Gehör, erfreue andere damit, flöße ihnen vielleicht sogar Lebensmut ein. Stimme und Gesang machen dem Menschen bewusst, dass er ist, dass er lebt. Singen kann dem Menschen helfen, mit sich selbst in Übereinstimmung zu kommen. Singen kann ihm zum Bewusstsein seiner Identität verhelfen. Das Lebendigsein, das Ich-Sein wird leibhaftig spürbar. Und je stärker ich von diesem Bewusstsein erfüllt bin und mein Leben bejahen kann, desto klarer und heller wird meine Stimme. Singen kann helfen, das Gespür für sich selbst wiederzugewinnen. Die Stimme gestresster und bedrückter Menschen verliert an Fülle und Tiefe, ihre Affekte und Gefühle werden flach.

Die Schallwellen

Ein weiterer Gedanke: Mit den Schallwellen, die wir rufend und singend aussenden, tasten wir akustisch den Raum ab. Ich gebe einen Ton von mir und kann durch den Widerhall erkennen, ob ich in einem kleinen oder großen Raum bin. Ich freue mich am Echo, das ich bei einem Ruf in den Bergen vernehmen kann. Zeitverzögert gibt es mir die eigene Stimme zurück. Es geht hier wohl um das Ertastenwollen des Außen, des Anderen, des Nicht-Ich, um das Ich deutlicher zu umgrenzen und zu spüren. Und um eine Bestätigung des eigenen Ich zu erfahren.

Heilende Funktion

Musik hat auch eine heilende Funktion. Seit der Antike weiß man um diese Kraft. Musik kann Verspannungen lösen, beruhigen, aufschließen, heilen, indem sie Atem, Puls, gefühlsmäßiges Erleben und Geist wieder in organische Verbindung bringt. Musik wird heute vielfach mit großem Erfolg bei der Therapie vor allem psychisch kranker Menschen eingesetzt. Heilend wirkt Musik nicht zuletzt dadurch, dass sie Spiel ist. Wir sagen ja, jedenfalls von der instrumentalen Musik, dass wir sie „spielen". Wir erfahren, wie wir im spielerischen Für-sich-Sein der Musik der Wirklichkeit und ihrem unerbittlichen Ernst enthoben werden – auch dort, wo der Ton traurig klingt und vor Schmerz zu schreien scheint. Musik führt uns aus der erlebten Wirklichkeit in eine andere Art von Realität. Sie entrückt uns in eine andere Welt. Sie kann uns die Gegenwart vergessen lassen. Musizierend, spielend werden wir von der Last des eigenen Ich, wenn auch nur vorübergehend, befreit. Man kann das manchmal bei Musikern beobachten, wie sie nach einem Musikstück eine Weile wie entrückt verharren und sich dann erst mühsam in

„diese Welt" zurückholen. Im Singen und Musizieren lernen wir spielerisch, was gerade für den ich-verkrampften Menschen heute heilsam ist: Hingabe.

Gemeinschaft

Mit „Hingabe" ist ein letzter Aspekt angesprochen. Musik stiftet auf wunderbare Weise Gemeinschaft über die Gräben von Klasse, Stand und Rasse hinweg. Musik und Gesang schlagen Brücken von Herz zu Herz, stiften Gemeinschaft in Gruppen, Kindergärten, Pfarrgemeinden, Jugendgruppen, Dörfern, Städten, Ländern, Kulturen, Kirchen, über Zeitalter und Kontinente hinweg. Musik macht Gemeinschaft fühlbar, lebbar. Besonders beim gemeinsamen Singen verschmelzen die Einzelnen förmlich zu einem einzigen Klang-„Körper" und es werden schlummernde Werte geweckt: Aufeinanderhören, Sich-aufeinander-abstimmen-Können, Hilfsbereitschaft, Aufmerksamkeit, Freude am Zusammensein. Musik kommt der Sehnsucht nach einer harmonischen, heilen Welt entgegen und verleiht ihr, wenigstens vorübergehend, Ausdruck.

Als der Dirigent Enoch zu Guttenberg gefragt wurde, wie er ein Requiem oder die Matthäuspassion dirigieren könne, wenn er nicht mehr glauben kann, antwortete er:

„Ja, das ist das Erstaunliche: [...] Wenn ich die Matthäuspassion dirigiere, dann hab ich vom ersten Ton an auf einmal überhaupt keine Zweifel mehr. Und mit dem letzten Ton ist alles wieder weg. Dann gehe ich raus, hänge den Frack an den Haken und bin verzweifelt, weil ich das Gefühl habe, ein Sprachrohr gewesen zu sein für etwas, das mir abhanden gekommen ist. Und wenn Kritiker mich dann als Bekenntnismusiker bezeichnen, komme ich mir vor wie ein Verräter. Aber ich weiß und erlebe, dass meine Musik auch für andere diese Funktion hat. [...] Deshalb wehre ich mich gegen Kollegen, die Musik nur als großes Kunstwerk begreifen. Musik, die mich nicht bewegt, kann ich nicht dirigieren."[26]

Musik-Hören

Die Suche und Sehnsucht nach einem derart „stimmigen" Leben durchzieht das Lebensgefühl des modernen Menschen wie ein roter Faden. Wie kaum eine andere Kunst berührt die Musik unmittelbar den ganzen Menschen – Leib, Geist, Gemüt, Seele. Musik vermittelt eine Ganzheitserfahrung. Jacques Lusseyran, ein im Alter von acht Jahren erblindeter französischer Literaturwissenschaftler, schildert in seiner Biografie, wie er Musik erlebte: „Wenn ich sie hörte, war ich ganz da, mit meinen Sorgen und Freuden, und dennoch war es nicht ganz und gar ich: was da saß, war besser als ich, war größer, war sicherer."[27] Musik lehrt uns „ganz-Ohr-sein" und darin „ganz-da-sein". Musik kann uns sensibilisieren, die Welt und was sich in ihr tut, „Geistes"-gegenwärtig zu erfahren.

Bei nahezu allen Völkern und in allen Geschichtsepochen ist Musik in der Verbindung mit Religion anzutreffen. Das lässt auf bestimmte Wesensmerkmale und Wirkungsweisen der Musik schließen, die sie besonders geeignet macht, Religion sinnlich und ganzheitlich zu erschließen und Religiosität zum Ausdruck zu bringen. Eines davon ist wohl der kommunikative Charakter der Musik. „Wo man singt, da lass dich nieder, böse Menschen kennen keine Lieder", so lautet ein altes Sprichwort. Man findet sich zu gemeinsamem Singen zusammen. Man singt, um ein besonderes starkes Gefühl zum Ausdruck zu bringen. In der Musik findet die Sehnsucht nach einer harmonischen, heilen Welt eine Gestalt. Ihre Schönheit stellt eine Analogie dar zu einer geahnten und erhofften Ur-Schönheit und Ur-Vollkommenheit, die in den Bereich des Religiösen gehört. Musik ist in der Lage, dem Unaussprechlichen Ausdruck zu verleihen. Und dieses Unaussprechliche der Musik rückt sie auch in die Nähe des schlechthin Unaussprechlichen. Der Filmemacher Wim Wenders schrieb einmal, dass für ihn beim Hören von Bluesmusik besonders der erfüllte Augenblick zähle, in dem etwas Tieferes, den Alltag Transzendierendes aufbricht.

„Hinhörmusik" und „Weghörmusik"

Freilich, Musik ist nicht gleich Musik. Sarkastisch zugespitzt kann man unterscheiden zwischen „Hinhörmusik" und „Weghörmusik".[28] Die „Hinhörmusik" lädt ein zum Verweilen, sie vermag unser innerstes Wesen anzurühren und zu sensibilisieren. Die „Weghörmusik" schallt die Ohren zu. Sie macht ihre Konsumenten nicht selten schwerhörig, ja taub. Allerdings reagieren die Menschen unterschiedlich auf diese oder jene Form. Was die einen als „Hinhörmusik" empfinden, gilt für andere als „Weghörmusik". Umso wichtiger wird eine musikalische Kultur der Sinne und des Herzens.

Der estnische Komponist Arvo Pärt (* 1935) wurde in einem Interview einmal gefragt, warum die Stille in seinem Werk so wichtig sei. Er sagte: „Weil die Stille immer vollkommener ist als die Musik. Man muss nur lernen, das zu hören. Das ist das Hauptproblem. Es ist ja alles voll. Da ist so viel hier in der Luft, dass wir das kaum erahnen können. Wir sehen ja keine Engel hier. Die sind aber da. Die stehen neben mir. Meistens sehen die Leute das nicht; sie hören nicht, was in dieser Stille alles um uns herum ist. […] Musik ist hier, Musik ist dort, und dann kommt einer und hört das und schreibt es auf."

Pärt spricht von der Engelmusik, die immer existiert und die nicht von Menschen geschaffen werden kann. „Ich glaube aber, dass die großen Komponisten einen direkten Zugang zu dieser Schatzkammer gehabt haben. Aber das ist nicht eine Frage, die bloß die Kunst betrifft; das ist eine globale Frage. Eigentlich steht dahinter das Erlösungsproblem: Man muss sterben, bevor man aufersteht." Arvo Pärts Musik lässt etwas von der Ewigkeit in der Zeit, vom Transzendenten in dieser Welt erahnen. Er hat es so ausgedrückt: „Ich hatte den Wunsch, allein einen Zustand zu vermitteln. Dieser Zustand könnte unendlich in der Zeit sein, und aus diesem Strom wollte ich ganz sacht einen Teil herausführen. Oft empfinde ich das Verlangen, mich in der Musik in die Sekunde zu versenken, sie anzuhalten und in ihr wie in der Ewigkeit zu leben." Am 9. November 2007 hat Arvo Pärt den Internationalen Brückepreis der Europastadt Görlitz-Zgorzelec erhalten. In der Begründung der Gesellschaft zur Verleihung des Preises heißt es unter anderem: „Arvo Pärt hat mit musikalischen Mitteln dazu beigetragen, die spirituell prägenden Kräfte Europas aufeinander zuzuführen. [...] Sein Werk macht das menschliche Grundbedürfnis nach einer Verbindung von Ästhetik, Ethik und Spiritualität, die in unserer überwiegend säkularisierten Gesellschaft so oft der Politik und der Ökonomie untergeordnet werden, deutlich und erlebbar. Pärt schärft so den Sinn für die menschliche Gemeinsamkeit und Grunderfahrungen und leistet damit einen Völker verbindenden, Frieden stiftenden Beitrag für alle Menschen in unterschiedlichen gesellschaftlichen Systemen und Kulturen."[29]

Musik – aktiv als Musik-Machen oder eher passiv als Musik-Hören – ist in vielfältiger Weise geeignet, eine „ganz andere" Welt zu eröffnen, die in Analogie steht zur religiösen Dimension, zur Dimension des „ganz Anderen". Musik „kann dem Menschen bewusst machen, dass er ein endliches Wesen ist, dass er leiden und sterben muss; dass aber über dem Leid und dem Tod die Sehnsucht steht, dieses irdische Dasein möge nicht absolut, nicht das Letzte sein".[30] Das wird jeder bestätigen, der es schon einmal erlebt hat, dass ihm beim Anhören von Bachs Matthäuspassion, von Beethovens „Neunter", von Mozarts Klavierkonzert d-Moll, bei Schuberts „Unvollendeter" ein Schauer über den Rücken lief und ihm die Tränen in die Augen traten. Der Theologe Karl Barth soll einmal gesagt haben, er habe nur zwei Wünsche für den Himmel: Er möchte dort Jesus und Mozart begegnen.

Rock- und Pop-Musik

Als in den sechziger Jahren des letzten Jahrhunderts die traditionellen christlichen Kirchen ihren Einfluss auf junge Menschen zunehmend verloren, gewann die Suche nach alternativen religiösen Formen und Ausdrucksmöglichkeiten auch in der Rock-Musik an Bedeutung.[31] Die „Beatles“ schauten nach Indien und ließen ihre kurze Begegnung mit dem Hinduismus in ihre Musik einfließen. Die psychedelische (bewusstseinserweiternde) Rock-Musik der sechziger Jahre brachte in vielen Liedern eine drogeninspirierte Suche der Hippies nach Gott zum Ausdruck. Der „God-Rock“ der Jesus People der siebziger Jahre setzte diese Suche in drogenfreier Form fort.

Musik begleitet Jugendliche und Erwachsene bei der Identitätssuche, hilft Alltagserfahrungen zu verarbeiten. Rock-Musik kann – oft eher unbewusst – Ausdruck religiöser Erfahrungen, eines religiösen Suchens des Menschen sein. Es darf mit gutem Grund vermutet werden, dass junge Menschen im Umgang mit der Rock-Musik häufiger und intensiver in einen ihrem Empfinden gemäßen Kontakt mit religiösen Fragen kommen als in der kirchlichen Liturgie. Grundsätzlich begegnet man bei jungen Leuten eher einer diffusen, vorbewussten Religiosität. Da wird nicht nur ganz unbekümmert mit Bildern umgegangen, die aus den tradierten Religionen stammen, sondern auch aus einem Arsenal archaischer und moderner religiöser Symbole geschöpft, die nicht auf eine bestimmte Religion beschränkt sind. Nicht immer werden religiöse Themen in der Musik oder im Text als solche wahrgenommen, und manchmal löst ein ganz und gar profanes Lied eine religiöse Frage aus. Jugendliche schätzen es, wenn Musik und Text offen sind für eigene Interpretationen. Es sind Spuren der eigenen Lebensgeschichte, die sie in der Musik, im Lied entdecken wollen.

Auch in der Pop-Musik-Szene klingt nicht selten die religiöse Dimension durch. Wer sich in der Szene auskennt und wer bereit ist, sich auf die für ältere Menschen vom Musikalischen her schwer zugängliche und nachvollziehbare Musik und die Texte einzulassen, der erlebt Überraschungen. „Vielleicht wäre Augustinus abgestoßen gewesen von dem Kult, den die amerikanische Pop-Sängerin Madonna um ihre Person herum aufgebaut hat. Aber gewiss hätte er verstanden, wovon die extrovertierte Frau singt.“ Dies meint die lutherische Theologin Ola Sigurdson.[32] Sie stellt fest, dass die Frage nach Gott gegenwärtig ein bedeutendes Thema der Unterhaltungsmusik ist.

Die irische Band „U2“

Zwischen der Gottessuche junger Menschen und ihrer Suche nach einem authentischen Selbst besteht ein innerer Zusammenhang. Mehrere Mitglieder der irischen Band „U2“ haben sich öffentlich zu ihrem Christsein bekannt. In ihren Texten ist das schon immer deutlich gewesen, auch wenn dieses Thema in den neunziger Jahren dunkler und manchmal sogar in geradezu zynischer Weise zur Sprache kam. Im Jahr 1997 hat „U2“ das Album „Pop“ veröffentlicht. Es enthält eine Fülle spiritueller Fragen, eng verwoben mit einer quälenden und eher komplexen Musik. Im dritten Song, „Mofo“, bringt der Sänger Bono seine spirituelle Sehnsucht zum Ausdruck:

> „Ich bin auf der Suche nach Rettung für meine Seele.
> Ich bin auf der Suche an den Orten, wo keine Blumen wachsen.
> Ich bin auf der Suche, um das Loch zu füllen, das Gott hinterlassen hat.“

Andere Lieder aus diesem Album bringen Zweifel zur Sprache, ob Gott bei der Suche nach Authentizität helfen wird, ob er überhaupt helfen kann. Oft „wird bei der Suche Gott oder ein anderes höheres spirituelles Sein um Hilfe angerufen“, bemerkt Ola Sigurdson. Es ist eine Sehnsucht nach religiöser Transzendenz, die sich nicht in kirchlich-amtlichen Kategorien fassen lässt. Dennoch ist diese Suche ehrlich und von Ernsthaftigkeit durchdrungen. „So wie in ‚Pop‘ von ‚U2‘ kann es zu Zweifeln an der Wahrscheinlichkeit von Gottes Hilfe kommen und damit an der Möglichkeit des Menschen, jemals zu seiner Ganzheit zu gelangen. Aber dies bedeutet nicht, dass ‚das Loch, das Gott hinterlassen hat‘, bestritten wird. Um diesen Zusammenhang in Worte zu fassen, gibt es vermutlich so viele Ausdrucksformen, wie es Autoren von Popmusik gibt: Er kann in mehr oder weniger vagen Formen zur Sprache kommen; die transzendente Dimension kann mehr oder weniger stark betont sein.“

Die „Söhne Mannheims“

Auch der 1971 in Mannheim geborene *Xavier Naidoo,* der Bandleader und Frontmann der „Söhne Mannheims“, macht aus seiner religiösen Überzeugung kein Hehl. Sein Vater hat indische, die Mutter afrikanische Wurzeln, beide sind katholisch. Doch er brauche kein Haus Gottes, das trage er immer bei sich, in seinen eigenen Gedanken. Seine Lieder klingen selten fröhlich, oft drängend, immer tief emotional. „Farbig. Soulig. Gläubig“ – mit solchen Attributen wurde er beschrieben.

Über sein Lied „20 000 Meilen über dem Meer“ sagt Xavier Naidoo, es sei ein „Gebet“. Ein Rezensent bemerkt dazu:

„Religiöse Themen sind nichts Neues in der Szene. Neu ist jedoch, dass sie in deutscher Sprache, unverfremdet, ungeniert erscheinen. Umso weniger kann die Presse mit der Musik, noch weniger mit dem Erfolg des Jungen aus Mannheim etwas anfangen. […] ‚Xavier‘ klingt wie ‚Saviour‘ (Erlöser), wohl nicht ohne Absicht. Sein Zeichen ähnelt sehr dem ChiRho der Christen für den Erlöser. Doch Naidoo erklärt nicht, sondern assoziiert. Er bemüht Bilder, die teilweise unmittelbar ihre biblische […], zuweilen sogar ihre kirchliche Herkunft verraten […]. Dennoch sind die Texte nicht kirchlich im üblichen Sinne. Vielmehr redet er von und in einer Gruppe, so wie er selbst sie erlebt in […] einer Gruppe, die ein gemeinsames Glaubensbewusstsein aufbaut und zu einer Art geistlicher Familie für den einzelnen wird. In diesem Freundeskreis wollen die Beteiligten auf gesellschaftliche Entwicklungen, zum Beispiel auf fremdenfeindliche Strömungen […] wie auf Fragen der persönlichen Glaubensentwicklung, mit zeit- und altersgemäßer Sprache reagieren. Durch die Gruppe ist es auch möglich, Einfluss zu nehmen, sich offen auseinanderzusetzen mit anderen Weltanschauungen. Eine bloß nach innen gerichtete Strömung sind die Ideen des Xavier Naidoo nicht. […] Auf jeden Fall wirft er – als einer der Ersten in diesem Genre – ein Licht auf eine Sprachlosigkeit, auf ein Tabu unserer angeblich so tabufreien Gesellschaft.“[33]

Mannheim ist mehr als Naidoos Geburtsort, die Stadt ist seine Leidenschaft. Ihre Armut will er besiegen, ihre Menschen froh machen. Er behandelt den Ort mit einem liebevoll-pragmatischen Gefühl dafür, was zu tun ist. Die Band und er haben eine Stiftung initiiert, den e. V. „Söhne Mannheims“. Die Stiftung unterstützt Kinder in Not, hilft arbeitslosen Müttern, sammelt Spenden und profitiert sozialkompatibel vom Ruhm ihres Frontmanns. Naidoos Homepage bietet Platz für weit mehr als die übliche Fan-Post. Hier diskutiert man nicht nur die nächsten Konzerttermine, sondern schreibt Gedichte über Gott, die Welt, die eigenen Gefühle.

Herbert Grönemeyer

Noch einen zweiten Liedermacher und Sänger möchte ich vorstellen: *Herbert Grönemeyer.* Seit Jahrzehnten füllt der Sänger die Konzerthallen. Seine CDs verkaufen sich glänzend. Selbst ältere Songs laufen regelmäßig im Radio. Ist Grönemeyer eine Art von Seismograph für herrschende Trends menschlicher Selbstinterpretation? Ist er „eine Art gigantisches Über-Ich der Deutschen in Sinn-Angelegenheiten“ (Dirk Peitz)? Seine Lieder singen vom Leben. Dabei finden sich einerseits klare sprachliche Anspielungen auf religiöse und explizit auch auf jüdisch-christliche Traditionsbestände, andererseits enthält er sich jeglicher religiöser Diktion. Aber offenbar empfinden jene, die seine Lieder begeistert aufnehmen, dass hier jemand authentisch von dem redet, was der Mensch und was das Leben ist. Zwei Theologen – Magnus Striet, Professor für Fundamentaltheologie an der Universität Freiburg, und Rita Werden, wissenschaftliche Mitarbeiterin an diesem Lehrstuhl – haben vor einiger Zeit eine bisher unveröffentlichte Befragung von knapp 800 Besuchern von Konzerten Grönemeyers in Freiburg und Berlin durchgeführt. Die Erhebung hat gezeigt, dass sich die beschriebenen Erfahrungen des Lebens, wie sie sich in seinen Texten abbilden, mit den Erfahrungen sehr vieler Menschen decken. Striet und Werden vermuten, dass „ein Gott, an den existentiell bedeutsame Erwartungen formuliert werden können, bei den Befragten in weite Ferne gerückt ist. Das bedeutet selbstverständlich nicht, dass ein solcher Gott prinzipiell nicht mehr thematisiert wird oder aber auch in einer mehr oder weniger unthematisch bleibenden Weise erhofft wird. Allerdings zeigen die Umfragewerte deutlich, dass als religiöse Dimension eines Lebens, das in seiner ganzen Abgründigkeit als Aufgabe übernommen und gestaltet werden soll, andere Marker entscheidend sind. Diese Aufgabe überhaupt zu übernehmen, das Leben als liebenswertes Auf und Ab gestalten zu wollen, es grundsätzlich zu bejahen und dann vor allem dieses moralisch sensibel mit anderen Menschen zu teilen, *ist* bereits Religiosität. […] Religiöse Authentizität wird im Kontext dieses Trends als Einssein mit sich selbst beschrieben, wobei ein ganz wesentliches Merkmal dieser so beschriebenen Authentizität menschliche Verbindlichkeit zu sein scheint.“[34] Bemerkenswert erscheint, dass auf die Frage „Halten Sie Herbert Grönemeyer für einen religiösen Menschen?“ 22 Prozent der Befragten eindeutig mit „ja“ und 38 Prozent mit „eher ja“ antworteten. Das legt die Vermutung nahe: „Grönemeyer gilt nicht nur deshalb als religiös, weil er in seinen Liedern Ausdrucksformen für das Leben gefunden hat, wie es menschenmöglich zu gestalten ist, sondern weil ihm unterstellt wird, das Menschenmögliche getan zu haben. Für diese Interpretation spricht auch, dass bezogen auf die Einschätzung Grönemeyers die eigene Religiosität tendenziell geringer veranschlagt wird. Maßstab ist das an den Texten abgeglichene gelebte Leben, und da bei Grönemeyer eine starke Übereinstimmung zwischen Liedaussagen und Biographie angenommen wird, kann er zu so etwas wie einer religiösen Identifikationsfigur werden. Religiosität wird bestimmt als Authentizität. […] Es geht nicht um irgendeine Authentizität, sondern um eine dem Leben und dem anderen Menschen gegenüber achtsame Authentizität.“[35]

Striet und Werden glauben, dass ihre Untersuchung zum Phänomen

Grönemeyer vor allem eines zeigt: „Mit dem Verlust Gottes, vorsichtiger: mit dem schleichenden Abschied aus einer menschlich ambitionierten Gottessehnsucht verschiebt sich auch die immer in historischen Konstellationen vorgenommene religiöse Selbstbeschreibung des Menschen." Es sei höchst bedenkenswert, „dass sich Menschen offenbar zutiefst verstanden fühlen, wenn von einem Leben die Rede ist, in dem es erfüllende Höhen und erschütternde Abgründe gibt – und dies in einer Haltung, an der die Liebe zu diesem Leben und die existentiellen Hoffnungen auf Glück ebenso deutlich werden wie das Hadern mit seinen Enttäuschungen und Grenzen, kurz: in der die großen Fragen gestellt werden, um des Menschen willen."[36]

Bildende Kunst

Herausforderung für den Betrachter

Die bildende Kunst nimmt sich in ihren Werken häufig die Ursituationen menschlichen Lebens zum Thema. Dies kann auf unterschiedliche Weise geschehen – als Darstellung existenzieller Erfahrungen (Angst, Trauer, Liebe), als prophetisch-kritische Auseinandersetzung mit Strukturen und Fehlentwicklungen der Gegenwart (Krieg, Umweltzerstörung), als Widerschein des Erlebnisses und der Faszination von Schönheit (Natur, Porträt), als ethische Forderung (Dritte Welt, Armut). Kunst wird so zu einer Herausforderung für den Betrachter, sich und die Welt neu und anders zu sehen, zu einer Provokation zum Tätig-Werden, zum Anreiz für Meditation, zur Klärung eigener, nur dunkel und ungenau geahnter Sichtweisen. Kunst wird eine Herausforderung zur Sinnsuche.

Auf den ersten Blick ist die Intention, die der Künstler mit seinem Werk verbindet, nicht immer leicht erkennbar. Das trifft vor allem bei Werken der modernen Kunst zu. Der Künstler oder die Künstlerin scheint zunächst etwas ganz Anderes aussagen zu wollen. Man fühlt sich fehlgeleitet. Die Aussageabsicht muss erst mühsam entschlüsselt und erarbeitet werden. Das fremd Erscheinende muss erst zu etwas Vertrautem verwandelt werden. Man muss den Weg, den der Künstler gegangen ist, gleichsam zurückgehen. Bert Brecht hat dies als „Verfremdungseffekt" bezeichnet: „Der V(erfremdungs)-Effekt besteht darin, dass das Ding, das zum Verständnis gebracht, auf welches das Augenmerk gelenkt werden soll, aus einem gewöhnlichen, bekannten, unmittelbar vorliegenden Ding zu einem besonderen, auffälligen, unerwarteten Ding gemacht wird. Das Selbstverständliche wird in gewisser Weise unverständlich gemacht, das geschieht aber nur, um es dann umso verständlicher zu machen.“[37] Hans-Dieter Bastian kommentiert diese Aussage so: „Die Verfremdung soll dazu dienen, den Akt der Einfühlung zu blockieren. Das Publikum wird nicht eingeladen, ‚sich in die Fabel (des ‚Guten Menschen von Sezuan‘) wie in einen Fluss zu werfen‘. Die Ereignisse dürfen nicht die Emotionen aufputschen, ‚sondern man muss mit dem Urteil dazwischen kommen können‘. Dergestalt vermittelt die Verfremdung eine kritische Aufmerksamkeit. Sie inauguriert Krise im weitesten Sinn. Vertraute Sprache wird gespalten, traditionelle Verhaltensweisen erscheinen plötzlich zwielichtig, menschliche Gruppen treten auseinander. Verfremdung zerstört das amorphe, nur emotional konsumierende Publikum und schafft den Einzelkämpfer, der sich entscheidet. Verfremdung eröffnet und beschleunigt den Kampf des alten mit dem neuen.“[38]

Aktionskunst: Joseph Beuys' „Kreuzigung“

Seit den sechziger Jahren gibt es die in Deutschland mit dem Namen Joseph Beuys (1921–1986) verbundene Form der Aktionskunst, die keinen festen Regeln folgt und nicht bloß etwas darstellen oder aufführen will, sondern sich als offener Prozess versteht, dessen zentrales Medium zum einen der Performance-Künstler selbst, zum anderen aber auch das Publikum ist. Während beim Kunstgenuss in aller Regel der Besucher als Zuschauer und Betrachter definiert ist, zielt die Performance auf die Transformation, auf die Verwandlung der an der Performance Beteiligten. Künstler und Publikum sollen über die Aktion an einem Objekt in ein neues Spannungsverhältnis gebracht werden. Die herkömmliche Trennung zwischen Kunst und Betrachter wird dabei bis zu einem gewissen Grad aufgelöst. Bei Performances geht es nicht um intellektuelles Verstehen, sondern um Erfahrung und um den nicht selten unreflektierten Umgang mit dieser Erfahrung. Die Relation zwischen Subjekt und Objekt, zwischen Betrachter und Betrachtetem scheint aufgehoben, zumindest aber austauschbar geworden zu sein. Der Betrachter schaut nicht allein das Kunstwerk an, er wird auch seinerseits wieder durch das Kunstwerk angeschaut und muss reagieren, muss sein Leben daran messen und kann oder soll gelegentlich auch buchstäblich eingreifen.

Als Beispiel möchte ich die „Kreuzigung“ von Joseph Beuys wählen.

Beuys hat die Plastik Anfang der sechziger Jahre geschaffen. Sie steht heute in der Staatsgalerie Stuttgart in einem großen Raum, der beherrscht wird von anderen Arbeiten, vor allem von den bekannten Fett- und Filzinstallationen. Fast hinter einer Tür versteckt, ganz anders, als man sich das von den Fotos her vorstellt, steht die Kreuzigungsgruppe, keinen halben Meter hoch.

Die Installation hat das historische Geschehen zum Thema und ist gleichzeitig eine Auseinandersetzung mit dem aktuellen Sinngehalt. Sie erinnert an den traditionellen Aufbau der Kreuzigungsgruppe mit Maria und Johannes. Zwei alte, gleichförmige und gleich schmutzige Plastikflaschen sind parallel auf quadratischen Holzklötzen befestigt. Die Flaschen, das erkennt man von der Rückseite her, sind aus braunem Glas und unbemalt. Sie gleichen in ihrer Form jener Art von Behältern, die als Blutkonserven verwendet werden. Auf den Flaschenverschlüssen liegen Zeitungsausschnitte, die mit roten Kreuzen übermalt sind. Auf dem linken Zeitungsschnipsel ist u. a. zu lesen „Verlobung geben bekannt", auf dem rechten „an seiner eigenen Schuld" und „Welt", „soziologisch" und „böse sind". Dazwischen stehen vertikal zwei Holzstäbe, mit Elektrokabeln zusammengebunden. Ganz oben, einem Schild gleich, ein Zeitungsausschnitt, grob mit einem roten Kreuz übermalt. Das ganze Werk aus seltsam kombiniertem Abfall ist auf einem Holzbrett verankert.

Beuys verzichtet auf jede realistische und figürliche Darstellung und gibt den verwendeten Materialien eine metaphorische Bedeutung. Die Nadel am Kreuzesstamm verweist nicht nur auf die Nägel am Kreuz Christi, sondern wohl auch auf den physischen und psychischen Schmerz allgemein. Die drei blutfarbenen Kreuze lassen nicht nur das Kreuzesthema anklingen, sondern das Leid allgemein. Die beiden Blutkonserven erinnern an die Symbolik des Blutes als Leben spendende Flüssigkeit – eines Lebens, das mit dem Leiden untrennbar vereint ist. Die Wortfragmente auf den Zeitungsfetzen verbinden Begriffe aus dem Bereich der Finanzen mit dem Begriff „Schuld" auf dem Zettel der rechten Flasche und einer Verlobungsanzeige auf der linken Flasche als Chiffre für Liebe und den Kontext von Schuld und Sühne. Der Gleichnischarakter des Dinglichen reicht bis in die Abnutzungsspuren der Materialien, die einen Schutzmantel der Konservierung, aber auch der Distanzierung und des Vergessens bilden. Und „Abfall", der zu beseitigen ist, war der gekreuzigte Jesus für die Römer damals durchaus; „Abfall" sind die unzähligen, von politischen und „religiösen" Gewaltregimen zu allen Zeiten Ermordeten. Die Elektrokabel – das konnte Beuys freilich nicht wissen – haben eine abscheuliche Realisierung gefunden im irakischen Gefängnis von Abu Ghraib. Und schließlich auch noch die Platzierung im Raum der Staatsgalerie: Man muss wissen, wo die Kreuzigung stattfindet, sonst geht man vorbei, sonst ignoriert man sie – und damit Liebe und Schuld, Blut und Leiden, Leben und Tod. Ob das von den Ausstellern so beabsichtigt ist?

Der Künstler hebt das Vergangene ans Licht und reduziert es auf einen überzeitlichen Zusammenhang, der vom Betrachter erst zu erschließen ist. „Blasphemie" mag einer rufen, der nicht genau hinschaut oder nicht zum Nachdenken und Reflektieren bereit ist. Der nachdenkliche Betrachter bekommt viel Stoff zum Nach-Denken.

Abb. Joseph Beuys, „Kreuzigung“, 1962/1963,
Holz, Flaschen, Elektrokabel, Draht, Papier.
© Foto: Staatsgalerie Stuttgart (Inv. P 1027) / © VG Bild-Kunst, Bonn 2010

Theater

„Aufführung“ als Ereignis

Schon ein flüchtiger Blick auf die Spielpläne der Schauspielhäuser nötigt zu der Einsicht, dass überall experimentiert wird. Die meisten Bühnen erfüllen nach wie vor ein gewisses Soll an sogenannten Klassiker-Aufführungen. Nicht selten werden diese allerdings durch den Trend zum „Regie-Theater“ so verändert und verfremdet, dass sie kaum noch wiederzuerkennen sind. Manche modischen Regie*ein*fälle möchte man eher als *Aus*fälle oder *Ab*fälle bezeichnen. Die Offenheit für transzendente Bedeutungen und metaphysische Aussagen verschwimmt und wird vom reinen Spektakel verdrängt. Es gibt allerdings auch „gekonnte“ Inszenierungen, die dem scheinbar allzu bekannten Stoff eine ganz neue, überraschende Tiefendimension einhauchen; die das altgewohnte und abgelutschte Klischee über Bord werfen und dem Stück völlig neue und nicht selten hochaktuelle Perspektiven geben.

Schon zu Beginn des vorigen Jahrhunderts entspann sich zwischen dem Theaterkritiker Alfred Klaar und dem Germanisten Max Herrmann ein Disput über die Frage, was eigentlich eine „Aufführung“ sei und was sie leisten solle.[39] Während Klaar dafür eintrat, unter „Aufführung“ die wiederholbare Darbietung und „Belebung“ eines Theaterstücks oder eines literarischen Textes zu verstehen, plädierte Herrmann dafür, in der „Aufführung“ selbst die wahre Kunst zu sehen, mithin also in der einmaligen und unwiederholbaren, nur bedingt zu steuernden Konstellation, aus der heraus das zu einem Ereignis wird, was gerade auf der Bühne geschieht. Insofern lässt sich im Disput zwischen Klaar und Herrmann hinsichtlich des Verständnisses dessen, was „Aufführung“ ist, eine Verschiebung vom Werk- zum Ereignisbegriff erkennen.

Weder von Seiten der Autoren noch auf Grund der Intentionen gegenwärtig maßgebender Theaterleute und schon gar nicht im Sinne des Publikums versteht sich heute das Theater als Stätte religiöser Existenzdeutung. Auch nicht als „moralische Anstalt“, wie es sich Friedrich Schiller gewünscht hat. In der gegenwärtigen Umbruchsituation können die Erfahrungen des permanenten Wandels und der immer neuen Anpassung an die aktuellen Tendenzen der gesellschaftlichen Entwicklung das Theater nicht unberührt lassen. Infolgedessen stellt es sich heute weithin als Ort des Experimentierens dar, an dem neue Möglichkeiten menschlicher Lebensverwirklichung „durchgespielt“ und erprobt werden. Das geschieht oftmals mit verbissenem Ernst, moralistischem Pathos und leidenschaftlichem Engagement für eine bessere Menschenwelt. Es sind vor allem politische, soziologische und psychologische Problemkreise, denen sich das heutige Theater zuwendet. Krieg und Frieden, Rassenkämpfe, Gewaltexzesse, Arbeitslosigkeit, der Widerstreit zwischen Individual- und Gemeinschaftsrechten sowie die – immer aktuellen – Beziehungen zwischen den Geschlechtern werden nach allen Seiten hin analysiert.

Doch selbst wenn dabei viel psychologisiert wird und vor allem die immanenten Aspekte moderner Daseinserfahrung durchleuchtet werden, ist das Bühnengeschehen häufig nicht so oberflächlich, wie es auf den ersten Blick scheinen mag. Es kann dabei durchaus geschehen, dass plötzlich ein Stück transzendenter Wirklichkeit und eine religiöse Dimension thematisiert werden – häufig verschlüsselt oder im Sinne Brechts „verfremdet". Der Erweis geheimnisvoller Macht in scheinbar totaler Ohnmacht beispielsweise lässt eine religiöse Wahrheit durchscheinen, die auch unter anderem Namen ihre Aussagekraft behält. Wenn Brechts Gestalten weder in Resignation und Verzweiflung untergehen noch triumphierend ihr Schicksal meistern, dann zeigt sich hier zumindest eine beachtliche Offenheit für die hintergründige Wahrheit von Ausgeliefertsein und Geborgenheit. Insofern ist das dramatische Spiel auf der Theaterbühne nicht nur offen für eine der religiösen Erfahrung vergleichbare Repräsentation des weltlichen Menschen, sondern es kann die Strukturen gläubiger Hoffnung und Zuversicht offenlegen.

Christoph Schlingensiefs „Die Kirche der Angst vor dem Fremden in mir"

Der Film- und Theaterregisseur Christoph Schlingensief hat sich in seinem Bühnenstück „Die Kirche der Angst vor dem Fremden in mir", das zuerst 2008 bei der Ruhrtriennale aufgeführt und 2009 zu den Berliner Theaterfestspielen eingeladen wurde, auf eindringliche, wenn auch stark verfremdete und verschlüsselte Weise mit seinem Lungenkrebs auseinandergesetzt. Es ist ein „Tagebuch-Theater". Die Orte sind meist Krankenzimmer, Operationssäle und Krankenhausflure. Das Stück spielt vor allem abends und nachts. Seine Figuren kommen hauptsächlich aus dem Klinikmilieu: Chef-, Ober- und Assistenzärzte, Krankenschwestern. Dazu treten noch Arno und seine Freundin auf, mit der er sich im Verlauf des Jahres verloben wird, ferner ein Kind im Nachbarzimmer, Freunde. Das Stück ist vor allem ein Monolog, den Schlingensief in sein Diktiergerät spricht, den er hineinheult und -schreit. Sein Protest gegen den existenziellen Würgegriff des Todes geht durch alle Tonarten, von fluchender Ohnmacht und pöbelndem Protest bis hin zu stillem Optimismus. Und er steht immer wieder ratlos vor dieser einen, ihn zutiefst betroffen machenden Kränkung: „Ich fühle mich von diesem Ding in meinem Körper extrem beleidigt und massiv bedroht." Aber trotzdem ist er in der Lage, anderen Trost und Hoffnung zu spenden. Einmal trifft er im medikamentösen Dämmerzustand auf eine Mutter, die sich daran abarbeitet, dass ihr Kind trippelt und nicht auf den Fußsohlen geht. Schlingensief findet für sie den Ausgang, durch die der Gedankendämon hinausfliegen kann: „Ihr Kind ist einfach ein hochintelligentes Wesen, ein Autist", erklärt er ihr. „Das sind die, die auf Zehenspitzen durch die Welt laufen. Die haben so viel zu denken, dass sie auf dieser Welt nur ganz vorsichtig gehen können. Ihr Kind ist ein Genie." Daraufhin kann die Mutter ihr Kind anstrahlen, „als hätte sie es neu begriffen". Und ein paar Strahlen fallen auch auf Schlingensiefs Gesicht. „Treffen sich zwei Wärmekuchen und lassen ihre Last ab. Der eine hilft dem anderen. Dann habe ich keine Zuschauer mehr, sondern einen Mitarbeiter. Das ist doch vielleicht viel besser." Peter Otten, ein Autor, auf dessen Beitrag ich mich hier stütze, fasst zusammen: „Einander ein Wärmekuchen sein: Das ist Schlingensiefs Sterbe-Kunst, die dem Tod keine wirkliche Chance lässt. Und vielleicht die wichtigste Rolle, die er für seine Leser bereithält. Denn da sind die schon längst Teil seines Stücks geworden."[40]

Kritik am überkommenen religiösen Gedankengut

Die Mehrzahl der neueren und neuesten Bühnenwerke intendiert freilich keine religiösen Aussagen und lässt kaum eine religiöse Deutung zu. Im Gegenteil! Nicht selten kommt eine schonungslose Kritik am überkommenen religiösen Gedankengut zur Sprache, vor allem am Institutionellen und an den autoritären Strukturen des Christentums. Mehr oder weniger provozierend werden weltanschauliche Fixierungen oder eine heuchlerisch vorgegebene christliche Moral aufs Korn genommen. Mit oft erstaunlicher Hellsichtigkeit werden typische Fehlhaltungen aufgedeckt, verkrampfte und zur leeren Schablone gewordene Traditionen schonungslos in Frage gestellt. Hier sei nur an Rolf Hochhuths „Der Stellvertreter" erinnert. Zum anderen kann nicht übersehen werden, dass das Theater seinerseits engagiertes Menschentum repräsentiert. Dabei können außer dem Suchen selbst Ansatzpunkte und Richtung möglicher Sinnerfüllung angedeutet und einsichtig gemacht werden.

Die Zuschauer müssen lernen, diese Sprache zu verstehen, in der religiöse Fragen – wenn überhaupt – nur noch indirekt angedeutet werden. Der Begriff der Religion darf deshalb nicht zu eng gefasst werden. Er darf nicht „religiös" gleich „christlich" setzen. Und er muss darauf achten, dass die religiöse Frage manchmal eher negativ, anklagend, ja direkt verneinend gestellt wird – wie es übrigens auch manche alttestamentlichen Propheten und nicht zuletzt der Mann aus Nazaret häufig getan haben. Der Besucher heute muss dem neuen Theater unvoreingenommen begegnen und neugierig zuschauen.

Sicher: Nahezu alle Autoren wagen nur verhaltene Anspielungen. Sie zeigen jedoch durch diese Unsicherheit, dass der Mensch aus eigener Kraft den Teufelskreis von Isolation, Schuld und Gewalt nicht durchbrechen kann. Und was die abendländisch-christliche religiöse Tradition mit ihren machtvollen (oder trotz ihrer machtvollen?) Institutionen in zwei Jahrtausenden nicht fertiggebracht hat, kann man auch nicht vom Theater verlangen.

Filmkunst

Realitätseffekt

Filme sind eine intensive Form des Sehens der Welt und eine besondere Weise ihrer Darstellung. Sie holen das Leben auf die Leinwand bzw. auf den Bildschirm – das Leben, wie es den Menschen trifft und betrifft, wie es ihn in Extremsituationen vor die Sinnfrage stellt und ihm Antwort abfordert, wie es ihn in Situationen hineinstellt, die ihm noch nie begegnet sind und auf die er nun zu einer Antwort herausgefordert wird, die gesamte Lebenswirklichkeit der Gesellschaft in ihrer Tiefendimension, in allem, was ihr Sinn und Bestand gibt – das alles kommt im Film zur Sprache.

Der Film besitzt einen Realitätseffekt. Das, was in Laufbildern und im Ton geboten wird, erscheint als eine jetzt im Augenblick geschehende Wirklichkeit. Wir werden daran scheinbar unmittelbar beteiligt und angesprochen. Wir nehmen scheinbar direkt am Ereignis teil und werden zur Stellungnahme herausgefordert.

„Transzendentaler Stil im Film"

Mit Ausnahme der ausdrücklich so konzipierten und intendierten Dokumentarfilme möchte jeder gute Film aber noch mehr liefern als nur ein möglichst getreues und realistisches Abbild der Wirklichkeit. Doch auch gute Dokumentarfilme begnügen sich längst nicht mehr mit bloßer Dokumentation, sondern wollen mehr abliefern als „Fakten, Fakten, nichts als Fakten" (das „factum brutum" gibt es ohnehin nicht; jede, auch die noch so objektive Berichterstattung ist subjektiv und beinhaltet subjektive Wertungen). Die Filmemacher/-innen begnügen sich nicht mit der sichtbaren Realität, sondern versuchen auch, die inneren Zusammenhänge und das sich verbergende Eigentliche und Letzte zu umgreifen. Es gibt eine Filmkunst, die sich dem Aufdecken des Hintergründigen, dem Unsagbaren gewidmet hat. Sie sucht die Wirklichkeit nach „offenbarenden" Momenten ab. Der französische Filmemacher Robert Bresson hat einmal gesagt: „Die Schönheit eines Films liegt nicht in den Bildern, sondern in dem Unsagbaren, das sie auslösen." Und der amerikanische Regisseur und Autor Paul Schrader spricht gar von einem „transzendentalen Stil im Film".

So geht es zwar um die Konfrontation mit der Totalität der menschlichen Lebenswirklichkeit, aber darüber hinaus auch und vor allem um die Aufdeckung der Fragwürdigkeit der menschlichen Existenz. Das setzt die Bereitschaft voraus, sich mit Grundfragen des Lebens zu befassen. Erfahrungen von Geburt, Hoffnung, Liebe, Freundschaft, Angst, Glück, Schuld, Vergebung, Leid, Zufall, Vertrauen, Verantwortung, Sorge, Scheitern, Spiel, Ekstase, Rausch verlangen vom Betrachter, sich der Herausforderung solcher Situationen wissend und wertend, problembewusst und selbstbewusst zu stellen. Filme können Scheinwirklichkeiten und Scheinsicherheiten aufbrechen und verhindern, dass der Betrachter den Lebenssituationen, den Identifikationsmustern und Weltdeutungen anderer und den eigenen fraglos und sprachlos gegenübersteht.

Es kommt hinzu, dass neben der empirisch-beschreibbaren Sprache andere Sprachspiele an Bedeutung gewinnen, vor allem die Symbolsprache. „Die Symbolsprache hat im menschlichen Gespräch einen dauernden Platz, weil sie in die Tiefe des menschlichen Erlebens hinabreicht und die Wahrnehmungen und Empfindungen des Menschen über die ganze Daseinsordnung, in der er sich befindet, auszudrücken vermag."[41] Der Kommunikationsforscher McLuhan vertritt die Auffassung: „Das bildfotografische Verbraucherzeitalter ist tot, das bildsymbolische liegt vor uns." Zahlreiche Film- und Fernsehproduktionen vermögen durch ihre symbolhafte Darstellungsweise die Wirklichkeit in ihrer Transparenz zu zeigen. Hier wären die Filme von Wim Wenders zu nennen, insbesondere der hochgelobte „Himmel über Berlin" (1987) oder die Filme von Alexander Kluge, François Truffaut, Andrej Tarkowskij, Yazujiro Ozu.

Michael Hanekes „Das weiße Band"

2009 gewann bei den Filmfestspielen in Cannes der Film „Das weiße Band" von Michael Haneke die Goldene Palme. Der 1942 in München geborene Autor wollte zunächst evangelischer Pfarrer werden, studierte dann aber Theaterwissenschaften und beschäftigte sich nebenher intensiv mit Philosophie, vor allem mit Sartre und Camus. Alle seine Filme kreisen um Angst und Schuld, um Vergessen und Verdrängen und vor allem um eine Gewalt, die nicht aus dem Dunkeln kommt, sondern aus dem für jedermann Sichtbaren, aus dem gewöhnlichen Alltag. In „Das weiße Band“ erzählt Haneke von rätselhaften Gewalttaten in einem norddeutschen protestantischen Dorf kurz vor dem Ersten Weltkrieg. Er entwirft eine eindrucksvolle Studie über die Genese des Terrors aus der Unterdrückung. Aus präzise beobachteten Alltags- und Familienszenen entsteht das Panorama einer Gesellschaft, die geprägt ist von Standesunterschieden, Obrigkeitshörigkeit, rigidem Protestantismus und repressiver Erziehung. Haneke zeigt, wie Eltern ihre Verhärtungen, Demütigungen und Verdrängungen auf die Kinder übertragen, die sie dann ihrerseits an anderer Stelle und in anderen Situationen wieder hervorbringen.

Letztlich ist jeder Film, jede audiovisuelle Produktion, die existenzielle Fragen des Menschen aufgreift, notwendigerweise transzendent. Es ist nur notwendig, sich den Blick für die Tiefendimensionen der Lebenswirklichkeit nicht verschleiern zu lassen.

Architektur

Heilige Orte und Räume

Alle Religionen der Menschheit kennen heilige Orte und heilige Räume. Dort fühlen sich die Menschen den Göttern nahe. Meist zeichnen sich die heiligen Plätze aus durch eine herausragende Lage. Sie befinden sich auf Bergen, um dem Himmel besonders nahe zu sein. Oder sie liegen an wichtigen Straßen, um den Reisenden Hilfe und Schutz zu geben. Diese heiligen Orte sollen erinnern an das Wirken der Götter in der Natur, in der Geschichte und im Alltag des Menschen.

Der archaische Raum ist nicht abstrakt, sondern identisch mit dem bestimmten, betretbaren Ort, an dem der Mensch heimisch ist oder heimisch werden kann.[42] Die grenzenlose Weite des nach allen Seiten offenen Raums taucht nur in den Vorstellungen von Meer und Wüste auf; sie hat den negativen Akzent des Chaotischen und Unheimlichen.

Das deutsche Wort „Ort“ besitzt ursprünglich die Bedeutung von „Spitze (einer Waffe), Ende, Punkt, Ecke“. Ihm liegt die Vorstellung zugrunde, dass der Ort vom Gegensatz zwischen innen und außen, also von einer Grenze her bestimmt ist. „Raum“ hingegen ist abgeleitet vom Althochdeutschen „rumi“ und heißt so viel wie „weit, geräumig“. Der „Ort“ grenzt also ab von der Weite und Offenheit des Raumes. Er schafft Geborgenheit und Sicherheit vor dem „Draußen“, vor dem Drohenden und Unheimlichen. Er bietet Schutz vor den Dämonen.[43]

Die Vorstellung des nach außen hin Trennenden, im Inneren Geschützten geht leicht in die des Heiligen über. Das Äußere ist unheilig, fremd, es ist profan (= lat.: vor dem heiligen Bezirk [liegend]). Das Heilige ist „innerlich". Auch noch im modernen Sprachgebrauch steht der „in sich gekehrte, innerliche" Mensch dem Heiligen nahe. Nach „draußen" verwiesen werden bedeutet, von den Heilskräften getrennt und dem Unheil überantwortet zu werden.

Heilige Orte sind Enklaven, verstreut über den weiten profanen Bereich, ihn zugleich sprengend und ordnend. Zu ihnen kommt der Mensch, um Heilskräfte zu erlangen. Die Wallfahrt bezeugt, dass das Heilige nicht überall vorhanden ist. Es muss, wenn nötig sogar unter Mühen, erst aufgesucht werden.

Der heilige Ort ist in gewisser Weise dafür schon prädestiniert, weil er entweder ein Natursymbol ist (Berg, Quelle, Höhle, Baum), weil sich hier das Grab eines Heiligen oder ein Kultbild befindet oder weil sich an ihm eine „Erscheinung" ereignet hat. Die frühen Kultstätten sind fast immer Stätten, an denen „Numinoses", etwas Geheimnisvolles, Rätselhaftes, Unerklärliches geschehen ist, etwas, was mit dem Göttlichen zu tun hat.

Der an diesem Ort errichtete Bau hält das Heilige fest, er möchte die Erscheinung verewigen und die dort offenbar gewordenen und erfahrenen Heilskräfte binden. Die Errichtung eines (Denk-)Mals konstituiert also nicht die Heiligkeit, sondern setzt sie voraus. Mit ihr soll eine adäquate Antwort auf geschehene Offenbarung gegeben werden. Am heiligen Ort wohnt die Gottheit; zum Mindesten kommt sie an Festtagen zu Besuch. Der antike Tempel wurde nicht für die Kultversammlung, sondern für das Kultbild gebaut; darum wurden viele Tempel nur einmal im Jahr geöffnet.

Die Erwählung eines heiligen Ortes wird oft durch besondere Zeichen kundgemacht; das gilt besonders von der Gründung von Kirchen und Klöstern. Der heilige Bau strahlt aus auf die Umgebung. Die Stadt, in der ein bedeutender Tempel steht, wird zur heiligen Stadt. Jerusalem, Delphi, Benares, Mekka, Rom sind so zu „Heiligtümern" oder zur „Ewigen Stadt" geworden. An Wallfahrtsorten fühlt sich der Pilger dem Himmel nah; am liebsten möchte er hierbleiben. Einen Wallfahrer, der in Benares stirbt, preist man glücklich. Dieses Verlangen, an der heiligen Stätte zu wohnen, bekundet sich in der regelmäßigen Wiederholung der Wallfahrt, im Bau vieler Kultorte (Rom hat über vierhundert Kirchen, Benares über tausend Tempel und Tempelchen) und in der Errichtung von Klöstern und Kapellen in unmittelbarer Nähe des Heiligtums.

Häufig werden die Heiligtümer auf Bergen errichtet. Der Berg ist der dem Himmel am nächsten liegende Ort. Er ist ein Bild des Himmelsthrons.

Ihn bildet der babylonische Stufenturm, die ägyptische und mexikanische Pyramide nach. Der kultische Bau korrespondiert mit dem Kosmos. In der Höhe ist der Himmel wiedergegeben als Dach, das oft vergoldet wird oder sich mehrfach wie die himmlischen Sphären türmt (fünf Dächer hat die Pagode von Bhatgaon), als Decke, die mit Sternen geschmückt wird, als Kuppel, als Gewölbe. Die Künstler des Barock malten den geöffneten Himmel an die Decke und ließen das Auge Gottes aus der Höhe der Kuppel herabblicken. Die Berge erscheinen in den himmelauf strebenden Pfeilern und Säulen und vor allem in den Türmen. Das Licht, ungebrochen oder gedämpft, verbindet das Innere mit der Sonne, dem Numinosum der äußern Welt, die sonst ausgeschlossen ist. Dauerhaftes Material, Stein und Metall, gibt den Charakter des Unvergänglichen.

Jeder Eintretende muss sich zuvor von den Bindungen an den profanen Bereich lösen. Das geschieht auf mannigfaltige Weise: durch Waschungen, Kleiderwechsel, Lösen der Schuhe. Am heiligen Ort muss sich einer entsprechend verhalten: Bestimmte Körperhaltungen, Schweigen, Gebet sind vorgeschrieben. Schon die Beschäftigung mit unreligiösen Gedanken widerspricht der Situation. Von Kirchengebäuden geht eine eigentümliche Faszination aus: „Kirchen sind für mich Räume, in denen Menschen im Gebet ihre entscheidenden Fragen stellen. Sehr oft taten und tun sie das vor wunderbaren Bildern.“ Künstler seien imstande, der Spiritualität eines religiösen Ortes einen Resonanzkörper zu verleihen.[44]

Architektur im Wettstreit mit der Religion

Der sich als „Schamane“ bezeichnende Gerd-Lothar Reschke definiert das als religiös, was religiöse Wirkung hat, und zwar authentisch religiöse Wirkung, nicht ideologische oder mental-konzeptuelle Wirkung. Demnach kann ein Gebäude religiös sein unabhängig von irgendeiner bestimmten traditionellen Religion, einfach weil es auf seine eigene Weise bereits das ist, was hier im aktualisierten Sinne unter religiös verstanden wird. Religiös sei nicht ideologisch oder dogmatisch. Religiös ist, was den Menschen sich selbst und der ihm innewohnenden Wahrheit näherbringt.[45]

Ähnlich urteilt der amerikanische Architekturtheoretiker Nikos A. Salingaros: „Heute ist die Architektur zu ihrem eigenen Kult geworden. Architektur liegt im Wettstreit mit der Religion, da sie ihren Anhängern überweltliche Ziele verspricht. Sie bietet mystische Verzauberung und Einsichten, die nur durch die Macht der Kreativität erlangt werden können, und ist somit eine viel versprechende Gelegenheit für jeden Novizen. Der Architekt sieht die Gelegenheit transzendentalen Ausdrucks, der über die reine Nützlichkeit des Gebäudes hinausgeht."[46] Die Architektur habe die Arbeitsweisen der Religion missbraucht, um sich selber weiterzubringen.

Der Architekt *Bruno Taut* (1880–1938), ein Bauhausschüler, litt an dem reinen Nützlichkeitsdenken seiner Zeit. Er versuchte, durch den Bau von großflächigen Gemeinschaftssiedlungen den Gemeinsinn zu fördern. Er tat das, wie er sagte, aus einer „eigenen" Religiosität. Als erstes Großprojekt für den Wohnungsbau entwarf er in den Jahren 1913–1916 die Siedlung Falkenberg in Berlin-Treptow mit 134 Wohnungen. Dabei standen einfache Grundrisse und farbkräftige Fassadengestaltungen im Vordergrund. Die expressive Farbigkeit brachte dem Projekt den Namen „Tuschkastensiedlung" ein. Die Bauten bildeten eine bewusste Alternative zur bis dahin üblichen, teuren Bauskulptur und Ornamentik. Der Verzicht auf jede Ornamentik galt damals als „revolutionär". Bruno Taut wollte moderne Wohnungen für die niedrigeren Gesellschaftsschichten schaffen: große Wohnflächen, lichte Räume, Wasser- und Abwasseranschluss – damals vergleichsweise modern. Die Siedlungen Tauts in den zwanziger und dreißiger Jahren des letzten Jahrhunderts waren in der damaligen Zeit wegweisend und Vorbild für zahlreiche weitere Siedlungen in Deutschland.

Der Farbe schrieb Taut religiöse Bedeutung zu, weil er meinte, dass Farbe den Menschen mehr Lebensfreude bringe. Deshalb veranlasste er, seine Bauten farbig zu gestalten. Als Stadtrat in Magdeburg ließ er – trotz heftigen Widerstands – ganze Straßenzüge und sogar das barocke Rathaus bunt übermalen. Die Bewohner waren begeistert. Noch heute erregen die bunten Hausfassaden der „Tuschkastensiedlung" Aufmerksamkeit. Sie und die gleichfalls von Taut errichtete „Hufeisensiedlung" in Berlin-Britz sind inzwischen in das UNESCO-Weltkulturerbe aufgenommen worden

Dass die gesamte Nazi-Architektur einen quasireligiösen Charakter trug, ist bekannt. Die herkömmliche Religion sollte abgeschafft und an deren Stelle die Religion des nationalsozialistischen, rassisch reinen Übermenschen gesetzt werden. Dieser neue Kult brauchte Weihestätten, Prozessionsstraßen, heilige Hallen, Tempelanlagen.

In jüngster Zeit ist es Mode geworden, Wellnesseinrichtungen als „Tempel" zu bezeichnen. Dass diese Qualifizierung nicht ganz falsch ist, zeigt sich zum Teil schon in der Architektur. Die Therme wird von Säulen umgeben. Die Halle um die „Heil"-Quelle wird mit antiken Motiven geschmückt – oder mit dem, was man dafür hält. „Griechische" oder „römische" Statuen zeigen den heilen Menschen oder, noch einen Schritt weiter, allerlei leidunfähige „Götter". Reichhaltige Brunnenmotive, Wandelhallen, Kapellen (= Meditationsräume), (Weih-)Wasserbecken, bestimmte Rituale – das alles sind nur einige Andeutungen dieser sich als religiös gerierenden Architektur.

Zum Abschluss der Überlegungen möchte ich noch einmal Karl Lehmann zitieren: „Kunst reicht über eine rein diskursive Welterschließung hinaus. Sie verweist auf die je größere Wahrheit, die alle Grenzen des Diskurses und der menschlichen Erkenntnis sprengt. Sie bietet einen eigenständigen, durch Wissenschaft, Philosophie und Theologie nicht ersetzbaren Beitrag zum Verständnis von Welt und Existenz. Sie kann helfen, die Zeichen der Zeit zu erkennen und richtig zu deuten. Denn sie ist Überwindung der die Wirklichkeit von Welt und Leben verhüllenden Gewohnheit, Kunst ist gerade so Steigerung des Lebens, der Lebendigkeit in Freude und Leid, in Sympathie und Empathie, was nicht zuletzt den Gemeinschaftscharakter gelingenden menschlichen Lebens zur Geltung zu bringen vermag, Kunst wird darin immer wieder zur Miterschafferin einer wahrhaft humanen Welt, die ja nicht reine Natur, sondern wesensmäßig Kultur ist. Kunst weckt die Sehnsucht nach Lebensfülle, indem sie einerseits die Schattenseiten menschlichen Daseins einschließlich des Bösen und der Bosheit aufdeckt, andererseits die Bestimmung der menschlichen Seele zum Leben in Fülle immer wieder erfahrbar macht.“[47]

5. Fundamente: Grunderfahrungen und Grundhaltungen

In sich gehen

Rainer Maria Rilke äußert in einem Brief den Wunsch, unser Auge müsste „eine Spur schauender, unser Ohr empfangender sein, der Geschmack einer Frucht müsste uns vollständiger eingehen, wir müssten mehr Geruch aushalten, und im Berühren und Angerührtsein geistesgegenwärtiger und weniger vergesslich sein –: um sofort aus unseren nächsten Erfahrungen Tröstungen aufzunehmen, die überzeugender wären, die überzeugender, überwiegender, wahrer wären als alles Leid, das uns je erschüttern kann."[1]

Um dieses „Berühren und Angerührtsein" zu erfahren, bedarf es einiger Voraussetzungen.

Stille und Ruhe

An erster Stelle möchte ich das innere Zur-Ruhe-Kommen nennen. „Draußen ist der Lärm, ist die Eile, die Gier, die Eitelkeit. Aber das Zuhause ist nicht draußen, es ist drinnen. Es ist nicht die Welt, wir sind es. Es liegt nur an uns, das Haus mit Stille zu erfüllen. – Die Stille schenkt Erholung und Ruhe, sie heilt und tröstet. Sie stellt die Kräfte wieder her, behütet das Leben, fördert das Denken. Die Stille macht besser. Sie allein bringt Geist und Materie in Einklang."[2]

Lärm kann krank machen. Rast- und ruheloses Tätigsein ist ein Alarmzeichen. Umso notwendiger erscheint die Rückkehr zur Stille. Was Stille ist, lässt sich nicht eindeutig beschreiben. Für viele bedeutet Stille die wohltuende Erfahrung, aus dem ohrenbetäubenden Verkehrslärm einer Großstadt in die idyllische Ruhe der Natur entfliehen zu können. Für andere ist Stille unerträglich, weil sie damit „Friedhofsstille" assoziieren. Stille wird subjektiv und situationsbedingt erfahren. Sie bedeutet in unserem Zusammenhang jedenfalls mehr als die Abwesenheit von Geräuschen. Stille kann „beredt" werden, weil wir vieles in ihr erst richtig hören.

Wer ernstlich ein spirituelles religiöses Leben führen will, muss lernen, zur Ruhe zu kommen. „Die Stille ernährt, der Lärm verbraucht" (Reinhold Schneider). Stille und Ruhe bilden die Grundlage jeder religiösen Erfahrung. Karl Rahner sieht in der Stille eine Brücke zwischen Ich-Werdung und Gotteserfahrung: „Halte dich aus! Du wirst erfahren, wie alles, was sich bei solcher Stille meldet, wie umfasst ist von einer namenlosen Ferne, wie durchweht ist von etwas, was wie Leere scheint. [...] Es ist wie eine Stille, deren Schweigen schreit."[3] Es ist schon bemerkenswert, wenn Menschen mitten im heutigen Trend religiöser Entfremdung wie beruflicher und privater Betriebsamkeit immer wieder Zuflucht suchen in Räumen der Stille, der Ruhe und der Entspannung, die sie abtrennen vom Üblichen, Alltäglichen, Geschäftlichen. Sind die stillen Räume und die Ruhezonen auf den Flughäfen und Bahnhöfen, in Intercity-Zügen und größeren Einkaufszentren, in manchen Zonen besonders belebter Innenstädte und auf dem Ausstellungsgelände ein Hinweis darauf, dass uns das wahre Göttliche abhandengekommen ist? Stille ermöglicht Achtsamkeit, Nachdenklichkeit, Horizonterweiterung, Erkenntnis über das bisher Erkannte hinaus. Auf dem Fundament der Stille und des Schweigens können die Sinneswahrnehmungen aufbauen und richtig zur Geltung kommen. Stille kann Transzendenz eröffnen.

Die italienische Ärztin und Pädagogin Maria Montessori hat die tiefe innere Bereitschaft des Kindes zur Stille entdeckt und ein ausgeprägtes Verhältnis zur Stille für die von ihr gegründeten und von ihrer pädagogischen Idee geprägten Schulen nutzbar gemacht. Wie sie dazu kam, beschreibt sie in einem ihrer Bücher:

„Eines Tages betrat ich das Schulzimmer, auf dem Arm ein vier Monate altes Mädchen, das ich der Mutter auf dem Hof aus den Armen genommen hatte. Nach dem Brauch des Volkes war die Kleine ganz in Windeln gewickelt, ihr Gesicht war dick und rosig, und sie weinte nicht. Die Stille dieses Geschöpfes machte mir großen Eindruck, und ich suchte mein Gefühl auch den Kindern mitzuteilen. ‚Es macht gar keinen Lärm', sagte ich, und scherzend fügte ich hinzu: ‚Niemand von euch könnte ebenso still sein.' Verblüfft beobachtete ich, wie sich der Kinder rings umher eine intensive Spannung bemächtigte. Es war, als hingen sie an meinen Lippen und fühlten aufs tiefste, was ich sagte. ‚Sein Atem geht ganz leise', fuhr ich fort. ‚Niemand von euch könnte so leise atmen.' Erstaunt und regungslos hielten die Kinder den Atem an. Eine eindrucksvolle Stille verbreitete sich in diesem Augenblick. Man hörte plötzlich das Ticktack der Uhr, das sonst nie vernehmbar war.

Es schien, als hätte der Säugling eine Atmosphäre von Stille in dieses Zimmer gebracht, wie sie im gewöhnlichen Leben sonst nie besteht. Niemand machte auch nur die leiseste wahrnehmbare Bewegung, und als ich die Kinder später aufforderte, diese Übung der Stille zu wiederholen, gingen sie sogleich darauf ein – ich will nicht sagen mit Begeisterung, denn die Begeisterung hat etwas Impulsives an sich, das sich nach außen hin kundtut.

Was sich hingegen hier kundgab, war eine innere Übereinstimmung, geboren aus einem tiefinneren Wunsch. Die Kinder saßen still bis zur Regungslosigkeit, beherrschten sogar ihre Atemzüge und hatten dabei heiter-angespannte Züge, so als seien sie in Meditation versunken. Inmitten der eindrucksvollen Stille wurden allmählich selbst die schwächsten Geräusche vernehmbar: das ferne Tropfen von Wasser, das Zirpen eines Vogels draußen im Garten.

Auf diese Weise entstand unsere ‚Übung der Stille'."[4]

Auch Erwachsene, die im Lärm des Alltags stehen, können erfahren, wie wohltuend Stille und Ruhe sein können. Eine junge Erzieherin, die sich für eine Woche in der monastischen Brudergemeinde Taizé aufgehalten hat, beschreibt, was sie dort erlebte:

„Die bezaubernde Landschaft Taizes, die beeindruckende Atmosphäre der Kirche, die einfache und schlichte Lebensweise der Brüder, die immerwiederkehrenden meditativen Gesänge während der Gebete, das Nicht-reden-Müssen gaben mir die Möglichkeit, mich vom Alltag zu lösen und mein ganzes Inneres mit Stille zu füllen. Ich spürte, wie ich in dieser Stille meine ‚Antennen' ausfahren konnte, sensibel wurde für alte eingefahrene Gewohnheiten, diese aufbrechen konnte, und wie dadurch mein Leben eine neue Richtung bekam. Auch mein Blick für kleine, unscheinbare, jedoch wesentliche Dinge begann sich zu ändern. Mir schien es, als sei ich bisher immer achtlos an den wunderschönen Steinen vorübergegangen, die am Wegrand lagen. Auch die Struktur eines vom Baum gefallenen Blattes schien mich bisher noch nie so fasziniert zu haben. Diese Stille erlebte ich als Weg zu mir, zu meinen Mitmenschen, zu meiner Umgebung und zu meinem Gott. Mir wurde zum ersten Mal bewusst, wie wichtig und heilend Stille sein kann."[5]

Ähnliches berichten auch Manager, Banker oder Unternehmer, die sich eine Auszeit nehmen und sich für einige Zeit in ein Kloster zurückziehen. Der Wissenschaftsjournalist Rüdiger Vaas meint: „Es ist ein bemerkenswertes Zeugnis der westlichen Gegenwart, dass heute ausgerechnet die Kirchen und Klöster als vorbildliche Oasen der Stille gelten und als solche aufgesucht und teilweise sogar vermarktet werden. Als ob etwas vom Natürlichsten der Welt nur noch Zuflucht in den Stätten des Übernatürlichen haben kann." Aber vielleicht sei das die „ironische Konsequenz" aus der Tatsache, dass viele Menschen nicht mehr an Gott glauben können.[6]

Staunen und Verwundern

An zweiter Stelle möchte ich Staunen und Verwundern nennen. Für den griechischen Philosophen Platon ist Staunen der „alleinige Grund der Philosophie“[7]. Staunen ist „Aufforderung der Vernunft zur Betrachtung“[8]. Im Staunen werde ich mit etwas Unbekanntem konfrontiert. Mit etwas, was aus dem Rahmen des Gewohnten und Bekannten herausfällt, das mir neu ist, das mir so noch nicht vorgekommen ist.

Staunen wird häufig abgetan als eine Sache von Kindern. Kinder können noch staunen, so sagen wir gern, weil sie noch nichts oder zu wenig wissen. Staunen erwächst aus Unwissenheit. Und deswegen meinen manche Erwachsenen, sie dürften nicht (mehr) staunen, sie dürften sich nicht (mehr) verwundern. Staunen und Verwundern würden nur meine Unwissenheit und Unkenntnis offenbaren. Doch vielleicht auch meine Seh- und Denkweise, meine Urteile und Vorurteile? Etwas anderes könnte mich „aus der Fassung bringen“. Wen schmerzt es nicht, wenn er die Grenzen seines Wissens und seiner Kenntnis aufgezeigt bekommt? Das ist peinlich. Das schickt sich nicht für einen modernen, aufgeklärten Menschen.

Staunen und Verwundern können den vertrauten Boden unter den Füßen wegziehen. Ich spüre plötzlich etwas von den Hintergründen, von den Abgründen der Dinge. Das ist das Erschreckende am Staunen. Aber damit zeigt sich auch die Faszination, die das Staunen haben kann. Der Staunende erahnt einen tragenden Grund. Er spürt einen letzten Grund für alles, was ist. Und es überfällt ihn vielleicht die Frage, die genialste aller Fragen: „Warum ist überhaupt etwas und nicht nichts?“ Dass es überhaupt etwas gibt, ist in höchstem Maß er-staun-lich. Es ist keineswegs selbstverständlich. Das heißt genau genommen: Es versteht sich nicht von selbst, sondern von einem anderen her. Es hat seinen Grund nicht in sich und aus sich, sondern von einem Anderen, das wir nicht fassen und begreifen können. Staunen, abgrundtiefes Staunen konfrontiert mich mit einem Geheimnis, das ich nicht lüften kann. Denn die Frage „Warum ist überhaupt etwas und nicht nichts?“ kann ich nicht beantworten. Sie bleibt bestehen. Wer sich von dieser Frage einmal wirklich zutiefst hat anrühren lassen, dem verschlägt es die Sprache. Wen diese Frage betroffen macht, der verstummt. Staunen mündet in ehrfürchtig-bewunderndes Schweigen.

Dazu kann auch so etwas Alltägliches wie Schneeflocken Anlass geben.

Eine Zeitungsnotiz berichtete von dem amerikanischen Fotografen Wilson Bentley, der als „Schneeflocken-Mann“ bekannt geworden ist. Er sagt: „Jede Schneeflocke ist von unendlicher Schönheit, die noch vergrößert wird durch das Wissen, dass der Forscher höchstwahrscheinlich niemals eine andere exakt gleiche finden wird.“ Bentley hat etwa 5000 Schneeflocken unter dem Mikroskop studiert und ihre Bilder auf fotografische Platten gebannt. Es waren tatsächlich keine zwei dabei, die einander geglichen hätten. Inzwischen glaubt man zu wissen, dass seit Anbeginn der Zeiten eine Sextillion Schneeflocken auf die Erde gefallen ist: eine Eins mit 36 Nullen dahinter. Und – wahrscheinlich – keine von ihnen wie die andere. 1986 meinte eine Wissenschaftlerin, sie habe zwei „sehr ähnliche“ Schneeflocken beobachtet. Bei näherem Hinsehen, so berichtet sie, wurden jedoch winzige Variationen in Struktur und Form entdeckt. So wird die Menschheit wohl noch eine Weile warten müssen, bis zwei völlig gleiche Schneeflocken entdeckt werden.[9]

Wer niemals in solches Staunen und Verwundern geraten ist, der hat nur die eine Seite der Wirklichkeit ent-deckt. Er hat sich keine Zeit zum Verweilen genommen. Er war nicht neugierig genug. Er hat sich nicht verwundert. Er hat nicht nach dem tieferen Warum gefragt. Er hat nicht die andere, die wesentliche Seite der Wirklichkeit in den Blick bekommen. Staunen weckt die Fähigkeit, die sichtbare Seite der Welt zu überschreiten. Es bildet eine natürliche Fähigkeit aus, die der Mensch zum Entdecken der religiösen Dimension braucht. Es ist die Fähigkeit, nicht an der äußeren Erscheinungsweise und Begreifbarkeit hängen zu bleiben, nicht an dem, was messbar, wägbar, beherrschbar, nutzbar ist. Es eröffnet vielmehr die Möglichkeit, am sichtbaren Wesen seine innere Seite, das Sinngebende zu erfassen.

Sehen und Wahrnehmen

Täglich sehen wir uns mit einer verwirrenden Fülle von Eindrücken konfrontiert, die wir gar nicht alle zu erfassen vermögen. Das Meiste lässt uns unbeeindruckt. So schnell, wie wir es erblickt haben, vergessen wir es wieder. Wir nehmen es gar nicht richtig wahr. Nur wenn wir das Blickfeld einengen, können wir Einzelnes deutlicher wahrnehmen, können wir klarere Konturen ausmachen. Aber dazu müssen wir genau hinschauen. Erst dann können wir den Gegenstand oder die Situation bewusst wahrnehmen. Das Umfeld bleibt zwar präsent, aber es wird ausgeblendet. Erst so ist es möglich, einen Gegenstand genau zu erkennen, ihn zu beschreiben, sich darüber ein Urteil zu bilden.

Doch hier ist ein anderes Sehen gemeint, das eigentlich gar kein „Sehen“ ist. Sehen ist mehr als ein flüchtiges Hingucken. Auch mehr als ein exaktes Wahrnehmen, als ein genaues Fixieren und gründliches Untersuchen. Sehen, wie es hier verstanden wird, ist ein intuitives Erkennen des Eigentlichen, das sich hinter dem vordergründig Wahrgenommenen verbirgt. Es ist jener Blick, „der hinter die Alltagsgestalten dieser Welt sieht, der den geistigen Sinn der Dinge erfasst, das Licht der Finsternis“[10].

Und dieses Sehen will gelernt sein. Der Evolutionsbiologe Adolf Portmann beschreibt es:

„Wie vieles, was einem wertvoll sein mag, hat man nicht selber gemacht, sondern mitbekommen von weit her aus rätselvoller, unabsehbarer Vergangenheit wer weiß wie weit zurück – von Lebensformen, die noch nicht die menschlichen waren. Aus diesen verborgenen Quellen der Herkunft ist allmählich das bewusste Erleben geworden, dem ich die Freuden verdanke, die den einzelnen Tag erhöhen und die dunkleren Seiten des Daseins tragen helfen: die Freude an den Erscheinungen der Natur wie an den Werken der Kunst.

Ich denke an die einfachsten Erlebnisse des Alltags, an den Wechsel des Lichtes im Tageslauf, an den Gang des Jahres – an das leuchtende Gelb der ersten Zitronenfalter, wenn die Frühlingssonne die im Herbst vorher schon Geschlüpften aus ihrer Winterstarre zum unsicheren Flug verführt. Ich denke an das kleine Wunder, das uns die Ulmen in der Stadt Jahr für Jahr schenken – wo sie noch nicht der tückischen Krankheit erlegen sind, die sie bedroht –, die Bäume, die früh im Jahr rotbraun blühen und sogleich hellgrün fruchten, noch bevor sie das Laub sprossen lassen. Wie leicht nehmen wir das hin oder beachten es kaum, wenn uns der Wind die Ulmensamen im Frühjahr entgegenweht. Wie viele Meditationen sind doch später aus dem Staunen über diesen unscheinbaren Vorgang entstanden. Er mahnt uns daran, dass eine mächtige Lebensform in aller Stille auf das Spätjahr hin alles bereitmacht, auf das große Werk, das auf den Winter folgt. Welch ein Gleichnis für uns!“[11]

Dieses „Sehen“ kann die religiöse Dimension des Wahrgenommenen erfassen. Denn es erschließt eine Ahnung des Ganzen. Es ent-hüllt das Wesen des Dargestellten, das dem äußeren Blick gewöhnlich verborgen bleibt, weil es eben eine Hülle, eine Ver-hüllung ist. Solches „Sehen“ ist geeignet, den Betrachter vor sich selbst zu bringen. Letztlich kann jeder beliebige Gegenstand, den unser Auge erblickt, dazu führen, dahinter das Eigentliche zu sehen, die letzte und tiefste Wirklichkeit, von der alles seinen Ursprung hat. Ausgangspunkt der Meditation kann alles sein, das sich mit den menschlichen Sinnen – mit Sehen, Hören, Riechen, Fühlen – erfassen lässt. Ein Bild, ein Ton, ein Geruch, eine Bewegung, eine Erinnerung oder ein Gedanke können zum Anlass des Nachdenkens und Reflektierens werden.[12]

Ein eindrückliches Beispiel für solches „Sehen“ hat schon vor vielen Jahren der Religionspädagoge Klemens Tilmann in einem seiner Bücher im Hinblick auf den schulischen Religionsunterricht veröffentlicht:

Die Luft

Sie ist ein unbegreifliches Ding. [...]

Der Atem. Erleben lassen dieses geheimnisvollen Automatismus, der zugleich so innig mit unserem Seelenleben verknüpft ist (Aufregung, Ruhe, Freude, Angst ...). Wäre die Erde zehn Minuten lang ohne Luft, so wäre kein Mensch mehr am Leben. So unbedingt nötig ist sie für uns.

Der Sonnenuntergang. Etwas völlig anderes bringt die Luft beim Sonnenuntergang hervor. Die Strahlen müssen durch breitere Luftschichten gehen. So erhalten sie das zauberhafte Gold und Rot des Abends.

Der Schall, die Sprache. Eine wiederum ganz andere Leistung der Luft ist es, dass sie uns die Sprache ermöglicht. Aus meinem Inneren kommen Gedanken, die ich ausspreche: Durch Vibrieren der Stimmbänder, Mundhaltung ... entstehen Schallwellen der Luft, die an dein Ohr dringen, als Worte verstanden werden und in dein Inneres eindringen. Das ist ein unbegreiflicher Vorgang. Ohne Luft wäre es unmöglich. – Ähnliches leistet die Luft bei einem Konzert. Ohne sie würden wir die Musiker nur sich bewegen sehen wie im Film, wenn der Ton nicht funktioniert. Denk an die Pikkolo-Flöte, den Bass, die Trommel ... Denk an das herankommende Auto, das du hörst, an den Ruf, den Gruß ... Welche Welten vermittelt uns die Luft!

Der Vogelflug. Zu diesen drei Leistungen kommt eine überraschend andere. Da droben schwebt ein Bussard. Er zieht seine Kreise. Niemand weiß, wie das erste Fliegen zustande kam. Aber die Luft ist so, dass sie den Vogel trägt, Wesenselement für ihn ist. Denk an den schnellen Segelflug der Schwalben; ist er nicht wie ein Jauchzen? Denke *an den Mückentanz, das Summen der fliegenden Bienen* ... Die Luft gibt dem Menschen die Möglichkeit, Düsenflugzeuge zu bauen und in wenigen Stunden von einem Erdteil zum anderen zu kommen ... Was für ein tolles Element, das alles das gleichzeitig leistet!

Der Regen. Wir sind noch lange nicht am Ende. Auf der Luft und in ihr kommen Wolken, und in einer genialen Bewässerungsanlage fällt der Regen, verteilt auf ganze Länder, nicht in einem Guss wie aus einem Fass, sondern tropfenweise! Hätte man das einfacher und besser machen können? Fruchtbarkeit und Leben hängt am Transportmittel der Luft.

Der blaue Himmel. Wie kommt er zustande? Dunkles (hier: Weltall) hinter halb durchlässiger Materie (Luft) wirkt blau. Darum sehen auch unsere

Adern blau aus. Außerdem fängt die Luft die Sonnenstrahlen auf, die sie erhellen. Darum entsteht über uns jene lichte, bergende Wölbung. Blau wird als väterliche Farbe bezeichnet. Väterliche Geborgenheit über uns!

Wärmeschutz. Der Mond hat keine Luft. Darum hat er auf seiner Tagesseite etwa 100 Grad Wärme, auf der Nachtseite 150 Grad Kälte. Wenn wir dort leben müssten! Uns schenkt die Luft jenen Schutz, der uns vor großer Hitze und Kälte bewahrt.

Meteoritenschutz. Die Astronauten müssen vor dem Eindringen in die Luft bremsen, damit ihre Raumkapsel nicht verglüht. Tatsächlich verglühen beim Auftreffen auf die Lufthülle ungezählte Meteoriten, die uns durchlöchern und durchsieben würden, wenn die Luft sie nicht abfinge. Was hat diese Aufgabe der Luft noch mit Atmen, Färbung des Abendhimmels, Vogelflug, Konzert usw. zu tun? Alles das leistet das gleiche Wesen, die Luft.

Nahrung für Feuer. Eine nochmals völlig andere Wirkung kannst du beim Feuer beobachten. Wenn es auszugehen droht, so bläst man. Die Luft mit ihrem Sauerstoff ist Nahrung für das Feuer,

Duftträger. Zwei Schmetterlinge, ein Männchen und ein Weibchen, nehmen sich über Kilometer hin wahr. Eines riecht das andere. Die Luft hat die Duftteilchen hinübergetragen. Im Zimmer steht ein Rosenstrauß. Den Duft, den du riechst, bringt dir die Luft.

Ausbreitung der Pflanzen. Die Luft leistet auch einen Gärtnerdienst. Sie trägt den Samen der Pappeln, des Löwenzahns … weiter. Was hat das mit den vorhergehenden Aufgaben zu tun? Wiederum eine völlig andere Leistung der gleichen Luft.

Stille, Wind, Sturm, Orkan. Ich kam an einem drückend warmen Sommertag an einer Wiese vorbei. Alles war wie erstarrt, kein Grashalm bewegte sich. Es war unheimlich. Da merkte ich, wie wunderbar die Bewegung der Luft die Welt verändert. Das wogende Kornfeld, das Rauschen der Blätter, die Kühlung der Haut, das Pfeifen des Sturmes, die Übermächtigkeit des Orkans …

Verdämmernde Ferne. Dass im Gebirge die nahen Berge anders erscheinen als die fernen, auch das ist Wirkung der Luft.

Die Luft als Gebrauchsgegenstand. Sie ist dein Werkzeug, wenn du Staub wegbläst. Du presst sie in den Fußball, in den Fahrradschlauch. Im Presslufthammer treibt sie den Meißel. Mit dem Föhnapparat trocknet sie die Haare, im Sandgebläse gestaltet sie Holz und Stein …

Die Luft als Sinnbild des Heiligen Geistes. Zu all diesen Leistungen und Bedeutungen kommt, dass die Luft Sinnbild ist für den göttlichen Lebensodem in uns, der uns bewegt (Joh 3,8; Röm 8,14).“[13]

Meditieren führt zu Ruhe und Stille. Falsche Anstrengung und Verkrampfung lösen sich. Ich werde offen und empfänglich für die Tiefe der Dinge und der Menschen um mich. Ich entdecke mich als Beschenkten, hineingenommen in einen Prozess des Eintauchens in das tiefste und letzte Geheimnis, unterwegs zu einem transzendenten Ziel. All das kann beim Meditieren wahrgenommen und erfahren werden. „Damit wächst in uns ein *Organ für Gott,* das nichts anderes ist als unser tiefstes Wesen. Blockierungen fallen, der Urdrang nach dem Alles-Umfassenden und Erfüllenden wird wach und bringt uns auf den Weg, an dessen Ende nicht Verwelken, sondern Fülle des Lebens steht."[14]

Andacht und Ehrfurcht

Dieses Wachwerden des „Urdrangs nach dem Alles-Umfassenden und Erfüllenden" meint wohl der Psychotherapeut Tilman Moser, wenn er von der „Andacht" als dem „wichtigsten Fundament von Religion" spricht. Er versteht darunter „Zustände, bei denen seelisches und leibliches Erleben eng verschlungen sind. Eine entfaltete Andacht ohne körperliche Signale scheint mir undenkbar: Man spricht von Schauer, Überrieseltwerden, von einem herausgehobenen Gefühl, das Ganzheit erzeugt."[15]

„Andacht"

Diese Art von „Andacht" lässt sich vor allem bei Meister Eckhart (ca. 1260–1328) beobachten. Er ist einer der großen Mystiker des Mittelalters. Es ist erfreulich, dass seine Spiritualität heute wieder neu entdeckt wird. Eckharts Mystik ist eine „Spiritualität des Denkens. [...] Ohne Denken keine Wahrheit, aber auch ohne entsprechende Lebenspraxis kein Denken der Wahrheit. [...] Das Denken reinigt die Erfahrung Gottes von den Vorstellungen, wie wir ihn gern für uns hätten, macht ihn also größer als unsere Erfahrung oder unsere Liebe, die von ihm nur das Gute will."[16]

Die Hinwendung zur Kreatur ist für Eckhart weder ein Abweg noch ein Irrweg, sondern vielmehr ein Weg zu Gott. Der Mensch darf sich und die Welt nicht übersehen, weil ohne ihn und außerhalb seiner Welt und Umwelt nichts erscheint und Gott nur demjenigen Menschen erscheint, der in seiner Welt hellsichtig zu sich zu kommen vermag. Immer wieder wird mir bewusst, in wie vielfältiger Weise ich in meinem Leben von einer mir unbekannten, rätselhaften, geheimnisvollen Kraft abhängig bin. Nicht selten bin ich geneigt, diese Erfahrung als „Geschenk", als Gabe eines anderen zu sehen. Als etwas, was mir nicht selbst gehört, sondern mir zukommt, was aber dennoch fähig ist, mein Eigenstes, Innerstes zu werden und mich als Lebenskraft zu beleben – wie die „fremde“ Luft, die ich einatme, wie die Nahrung, die ich von außen zu mir nehme. Manchmal mag diese Erfahrung auch erscheinen wie eine den Menschen unwiderstehlich überkommende, ihn ergreifende Wirkkraft oder sogar wie die Vereinigung und Einheit mit einer anderen Wirklichkeit, einer „Person“, die unendlich viel größer ist als das empirische Ich.

Die Mystik deutet dieses Geschehen als Gottesschau. Denn „in ihm leben wir, bewegen wir uns und sind wir“ (Apg 17,28). Es handelt sich um ein Durch- und Einsehen, ein Sehen dessen, was als göttliche Gegenwart erscheint und zuweilen durchbricht. Als ein Sehen, welches das, was erscheint, als göttliche Gegenwart zu deuten und einzusehen vermag. Dieses göttliche Geheimnis erschließt sich als etwas allen Wesen „zuinnerst Immanentes“ (Thomas von Aquin), als ein „alles durchpulsendes Zentrum“ (Nikolaus von Kues). Es belebt alle Wesen, wohnt in ihnen, ist „mir innerlicher als ich mir selbst“ (Augustinus). Manchmal scheint die Immanenz dieses Göttlichen in den Wesen bis zur Einheitserfahrung und Identität zu gehen (Mystiker). Metaphern, die solche mannigfaltigen Erfahrungen auszudrücken versuchen, sind etwa: Atem, Lebenskraft, (Heiliger) Geist, Seele, atman-brahman, Gnade, Ergriffensein, Gefäß, Wohnung. Denn das Sein der Dinge entspringt, davon ist Meister Eckhart überzeugt, ganz und gar aus Gott. „Jegliche Kreatur ist Gottes voll. […] Wenn sich Gott einen Augenblick von allen Kreaturen abkehrte, so würden sie zunichte.“[17] Das Leben Gottes selber entfaltet sich in den Dingen. „Wer weiter nichts als die Kreaturen erkennen würde, der brauchte an keine Predigt zu denken, denn jegliche Kreatur ist Gottes voll und ist ein Buch.“[18] Die Dinge „schmecken als Kreaturen (nur) meinem äußeren Menschen, wie Wein und Brot und Fleisch. Meinem inneren Menschen aber schmeckt nichts als Kreatur, sondern als Gabe Gottes. Mein innerster Mensch aber schmeckt sie (auch) nicht als Gaben Gottes, sondern als ewig.“[19] Gott und Welt zu unterscheiden, heißt nicht, sie zu trennen, sondern sie in differenzierter Weise in enger Beziehung und in unauflöslicher Verbindung zu sehen. „Alle Dinge“ sind für Meister Eckhart „reiner Gott“.[20] Es liegt nur am Menschen, dieses innerste Geheimnis der Dinge zu entdecken und ihm gemäß zu leben.

Wenn heute nach mystischer Erfahrung und nach dem Einbringen mystischer Elemente in den konkreten Glaubensvollzug gerufen wird, so ist also Vorsicht geboten. Dennoch scheint dieses Verlangen sehr deutlich auf eine Schwachstelle in der christentümlichen Gesellschaft hinzuweisen. So gesteht der Theologe Jörg Zink, „dass ‚Gott‘ als das große Du mir bis zum heutigen Tag nur das eine von zwei Bildern von Gott ist, die nicht auszugleichen und zu verbinden sind, die aber beide ihre Zeit und Stunde haben, in der sie ihre Wahrheit zeigen. Gott, so meinte ich auch damals schon, sei nicht nur mir gegenüber, sondern vor allem um mich her, und ich lebte in ihm wie der Fisch im Meer oder der Vogel in der Luft. Ich wusste mich schon als Kind auf eine kaum beschreibbare Weise von ihm umgeben wie von allen Dingen und Elementen dieser Welt. Ich war mir sicher: Ich brauchte nicht zu ihm zu reden. Er war um mich, und er war in mir, und wie jedes Blatt sein Ort war, so war auch jeder Gedanke in mir Ort seiner Gegenwart. [...] Alles, was ich schaue an Bildern dieser Welt, ist Spiegel und Gleichnis von Gottes Gegenwart. Was wahr ist, ist die Wahrheit Gottes. Was lebt, ist das Leben Gottes. Was schön ist, ist seine Schönheit. Was leidet, in dem leidet Gott. Was stirbt, stirbt in ihn zurück. Gott ist das Meer alles dessen, was ist. Auch das Meer in mir selbst, das ich nicht ergründe. Denke ich Gott, so tauche ich ein in ein Meer unendlicher Gegenwart, und von keinem Wesen, auch keinem Werk eines Menschen ist vorstellbar, dass es anderswo wäre als in ihm. Glauben könnte ich also beschreiben als eine Art von ozeanischem Bewusstsein."[21]

Ehrfurcht am Beispiel der Farbenlehre Goethes

Ein Beispiel, wie „Andacht" und Ehrfurcht als Grundlage echter und tief gründender Religiosität aussehen könnten, möchte ich am Beispiel eines höchst prominenten Deutschen aufzeigen. Erika Lorenz hat vor einiger Zeit den Versuch unternommen, der Religiosität Goethes ein wenig auf die Spur zu kommen. Sie meint, Goethes „metaphysische, scheu den Blicken entzogene Religiosität" zeige sich unter anderem darin, dass er in den verschiedenen Religionen die Haltungen suchte, die sie gegenüber dem Geheimnis „Gott" einnahmen. Seine persönliche Haltung war immer die der Verehrung und Anbetung. In seinem Spätwerk „Wilhelm Meisters Wanderjahre" veranschaulicht Goethe diese Einstellung im Begriff der Ehrfurchten (Plural!): „Da sind zunächst die drei Ehrfurchten vor dem, was neben uns, unter uns und über uns ist. Dazu kommt, als viertes, die Ehrfurcht vor sich selbst, die nicht narzisstisch gemeint ist, sondern als direktester Zugang zu dem in Leib, Geist und Seele wirkenden Gott."[22]

Fasziniert ist Goethe von seinen eigenen Forschungen in der Farbenlehre. Albrecht Schöne bezeichnete diese Lehre sogar als „Farbentheologie"[23]. Ursprung der Farbe ist für Goethe das Licht. Goethe meint, dass Farben erst entstehen, wenn das Licht auf etwas „Trübes" trifft, wie er es nennt, auf ein mehr oder weniger materielles Medium. Auf das also, was zwischen Licht und Finsternis steht. Und er bekennt mit religiösem Pathos: „Ich erkannte das Licht in seiner Reinheit und Wahrheit, und ich hielt es meines Amtes, dafür zu streiten." Das „reine Licht" empfand er als Offenbarung des Göttlichen. Seine Farbenlehre ist in ihren Wurzeln eigentlich eine Lichtlehre. Mehr als um alles andere ging es Goethe darum, das „reine, weiße Licht", das „reine, ewig ungetrübte Licht" als „ewig, einzig und unteilbar" anzuerkennen. Das „höchstenergetische" Licht der Sonne – in ihr bete er an „das Licht und die zeugende Kraft Gottes, wodurch allein wir leben, weben und sind" –, dieses Sonnenlicht konnte, wenn es ans Auge dringt, nicht anders sein als unteilbar weiß.[24] „Das Auge hat sein Dasein dem Licht zu danken. Aus gleichgültigen tierischen Hülfsorganen ruft sich das Licht ein Organ hervor, das seinesgleichen werde; und so bildet sich das Auge am Lichte fürs Licht, damit das innere Licht dem äußeren entgegentrete. Hierbei erinnern wir uns der alten ionischen Schule, welche mit so großer Bedeutsamkeit immer wiederholte: nur von Gleichem werde Gleiches erkannt, wie auch der Worte eines alten Mystikers, die wir in deutschen Reimen folgendermaßen ausdrücken möchten: ‚Wär' nicht das Auge sonnenhaft, / Wie könnten wir das Licht erblicken? / Lebt' nicht in uns des Gottes eigne Kraft, / Wie könnt' uns Göttliches entzücken?' Goethe hat diese Verse später leicht umgedichtet: ‚Die Sonne könnt' es nie erblicken' wird vielleicht vertrauter klingen."[25]

Erst durch seine „Mäßigung" an trüben Medien könnten Farben entstehen. 1791 schrieb er an Karl August: „Noch kann ich mit lebhafter Freude melden, daß ich seit gestern die Phänomene der Farben wie sie das Prisma, der Regenbogen, die Vergrößerungsgläser pp. zeigen auf das einfachste Prinzipium – die Polarität – reduziert habe." Farben als Ausdruck einer Polarität von Mäßigung und Steigerung – damit glaubte er, das letzte Glied seiner Entwicklungstheorie der Natur gefunden zu haben. Dieses mit dem Blick durchs Prisma verbundene gedankliche Erweckungserlebnis nannte er seine „chromatische Bekehrung". Goethe war überzeugt, „das Licht in seiner Reinheit und Wahrheit" erkannt zu haben.[26]

Goethe verlor den Kampf gegen Newton, aber er schätzte lebenslang die eigene Farbenlehre, die ihn über vierzig Jahre beschäftigte, für höher ein als all sein Dichten. Denn er meinte, hier Gott am unmittelbarsten nahe zu kommen. Erika Lorenz resümiert: „So kam der Dichter durch seinen menschlichen Umgang mit Licht und Farbe zur religiösen Sicherheit eines in der Naturbeobachtung gründenden Glaubens. Er schreibt einen Monat vor seinem Tode über die Konsequenz der Grenzerfahrung bei seinen Forschungen: ‚Hierdurch bin ich für mich an die Grenze gelangt, dergestalt, dass ich da anfange zu glauben, wo andere verzweifeln. – Denn das Einfache verbirgt sich im Mannigfaltigen, und da ist's, wo bei mir der Glaube eintritt, der nicht der Anfang, sondern das Ende alles Wissens ist.' Goethes Religiosität in ihrer undogmatischen, universalistischen Weite entzieht sich jedem Begriffssystem.“[27]

Geheimnis Natur

Wunder der Natur

Von Immanuel Kant stammt das bekannte Wort: „Zwei Dinge erfüllen das Gemüt mit immer neuer und immer zunehmender Bewunderung und Ehrfurcht, je öfter und anhaltender sich das Nachdenken damit beschäftigt: der gestirnte Himmel über mir und das moralische Gesetz in mir.“[28] Auch ein anderer Großer des Geistes, Albert Einstein, bekennt, dass er die wundervolle Ordnung der Natur stets voll Staunen und Verwunderung wahrnimmt und dass er sich in der Harmonie des Seienden aufgehoben fühlt: „Der Anblick des Meeres ist unbeschreiblich großartig, besonders wenn Sonne darauf fällt. Man ist wie aufgelöst in die Natur. Man fühlt die Belanglosigkeit des Einzelgeschöpfes noch mehr als sonst und ist froh dabei.“[29] Religiosität, so meint er, sei die stärkste Triebfeder wissenschaftlicher Forschung. Er beschreibt sie so: „Das Erlebnis des Geheimnisvollen, wenn auch mit Furcht gemischt, hat auch die Religion gezeigt. Das Wissen um die Existenz des für uns Undurchdringlichen, der Manifestationen tiefster Vernunft und leuchtender Schönheit, die unserer Vernunft nur in ihren primitiven Formen zugänglich sind, dies Wissen und Fühlen macht wahre Religiosität aus; in diesem Sinn und nur in diesem Sinn gehöre ich zu den tief religiösen Menschen.“[30] Auf die Frage des New Yorker Rabbiners H. S. Goldstein, ob er an Gott glaube, antwortet er: „Ich glaube an Spinozas Gott, der sich in der gesetzlichen Harmonie des Seienden offenbart, nicht an einen Gott, der sich mit dem Schicksal und den Handlungen der Menschen abgibt.“[31] Auch die zwei erst unlängst ausgezeichneten deutschen Nobelpreisträger Gerhard Ertl und Peter Grünberg antworteten auf die Frage „Können Sie als aufgeklärte Naturwissenschaftler eigentlich an Gott glauben?“: „Ja, aber sicher! … Das Leben ist ein gewaltiges Wunder, wir nähern uns wissenschaftlich den Erklärungen an, aber eine Frage bleibt doch immer bestehen: Warum das alles? Hier glaube ich an Gott!“ (Gerhard Ertl); „Aber ja, es ist mehr da, als wir in der materiellen Welt sehen und erfassen können“ (Peter Grünberg).[32]

Der Mensch ist wahrscheinlich das einzige lebende Wesen, das an sich selbst Fragen stellen kann – über sich selbst und über den Sinn seiner Existenz. Er ist durch eine Offenheit ausgezeichnet, die auf die Gesamtheit der

Wirklichkeit ausgerichtet ist. Er besitzt eine Art von „Ganzheitsbewusstsein“. Er ist prinzipiell immer schon über sich hinaus angelegt – tastend, fragend, suchend, hoffend, fürchtend, vertrauend. Angesichts des „gestirnten Himmels über mir“ wird er sich irgendwann mit der Frage konfrontiert sehen: Soll das alles wirklich rein zufällig entstanden sein – und sei es auch in Millionen und Abermillionen von Jahren? Sind all diese höchst verwunderlichen und erstaunlichen Fakten und Zusammenhänge nichts anderes als das Produkt einer blind laufenden Evolution? Ist es angesichts dieser zahllosen Wunder und Rätsel, dieser unendlich vielen für den Menschen unlösbaren Fragen so gänzlich unvernünftig, an eine geheimnisvolle letzte und tiefste Kraft zu glauben, die hinter all den Wundern der Natur steht und die das All in irgendeiner Weise ins Dasein gerufen hat, die es trägt und erhält? Sollte tatsächlich all das Große und Erhabene im Makrokosmos, all das Staunens- und Verwundernswerte im Mikrokosmos nur dem blinden Zufall zu verdanken sein? Um noch einmal Albert Einstein zu zitieren:

„Die Wissenschaft erfüllt jeden, der sich ernsthaft mit ihr befasst, mit der Überzeugung, dass sich in der Gesetzmäßigkeit der Welt ein dem menschlichen ungeheuer überlegener Geist manifestiert, dem gegenüber wir mit unseren bescheidenen Kräften demütig zurückstehen müssen. So führt die Beschäftigung mit der Wissenschaft zu einem religiösen Gefühl besonderer Art, welches sich von der Religiosität des naiveren Menschen allerdings wesentlich unterscheidet.“[33]

Kann die (Natur-)Wissenschaft, wenn sie nur gründlich genug (= von Grund auf und auf den Grund gehend) betrieben wird, zur ahnungsvollen Erkenntnis einer letzten, alles umgreifenden „Gesetzmäßigkeit der Welt“ führen? Ist diese Ganzheit, in der wir uns in unserem über uns hinausgreifenden Ganzheitsbewusstsein immer schon vorfinden, das, was wir traditionell „Gott“ nennen? Ist „Gott“ als die letzte, nicht mehr überholbare Bedingung für die Möglichkeit des gesamten Kosmos, des Lebens, der menschlichen Geschichte und der darin gemachten Erfahrungen zu begreifen? Erschließt sich in diesem „religiösen Gefühl besonderer Art“ das Geheimnis des transzendenten, alles umfassenden und tragenden, selber unumfassbaren und unergründlichen Urgrundes und Ursprungs, in dessen unendlich ausgespannter Weite alles Endliche Platz hat?

„Wer vom Glanz der geschaffenen Dinge nicht erleuchtet wird, ist blind; wer durch dieses so laute Rufen der Natur nicht aufwacht, ist taub. [...] Öffne also deine Augen, wende dein geistiges Ohr ihnen zu, löse deine Zunge und öffne dein Herz, damit du in allen Kreaturen deinen Gott entdeckest, hörest, lobest, liebest und verehrest, damit nicht der ganze Erdkreis sich anklagend gegen dich erhebe.“ So der mittelalterliche Theologe Bonaventura.[34] Noch weiter geht sein Zeitgenosse Thomas von Aquin. Er vergleicht den Kosmos mit einem Leib, der von Gott wie von seiner Seele durchdrungen ist: „Wie die Seele ganz in jedem Teil des Körpers ist, so ist auch der ganze Gott in allen Geschöpfen und in jedem einzelnen."[35] In Weiterführung dieser organisch-leiblichen Metaphorik und Analogie könnte man sagen: „Auf je ihre Weise sind alle Geschöpfe so etwas wie Gottes empfindsame Haut, gleichsam seine ausgestreckten Hände und Fühler. Und dies gewiss umso mehr, je mehr sie selber sensitiv und leidensfähig sind, also empfinden und fühlen."[36]

Faszination des Kosmos

Mit den Sinnesorganen erfährt der Mensch seine Umwelt nur in einem sehr begrenzten Ausschnitt. Er ist durch seine Beobachtungen, Messungen und Experimente zunächst einmal auf Vorgänge fixiert, die sich „greifbar", „begreifbar" vor seinen Augen abspielen. Er bringt es inzwischen sogar fertig, mit immer komplizierteren Geräten in die Welt „dahinter" einzudringen, in die jenseitige Welt, die jenseits seines durch die Sinnesorgane vorgegebenen Horizontes liegt. Dieser „Überschritt" ist allerdings nur Fachleuten vorbehalten, die mit den Geräten umgehen können und die die Regeln dieser jenseitigen Welt verstehen oder zu deuten wissen. Für „Normalsterbliche" bleiben Spezielle und Allgemeine Relativitätstheorie und Quantenmechanik, Astrophysik und Kosmonautik unverständlich und unbegreiflich.

Dennoch werden auch die schärfsten Mikroskope und Teleskope, die einen Blick in die Weiten des Kosmos, in die Galaxien und Schwarzen Löcher, die Mikrowelt der Elektronen und Atomkerne, der Protonen und Neutronen erlauben, niemals herausbringen, was sich am Anfang des Universums abgespielt hat. Rationales Denken zwingt zu dem Schluss, dass der Urknall eine Ursache haben müsse, die selbst den Bedingungen der Raumzeit nicht unterworfen sein kann. Die Existenz des Universums ist auf grundsätzlich unbeobachtbare und auch mit den modernsten technischen Geräten nicht feststellbare Ursachen zurückzuführen. Das bestätigt ihrerseits auch die Quantenphysik. Denn die spontanen Quantensprünge verletzen das in der klassischen Physik gültige Ursache-Wirkung-Prinzip. Es gibt offensichtlich Wirkursachen, die wir nicht kennen (können), weil sie in Zuständen außerhalb der uns zugänglichen Raumzeit liegen.

Unserer Erkenntnismöglichkeit sind unüberschreitbare Grenzen gesetzt. „Der eigentliche Anfang wird für uns immer ein Rätsel sein. Fragen nach dem Davor und dem Draußen sind naturwissenschaftlich sinnlos." So urteilt der Astrophysiker Harald Lesch.[37] Die moderne Physik weist über sich selbst hinaus und stößt auf Fragen, auf die auch die gescheitesten Physiker und Kosmologen keine Antwort mehr wissen. Manche von ihnen werden deshalb zu (Natur-)Philosophen.

Doch nicht alle in der Erforschung der Geheimnisse der Natur Tätigen besitzen noch die Fähigkeit, über die Wunder der Natur zu staunen, nicht alle sind von dem Wunsch beseelt, die tieferen Zusammenhänge ihrer Um-Welt zu erfassen und das Ganze in den Blick zu bekommen. Die moderne naturwissenschaftliche Forschung beschränkt sich auf mehr oder minder große Ausschnitte. Und je spezialisierter sie ist, desto enger wird die Perspektive. Damit hat sich die rein empirisch orientierte naturwissenschaftliche Forschung und Erkenntnisgewinnung in eine gefährliche Sackgasse begeben. Als ihr Objekt sieht sie nur das unmittelbar sinnlich, empirisch Gegebene an, denn „nur dieses ist die objektive Grundlage der Wissenschaft, und diesem Objektiven steht ein streng von ihm getrenntes Subjekt gegenüber, das für den Erkenntnisprozess nur insofern eine Rolle spielt, als es die objektiven Daten auf eine logisch rekonstruierbare Weise zu Komplexen verbindet."[38]

Doch inzwischen ist selbst diese Einschränkung des Umgangs mit der Natur nochmals enggeführt und begrenzt worden durch die zunehmende Abstraktheit und Instrumentalisierung der vorgegebenen Größe „Natur". In den Forschungsinstituten und Labors, an den Computern und den komplizierten technischen Apparaten wird „Natur" längst nicht einmal mehr sinnlich erfahren. „Natur" erscheint nur noch in chemischen Formeln, in Computergraphiken und Blaupausen oder in künstlich hergestellten bzw. „verbesserten" Produkten, die mit dem „Duft der weiten Welt" meist nicht mehr viel gemeinsam haben.

Der Schweizer Physiker und Wissenschaftsjournalist Eduard Kaeser veröffentlichte vor einigen Jahren einen Essay, in dem er zu der auf den ersten Blick paradox klingenden Feststellung kommt und sie mit interessanten Beispielen untermauert, dass die „Naturwissenschaft (heute) ohne Natur" operiere, da sie gar keinen Zugang mehr zur konkret erfahrbaren, „be-greifbaren" Natur habe: „Das Qualitative der Materie – ihre Anfühlbarkeit, Anschaubarkeit, ihr Geruch, Geschmack, ihre Färbung, Textur, ihr Klang – verblasst im scharfen analytischen Blick der Quantenchemie zur entbehrlichen Draperie einer tiefer liegenden quantitativen Struktur."[39] Hier ist ein Prozess der „Enteignung" der Natur (H. J. Schneider) durch die (Natur-) Wissenschaft in Gang gekommen.[40]

Die Beschränkung auf das im Sinne der empirischen Wissenschaften rein objektiv und instrumental Datierbare und die nochmalige Begrenzung auf die pure Abstraktion oder Simulation der Natur in den EDV-Anlagen haben den Menschen mehr und mehr einer umfassenden Begegnung mit der konkret vorgegebenen und erlebbaren Natur entfremdet. Problematisch wird es, so der Wissenschaftstheoretiker Hans Julius Schneider, „wenn das eingeschränkte Bild für das ‚eigentliche Wesen' gehalten wird, für den ‚harten Kern' der Wirklichkeit, den erst die so verstandene Wissenschaft aus einem Gespinst von Vorurteilen und Aberglauben behutsam herauspräpariert habe."[41]

Die zitierten Autoren beklagen den Verlust einer ganzheitlichen, alle Schichten und Aspekte der Natur umgreifenden Erfahrung. Sie fordern daher die Rehabilitierung der so genannten „nicht-wissenschaftlichen" Erfahrung. Dabei geht es nicht um ein Entweder-Oder, sondern um das Bemühen, die verschiedenen Sehweisen, die hinter den beiden Begriffen (naturwissenschaftliche) Empirie und (ganzheitliche) Erfahrung stehen, als zusammengehörig, als komplementär zu erkennen. Freilich können sich auch bei rein empirischer Arbeit – unbeabsichtigt, sozusagen als Nebeneffekt – Erfahrungen einstellen, die den Betroffenen stutzig machen und sein Denken und Handeln nachhaltig beeinflussen. Erfahrung ist ein komplexes Geschehen.

Es geht letztlich um die Wiedergewinnung eines weiteren und tieferen Erkenntnishorizontes und um einen dem Menschen als denkendem und fühlendem, wahrnehmendem und reflektierendem Wesen angemessenen Zugang zur Natur. Es geht um die Korrektur einer Praxis reiner Rationalität und eines allein empirisch bestimmten wissenschaftlichen Umgangs mit der Natur.[42] Empirie hat durchaus ihre unbestreitbare Daseinsberechtigung. Bei ihr geht es um Genauigkeit, ums Zählen, Messen und Wägen. Empirie geht ihren Gegenstand „objektiv" und selektierend an. Sie klammert bei ihren experimentellen Beobachtungen alles aus, was sich nicht unter möglichst vollständig transparenten Bedingungen kausal kontrollieren und unter gleichen Bedingungen beliebig oft reproduzieren lässt. Doch sie muss ergänzt werden oder sich ergänzen lassen durch eine ganzheitliche Erfahrung, die über die bloße Empirie hinausgeht.

Die Naturwissenschaften, sofern sie experimentieren, nennen sich Erfahrungswissenschaften. In einem künstlich erstellten Erfahrungsraum findet ein Experiment statt. Religion wiederum hat es mit existenzieller, religiöser Erfahrung zu tun, die unmittelbar mit dem persönlichen Lebensgang verbunden ist. Das Göttliche selbst lässt sich nie unvermittelt erkennen und aussagen. Seine Wirklichkeit bleibt letztlich ein Geheimnis.[43]

Vergleichbares zeigt sich auch im Bereich der Naturwissenschaften. Das Gegebene, die Realität selbst, kann nicht direkt erkannt werden, vor allem im subatomaren Bereich. Das Weltbild, die Wirklichkeit, ist letztlich immer auch Konstruktion unseres Verstandes. Der Naturwissenschaftler erfasst diese Wirklichkeit zunächst in der Weise mathematischer Formeln und abstrakter Theorien. Immer aber greift er auch auf veranschaulichende Modelle zurück, wenn auch ungern, da er das Missverständnis vermeiden will, das Bild sei ein Abbild der Wirklichkeit. Man denke etwa an die unterschiedlichen Atommodelle, die gewiss nicht die Realität „Atom" sichtbar machen können und wollen. Immerhin aber sind Symbole, Modelle mehr als nichtssagend. Sie sind aber niemals das Eigentliche, das Angezielte. Sie stehen *für* etwas, was sie selbst nicht sind. Dass hinter den symbolischen Begriffen ein Etwas, die Realität, steckt, ist nicht Erkenntniswissen, sondern ist „Glaube". Genauer: Glaube daran, dass es diese sich entziehende Realität gibt. Der Physiker Herbert Pietschmann bezeichnet die theoretische Konstruktion von Naturgesetzen als „säkularisierte Offenbarung". „Offenbarung" deutet hier auf das transzendente Element im Akt der Kreativität, „säkularisiert" auf die Zielrichtung, nämlich die Gesetzlichkeit von Materie in Raum und Zeit hin.

Bezüglich des jeweils letzten angezielten Forschungshintergrundes kann man sagen: Die Physik spricht von Materie, die Biologie von Leben, die Psychologie (wenn überhaupt noch) von Seele, Theologie meint Rede von Gott. Doch was letztlich die genannten Gegebenheiten sind, weiß niemand und kann darum auch nicht endgültig erklärt werden. Hier sitzen alle Wissenschaften in einem Boot. Es handelt sich bei den verschiedenen Forschungsbereichen jeweils um einen objektiven Ereignishorizont, einen Zielhorizont, der allenfalls tangential, am Rand, berührt oder erkannt wird.

Wer sich aber nicht von den Details blenden und ablenken lässt, sondern auf die Hinweise achtet, die die Natur im Hinblick auf das Ganze gibt, wer sich bemüht, die Zusammenhänge und die Hintergründe seiner Beobachtungen zu bedenken, der kann von Bewunderung und Ehrfurcht ergriffen werden. Wer sich nur ein wenig über die Entdeckungen und Erkenntnisse der Naturwissenschaften informiert, erfährt immer wieder Faszinierendes und Erstaunliches. Da sind, um nur einige dieser „Hinweise" zu nennen:

- der Makrokosmos mit seinen Schwarzen Löchern und Gestirnen, mit seinen unvorstellbaren Entfernungen und den Bahnen der Planeten,
- die verschlungene und verwundene, geheimnisvolle Geschichte der Evolution,
- die Größe und Erhabenheit des Hochgebirges, des Urgesteins, der Gletscher, des Ewigen Schnees,
- die Faszination und die Stille der Wüste,
- die Urgewalt und die Sanftheit der Ozeane,

- die Korallenriffe und die Farbenpracht der Fische im Roten Meer oder im Great Barrier Reef,
- die rätselhafte, unergründliche Welt der Kleinstlebewesen und Mikroben, der Viren und Bazillen,
- der staunenswerte Zug der Vögel im Herbst und im Frühjahr,
- das Geheimnis des Lebens, seines Werdens und Vergehens, die Wunder des menschlichen Organismus:
  - Er besteht aus 80 Billionen (in Ziffern: 80.000.000.000.000.000) Zellen und aus 10^{27} Atomen (mit 10^{21} Erbsen wäre die ganze Erde 30 cm hoch bedeckt),
  - die Blutgefäße haben eine Gesamtlänge von 400.000 Kilometern (das entspricht dem 10-fachen Erdumfang),
  - das Herz schlägt pro Minute etwa 75 Mal, das sind am Tag rund 100.000 Schläge; dabei werden in jeder Minute 5 Liter, in einer Stunde 300 Liter, an einem Tag 7500 Liter Blut befördert (in 24 Stunden würde das menschliche Herz 15 Badewannen mit Flüssigkeit vollpumpen und dabei einen Höhenunterschied von 2 Metern überwinden),
  - ein 70-Jähriger hat in seinem Leben etwa 350.000 Kubikmeter Luft verbraucht (das entspricht einem Würfel mit einer Kantenlänge von 70,5 Metern),
  - das Großhirn enthält mehr als 40 Milliarden Nervenzellen, die aneinandergereiht eine Länge von 500.000 Kilometern ergeben würden (die mittlere Entfernung von der Erde zum Mond beträgt 384.000 Kilometer).

Der Journalist Reiner Luyken berichtete vor einiger Zeit über einen Kongress zwischen Naturwissenschaftlern und Theologen. Die Teilnehmerinnen und Teilnehmer habe vor allem ein Vortrag des 76-jährigen Physikers und Mathematikers John Polkinghorne beeindruckt. Polkinghorne vertrat die Ansicht, dass Religion und Naturwissenschaft einander nicht ausschließen dürften. Beide Disziplinen versuchen, etwas zu erklären. Aber beide sollten auch die vielen „Wenn ..." bei jedem Erklärungsversuch beachten. *Wenn,* so Polkinghorne, die Temperatur im Urknall nach dem aktuellen Stand der Physik nicht 10^{32} Kelvin und die Dichte nicht 10^{94} g/cm^3 betragen hätten, wäre kein Universum entstanden. *Wenn* sich mit Beginn der Expansion nicht ein Überschuss von einem Milliardstel Materie über Antimaterie gebildet hätte, wären die physikalischen, chemischen und biologischen Grundlagen menschlichen Daseins ausgeblieben. *Wenn* die physikalische Feinabstimmung nicht so wäre, wie sie ist, wären die Sterne ausgebrannt. „Wir leben in einer Welt", sagt Polkinghorne, „deren Existenz man entweder durch einen außerordentlichen Zufall erklären kann oder durch eine Viele-Welten-Deutung der Quantenphysik oder durch einen Schöpfungsakt. Das ist der Punkt, an dem die Physik in die Metaphysik übertritt. Atheisten sind keine dummen Leute. Aber ich glaube, dass der Theismus eine vielversprechendere Strategie zur metaphysischen Erklärung der Welt bietet als materialistische Interpretationen."[44]

Grenzen

Bergsteiger werden es schon erlebt haben: Am Abend haben sie noch einen hohen Gipfel bestiegen, um den Sonnenuntergang zu erleben. Zu ihren Füßen ein geschlossenes Wolkenmeer. Scheinbar ist es nur ein winziger Schritt bis zu dem rot-golden glänzenden Teppich. Kein anderer Berg ist hoch genug, dass er aus ihm herausragen könnte. Irgendwo weit im Westen, am Ende dieses Meeres, die untergehende Sonne. Ihre Strahlen färben das Weiß der geschlossenen Wolkendecke immer mehr in glühendes Rot.

Stehen an der Grenze, am Ende des festen, felsigen Untergrundes und am Beginn der luftigen, scheinbar grenzenlosen Weite. Aber doch weiß ich, dass auch der ferne Horizont wieder eine Grenze kennt. Das scheinbar Grenzenlose ist begrenzt.

Ich beginne nachzudenken: Was ist das eigentlich – eine Grenze? Wir leben in Grenzen. Jedes Ding hat seine Grenze. Aber auch jedes Tun, jeder Gedanke. Und das Begrenzte selbst hat in sich wieder Grenzen. Der Stein, auf dem ich stehe, grenzt sich von einem anderen ab. Alle zusammen bilden den Felsgipfel, auf dem ich stehe. Und der Berg selbst grenzt über sich an die alles umgebende Luft. Grenzen ringsum.

Aber auch „hinter" diesen wahrnehmbaren Grenzen liegen noch andere, viel schwerer auszumachende. Woher „wussten" die Steine, dass sie sich hier aufzuschichten hatten? Wer „sagte" den Schneeflocken, dass sie hier und nicht woanders sich niederlassen sollten? Wer teilte mir mit, dass ich mich hierhin und nicht dorthin stellen soll? Alles Zu-fall? Fels und Stein, Schnee und Wolken, Mensch und Welt leben ihr je eigenes Leben in Abgrenzung von dem, woher sie kommen und was ihren Bereich als solchen umschreibt.

Doch auch hinter diesen Fragen gibt es noch weitere „hinter-gründige" – nach der chemischen Zusammensetzung der Steine, nach ihrer Farbe, nach ihrem Gewicht, nach ihrem Alter, nach ihrer irdischen Herkunft (das Matterhorn gehörte einmal zur Afrikanischen Erdplatte), nach der Temperatur und dem Sauerstoffgehalt, nach der Struktur des Schnees usw. usw. … Fragen ohne Ende. Und doch ganz sicher irgendwann an eine Grenze stoßend, wenn tatsächlich alle Fragen gestellt sind.

Grenzerfahrungen überall. Aber „gibt" es das eigentlich – die Grenze? Es ist doch eigentümlich: Wer von Grenzen spricht, dem kommt immer zuerst etwas anderes in den Sinn als die Grenze selbst. Er redet von den angrenzenden Felsgraten, von den begrenzten Kräften, die ihm zur Verfügung stehen, vom (scheinbar) grenzenlosen Wolkenmeer, aber nicht von der Grenze als solcher. Die Grenze selbst wird kaum angesprochen. Wir sagen zwar: „Da verläuft die Grenze; hier ist die Grenze gezogen." Aber damit meinen wir nur die Trennung von zwei Bereichen. Denn genau genommen „verläuft" gar nichts und ist gar nichts „gezogen". Grenze beschreibt vielmehr nur das Aufhören, das Nicht-mehr-Sein des Bereichs Stein oder Schnee oder Luft oder Wolke.

Andererseits ist die Grenze aber nicht einfach gar nichts. Denn sie „tut" ja etwas: Sie grenzt ab – den Felsgipfel vom Schneefeld, den Bergsteiger von der ihn umgebenden Lufthülle.

Ein Paradox also: Die Grenze scheint ein Nichts zu sein, das Etwas ist.

Doch nun kommt noch ein dritter Aspekt hinzu: Die Grenze, dieses „Nichts" und „Etwas", das zwei Bereiche voneinander trennt, ist zugleich auch das sie Verbindende und das den beiden geschiedenen Bereichen Gemeinsame. Dem „Verlauf" der Grenze entlang liegen die Bereiche getrenntaneinander. Sie sind als geschiedene miteinander verbunden. Sie kommen einander so nahe, dass „nichts" mehr dazwischenliegt. Die Grenze hält zusammen, verknüpft, benachbart, was sie eigentlich trennt. Sie fügt das Unterschiedene und Abgegrenzte über alle Unterschiede und Abgrenzungen hinweg zu einer nirgends ganz zerreißenden Einheit des Getrennten zusammen. Das trennende „Etwas" schafft mit geheimnisvoller Notwendigkeit auch eine unverbrüchliche Verbindung. Nichts fällt in leere Vereinzelung auseinander. Alles bleibt „benachbart". „Grenze ist so das Einssein von allem in der Scheidung von allem. Die Grenze, das als Grenze waltende Wesen, ist alles durchwaltend un-begrenzt."

Der Mensch – ein begrenztes, auf seine physische Natur verwiesenes und in ihr verhaftetes Wesen. Aber ein Wesen, das über diese Grenzen hinausdrängt, das durch sein Fragen nach einem alles umgreifenden Ganzen sowohl die Grenzen sinnlicher Erfahrung als auch die Gegenstände sinnlich vitaler Bedürfnisse überschreitet. Der Mensch ist ein Grenzgänger zwischen Endlichem und Unendlichem. Gewährt die Erfahrung der Grenze einen Fingerzeig auf das letzte und tiefste Geheimnis allen Lebens? Weist das „alles" verbindende „Nichts" und „Etwas" auf die „Spur des Ewigen"?[45]

Transzendenz-Erfahrungen

„Es ist offenkundig, dass wir das Allererste mit Hilfe der Erfahrung erkennen müssen." So der griechische Philosoph Aristoteles.[46] Wenn der Mensch staunend und verwundernd der Natur begegnet, wenn er beginnt, die Dinge gründlich (= von *Grund* auf) zu sehen und wahrzunehmen (= in ihrer tiefsten und eigentlichen *Wahrheit* nehmen!), stößt er sowohl auf Unerklärliches als auch auf überraschend Sinnvolles. Beide Erfahrungen können ihn betroffen machen. Er ahnt, dass der tiefste Grund des Daseins nicht in den Dingen selber liegen kann. Die komplizierten Ordnungen, die er wahrnimmt, die Gestalt und Schönheit der Dinge erklären sich nicht allein aus ursächlichen Abläufen. Die Dinge weisen über ihre Endlichkeit hinaus. Sie werden unendlich wunderbar in all ihrer äußeren Endlichkeit. Solche Erfahrung lässt Fragen wach werden: Werde ich auch bei noch so gründlicher und dauerhafter Betrachtung der Dinge all das Wunderbare an ihnen und in ihnen – und „hinter" ihnen! – je ausschöpfen? Ist das Wunder des Wunderbaren überhaupt je auszuloten? Werde ich mit meinen vorläufigen Antworten und Erklärungen je an ein Ende kommen?

So dürfen wir uns das Zustandekommen dessen vorstellen, was als „Transzendenzerfahrung", als religiöse Erfahrung bezeichnet wird. Da ist Menschen etwas wider-fahren, was sie noch nie erlebt haben, was sie sich nicht erklären können. In den Interpretationsrahmen „Natur, natürlich" passt das für sie nicht hinein. Sie vermuten etwas anderes dahinter. „Hinter" einem bestimmten natürlichen Geschehnis wurde für sie etwas wahrnehmbar, was auf ein „Mehr" an Sinn schließen lässt. „In" einer scheinbar profanen Situation wurde eine tragende Mitte offenbar, die ein „Mehr" als den puren Zufall erahnen lässt. „Durch" die Dinge hindurch schimmerte ein Geheimnis auf, das sie als den eigentlich gründenden Grund, als letzte und tiefste Ursache deuteten.

Da die Intensität von Transzendenz-Erfahrungen je nach Art unterschiedlich ist, ordnet Thomas Luckmann diese Erfahrungen in drei Kategorien: kleine, mittlere und große Transzendenzen.[47]

Mit kleinen Transzendenzen sind alltägliche Erfahrungen wie die Überwindung von räumlichen Distanzen gemeint, die erst zunehmend bewusst werden, wenn diese Überwindung durch Krankheit, Gebrechlichkeit oder Ähnliches schwerer fällt.

Mittlere Transzendenzen sind kommunikativ und interaktiv, also zwischenmenschlich bedingt. Hier tritt die Bedeutung von Unterschieden zwischen miteinander sozial handelnden Menschen in Erscheinung sowie die Tatsache, dass Menschen sich ihren Mitmenschen durch Zeichen und Symbole verständlich machen müssen, um verstanden zu werden, da der Mensch kein Schaufenster besitzt, in dem seine Gedanken und Gefühle im vollen Umfang erkennbar sind. Es geht also um Distanzen im zwischenmenschlichen Bereich, die im Übrigen nicht völlig überwunden werden können.

Die großen Transzendenzen sind Aspekte der Definitionen der „letzten Dinge". Damit sind Fragen und Erfahrungen gemeint, die sich mit dem Sinn des Lebens und Sterbens auseinandersetzen: Warum leben/sterben wir; was ist der Sinn des Lebens? und so fort. Man kann also sagen, es besteht eine große Distanz zwischen Sinnsuche und Sinnfindung im „letzten Bereich", vielleicht die größte, wenn man von Überwindung von Distanzen im Zusammenhang mit den drei Kategorien von Transzendenzen spricht.

Das Transzendieren von Erfahrungen findet meist im gesellschaftlichen Kontext statt. Jedes Individuum wird von Geburt an geprägt von einer Weltansicht oder, anders ausgedrückt, erhält eine bestimmte Weltansicht, das heißt, es ist eingebettet in einen Zusammenhang von Glaubensvorstellungen, Normen und Einstellungen, deren Inhalte sich immer mehr oder weniger von Gesellschaft zu Gesellschaft unterscheiden. Dieser Zusammenhang wird vom Individuum im Verlauf seiner Entwicklung internalisiert. Während seiner Sozialisation, die streng genommen ein ganzes Leben lang dauert, kann das Individuum über seine Transzendenz-Erfahrungen kommunizieren, wodurch eine Objektivierung des Erlebten stattfindet. Diese Objektivierung zugänglich zu machen für gesellschaftliche Bereiche bedeutet für Luckmann die Funktion von Religion.

Transzendenz-Erfahrungen können schlaglichtartig aufblitzen.

- Sie können ratlos und verwirrt machen: „Das kann doch nicht wahr sein! Das kann es doch nicht geben!"
- Sie können beunruhigen in unserer kleinen, engen Welt, die über den vorgegebenen Horizont nicht hinausblickt und auch nicht hinausblicken möchte.
- Sie können nachdenklich stimmen und verwundern: „Ist da vielleicht doch etwas, was ich bisher nicht auf meiner Rechnung hatte? Ist das ‚Gerücht von Gott' vielleicht doch nicht so ganz absurd, wie ich mir das bisher vorgestellt habe?"
- Sie können das Bewusstsein nur flüchtig streifen und rasch im Unterbewusstsein versinken. Oder dorthin verdrängt werden. Aber bei irgendeinem, vielleicht banalen Anlass tauchen sie plötzlich wieder im Bewusstsein auf: „Da war doch was! Da ist mir doch mal etwas Merkwürdiges passiert!"

Sie können eine Art von Aha-Effekt auslösen: „Jetzt habe ich's endlich begriffen! Es scheint also doch so etwas wie ‚Gott' zu geben. Vielleicht sollte ich der Sache doch einmal intensiver nachgehen." Solche Tiefen-Erfahrung zeigt eine eigenartige Doppelgesichtigkeit:

- Einerseits verlässt sie die Dinge nicht. Sie bleibt bei ihnen. Sie ist auf sie angewiesen.
- Andererseits erhebt sie sich über die Dinge. Sie schaut durch die Dinge hindurch auf das eigentlich und letztlich Wunderbare und Staunenswerte. Aus den Dingen leuchtet etwas auf wie aus einer unausschöpflichen Tiefe.

Gelingt solch staunende Verwunderung überhaupt noch in unserer immer vollständiger rationalisierten, technisierten und entzauberten Welt, in der uns die Dinge nur als messbare und wägbare Gegenstände begegnen, die wir nach Belieben manipulieren können? In der wir meist nur nach ihren Strukturen, ihren Baugesetzen, ihrer Zusammensetzung, ihrer Brauchbarkeit und ihrem Nutzen fragen? Und haben wir uns nicht diese „moderne" Sicht der Dinge inzwischen so zu eigen gemacht, dass wir schon gar nicht mehr auf den Gedanken kommen, in den Dingen etwas anderes wahrzunehmen als das mit den Händen Greifbare, das Be-greifbare? Können wir uns von dieser herrschenden Betrachtungsweise überhaupt noch frei machen?

Dass Transzendenz-Erfahrungen für einen modernen Menschen und noch dazu für einen ausgewiesenen Naturwissenschaftler auch heute möglich sind, zeigt eine Bemerkung von Albert Einstein:

„Sie werden schwerlich einen tiefer schürfenden wissenschaftlichen Geist finden, dem nicht eine eigentümliche Religiosität eigen ist. Diese Religiosität unterscheidet sich aber von derjenigen des naiven Menschen. Letzterem ist Gott ein Wesen, von dessen Sorgfalt man hofft, dessen Strafen man fürchtet. [...] Der Forscher aber ist von der Kausalität alles Geschehens durchdrungen. [...] Seine Religiosität liegt im verzückten Staunen über die Harmonie der Naturgesetzlichkeit, in der sich eine so überlegene Vernunft offenbart, dass alles Sinnvolle menschlichen Denkens und Anordnens dagegen ein gänzlich nichtiger Glanz ist. Dies Gefühl ist das Leitmotiv seines Lebens und Strebens, insoweit dieses sich über die Knechtschaft selbstischen Wünschens erheben kann. Unzweifelhaft ist dies Gefühl nahe verwandt demjenigen, das die religiös schöpferischen Naturen aller Zeit erfüllt hat."[48]

Ich möchte im Folgenden einige Erfahrungsfelder benennen und versuchen, die religiöse Dimension des hier Erfahrbaren aufzuzeigen.

Frömmigkeit der Erde

Der Paläontologe und Theologe Pierre Teilhard de Chardin hat sich in seinen Schriften immer wieder eindringlich dafür ausgesprochen, durch die Welt hindurch mit dem göttlichen Geheimnis in Berührung zu kommen. Er strebte eine „Frömmigkeit der Erde“ an. Er wollte „das Universum wieder zu einem Tempel machen.“[49] Er war zutiefst davon überzeugt, dass „Gott von uns keineswegs wider das Geschaffene geliebt werden will, dass er vielmehr durch das Geschaffene hindurch und im Ausgang von ihm verherrlicht werden will.“[50] Im Gegensatz zu manchen Zeitgenossen, die sich fragen, ob eine „Religion der Weltfrömmigkeit“ überhaupt noch einen Gott kennt, suchte Teilhard das Göttliche „nicht abseits von der physischen Welt, sondern durch die Materie hindurch und irgendwie in Vereinigung mit ihr.“[51]

Diesen „Tempel“ habe ich selbst vor allem bei Wanderungen in den Alpen dankbar und packend erfahren dürfen – als eine Kathedrale, in der die „Frömmigkeit der Erde“ überwältigend und nachdrücklich Gestalt gewinnt.

„Bei stundenlangen Wanderungen
allein oder mit Bergkameraden,
in Schnee und Felsgestein,
in undurchdringlichem Nebel und wütend schnaubendem Sturm,
bei verhangenem Himmel und im grellen Licht der Sonne,
umgeben von blumengetränkten Bergmatten und grell pfeifenden Murmeltieren,
an klaren Bergseen und rauschenden Wildbächen,
umringt von Urgesteins- und Eisriesen oder von tosenden Wasserfällen,
an steilen Felswänden und auf halsbrecherischen Kletterpfaden,
auf einsamen Gipfeln über dem Wolkenmeer und auf den vielbesuchten Modebergen,
bei ermüdenden Anstiegen im fahlen Morgenlicht und bei schweigendem Schauen auf glutrote Sonnenuntergänge,
bei eintönigem Schreiten in mühsam gespurter Fährte und bei jauchzender Abfahrt in stiebendem Pulverschnee,
auf der Holzbank vor der Hütte
oder faul hingestreckt im saftstrotzenden Grün der Bergmatten
…
immer wieder fühlte ich mich berührt und angezogen von etwas Unsagbarem und Unaussprechlichem, das mich aus den Dingen und durch die Dinge ansprach. Spürte ich die Faszination von etwas Anderem, ganz Ande-

rem, das sich hinter dem vordergründig Wahrgenommenen verbirgt und gleichzeitig darin offenbar wird. *Schien* es mir, als begegne ich einer rätselhaften Urkraft des Kosmos, die alles trägt und alles durchwaltet. Glaubte ich, etwas erahnen zu können von der Erhabenheit und Größe eines absolut wirkenden Geheimnisses, das ich von Jugend an sehnsüchtig suchte und das sich mir, wenn überhaupt, nur zögernd und ansatzweise zu erschließen schien.“[52]

Die Alpen offenbaren mir das Heilige, liefern Hinweise auf eine transzendente Macht und Größe, verweisen auf Horizonte, die jenseits aller irdischen Grenzen liegen. Sie spenden aber auch Kraft und Heilung, Stärke und Ausdauer, Lebensmut und Zuversicht. Sie verbinden mich mit dem Ersten und Letzten, mit dem Höchsten und Tiefsten, mit dem Ursprünglichen und Eigentlichen.

In unnachahmlich eindringlicher Weise hat Augustinus (365–430) die Dinge als vor-läufiges Bild für das dahinterliegende Eigentliche beschrieben:

„Ich fragte bei der Erde, ob sie Gott sei, und sie sprach: ‚Ich bin es nicht‘; und was sich auf ihr findet, gestand mir das Gleiche. Ich fragte bei dem Meer und bei den Abgrundtiefen und bei allem Leben, was darin kreucht und fleucht, und sie entgegneten: ‚Wir sind dein Gott nicht, suche höher, als wir sind.‘ Ich fragte beim Windeswehen, und es gab das Reich der Lüfte in allem, was drin webt, zur Antwort: ‚Wir sind nicht Gott.‘ Ich fragte Himmel, Sonne, Mond und Sterne: ‚Auch wir sind nicht dein Gott, nach dem du suchst.‘ Da sprach ich zu den Dingen, die die Pforten meines Fleisches umlagern: ‚Sprecht mir von meinem Gott; weil ihr es selbst nicht seid, so saget mir etwas von ihm.‘ Und sie schrien mit gewaltiger Stimme: ‚Er selbst hat uns geschaffen.‘ Mein Fragen war mein sinnendes Betrachten und ihre Antwort ihre Schönheit.“[53]

Weg-Erfahrungen

Peter Handke hat in seinem Märchen-Roman „Die Abwesenheit“ einen Hymnus auf das Gehen geschrieben: „Nur der Geher holt sich ein und kommt zu sich. Nur was der Geher denkt, gilt … Das Gehen ist das freieste Spiel. […] Der Segen des Orts ist ein Gehsegen. O mein unsterblicher Appetit auf das Gehen, auf das Zum-Ort-Hinausgehen, auf das Ewig-So-Weitergehen.“[54]

Viele Menschen sind von diesem „unsterblichem Appetit auf das Gehen“ gepackt. Nicht wenige suchen den „Gehsegen“ am eigenen Leib zu erfahren. Wandern ist wieder „in“.

Eine besondere Faszination geht aus von dem mittelalterlichen Pilgerweg nach Santiago de Compostela, dem Jakobsweg. Wie ein riesiges Netzwerk spannt er sich über ganz Europa. Ich möchte hier das Erlebnis einer Frau einfügen, die diesen Pilgerweg gegangen ist:

„Ich bin erstaunt, wie viele kundige Pilger mir begegnen. Wie viele Motive sie für ihren Aufbruch benennen, wie viele Geschichten sie vom Weg erzählen können. Es sei Mode geworden, auf dem Camino zu pilgern, und viele hätten nur vordergründige Motive, so wird behauptet. Damit wird meines Erachtens versucht, den Pilgerboom abzuwerten, weil er nicht in unsere entkirchlichte Gesellschaft zu passen scheint. Es stimmt, oft treiben keine ausgesprochen religiösen Motive die Pilger. Faszinierend ist aber, dass die Wanderer offensichtlich nur auf diesen von gläubigen und betenden Menschen seit Jahrhunderten begangenen Pilgerwegen finden, was sie suchen. Der Journalist Robert Ward fragt sich in seinem Buch ‚Pilgerwege eines Ungläubigen', warum er als ungläubiger Mensch ausgerechnet den Camino gehen wollte. Seine Antwort: ‚Das lange Gehen. Das Alleinsein. Die Gefährtenschaft. Das Ziel. Der Umstand, dass es weithin um Früheres ging. Natürlich war das ein katholischer Pilgerweg, aber davon ließ ich mich nicht abschrecken. Atheistische Caminos gab es einfach nicht.'

[…] Für mich sind die vielen Pilger und Pilgerinnen ein hoffnungsvolles Zeichen. Solange Menschen sich auf den Weg machen, heilige Orte besuchen, in kleinen Kapellen und großen Wallfahrtskirchen innehalten, beten oder einfach still da sind, halten sie sich offen für Gottes Gegenwart und für seinen Frieden.

Es ist wunderbar, dass die heiligen Wege jeden einladen, ohne ein religiöses Motiv vorauszusetzen. Robert Ward stellt sich trotzdem die Frage, wie er als Atheist sein Pilgerverhalten rechtfertigen soll, und schreibt dazu: ‚Ich kann nur sagen, dass ich, solange ich mich erinnern kann, immer meine Nase gegen die Fenster des Glaubens gedrückt und versucht habe, einen Blick darauf zu erhaschen, was da drinnen vorgeht. Ich bin von der Religion fasziniert, wie man von etwas fasziniert ist, das man nicht hat.'

[…] Religion ist eben kein unverlierbarer Besitz, sondern eine Geschichte des Menschen mit Gott und der Menschen untereinander. Vermutlich kommen wir dieser bewegten Geschichte beim Pilgern besonders nahe. Und manchmal führt uns auch eine ganz normale Urlaubsreise plötzlich auf ein Stück heiligen Weg!"[55]

Tanzen

Eine weitere Form meditierenden Zu-sich-Kommens kann das Tanzen sein. In den „Erzählungen der Chassidim“ berichtet der jüdische Religionsphilosoph Martin Buber von einem Rabbi, der am Abend des „Festes der Freude über die Lehre“ eine Schriftrolle in seine Hand nahm und mit ihr tanzte. „Dann gab er die Rolle aus der Hand und tanzte ohne sie. In diesem Augenblick sagte einer seiner Schüler, der mit der Mentalität und den Bewegungen des Rabbi besonders gut vertraut war, zu den Gefährten: ‚Jetzt hat unser Meister die leibliche Lehre aus der Hand getan und hat die geistige Lehre an sich genommen!‘“[56]

Buber erwähnt, dass die ganze jüdische Gemeinde zusammen mit ihrem Rabbi tanzt. Denn wie kann man sich freuen, ohne sich zu bewegen? Wer sich von Herzen freut, muss die Freude aus sich herauslassen. Er bewegt sich, er beginnt zu tanzen und zu springen. Er trennt sich von der Erdenschwere, die ihn gefesselt hält. Wenigstens für Bruchteile von Sekunden gewinnt er das Gefühl der Schwerelosigkeit. Wer tanzt, versetzt sich in eine andere Welt.

Immer häufiger werden heute Seminare angeboten zur Einübung in meditatives, religiöses Tanzen. Als Ziele werden genannt: „Lebenserfahrung aufschlüsseln und vermitteln“ … „Bewegungsheilkunst verinnerlichen“ … „die heilende Kraft und die ‚Gnade‘ des Tanzens erfahren“ … „Im Zusammenklang von innerer und äußerer Bewegung den Körper bewusster und ganzheitlicher erfahren“. Und schließlich: „Meditativer Tanz als Weg zu sich selbst, zum anderen und zu Gott.“[57] Bernhard Wosien, von Haus aus professioneller Ballett-Tänzer und Choreograph, sagt: „Das Objekt der Meditation ist für den Tänzer sein Leib. Dieser ist ihm Tempel, Wohnung und Instrument zugleich.“[58]

Ein 44-jähriger Mann, der an einem solchen Tanz-Seminar teilgenommen hat, berichtet:

„Nach den anfänglichen Schwierigkeiten, die ich beim Einüben der Schritte und des richtigen Rhythmus hatte, machte sich in mir ein großes Glücksgefühl breit. […] Ich spürte Freude, Liebe, Sehnsucht, Harmonie und Verbundenheit mit allen in mir.“

Und eine 26-jährige Frau erzählt:

„Ich habe seit Jahren nicht mehr (oder kaum) getanzt und erst jetzt gemerkt, was mir dadurch fehlte. Das Tanzen brachte mir meinen Körper ganz neu ins Bewusstsein. Vor allem die Verbindung von Meditation und Tanz […] habe ich hier erfahren. Der eigene, im Rhythmus der Tänze bewegte Leib wirkte zugleich beruhigend und befreiend auf meine Person;

vielleicht kann man sagen, irgendwie erlösend. Ich spürte die Einheit von Leib und Seele in mir."[59]

Tanzen ruft Grunderfahrungen des Menschseins wach. Das Schreiten gemahnt daran, dass wir in unserem Leben auf einem Weg sind. Rückschritte müssen wir dabei immer wieder hinnehmen. Hast und Unruhe stören die innere Harmonie, bringen die seelische Ausgeglichenheit durcheinander. Tanzen ruft die Einheit von Leib und Seele, von Körper und Geist ins Bewusstsein. Wer diese zerstört, gefährdet den Menschen als Ganzes. Tanzen in Gemeinschaft kann nur gelingen, wenn es bestimmten Regeln folgt. Wo die Spielregeln gegenseitiger Rücksichtnahme und des Aufeinander-Achtens nicht mehr geübt werden, dort machen sich Ellenbogenmentalität und Egoismus breit. Dort gerät das menschliche Zusammenleben aus den Fugen. Tanzen lehrt, auf den Rhythmus zu hören und sich in seinen Bewegungen daran zu orientieren. Wer lernt, auf die Maßgaben des Lebens zu achten und auf die leisen Töne zu lauschen, der trotzt dem Chaos und dem Lärm der Welt. Der findet seinen Weg durch die schrillen Dissonanzen und die grellen Misstöne des Alltags. Geradezu euphorisch ruft die Tanzlehrerin Hilda-Maria Lander aus: „Legt eure Müdigkeit auf den Boden und tanzt, tanzt eure Heiterkeit und tanzt eure Trauer, tanzt eure Ausgelassenheit und tanzt eure Schwere, tanzt eure Hoffnung und tanzt eure Ängste, tanzt das Sichtbare und tanzt das Geheimnis, tanzt allein, tanzt mit anderen, tanzt den Alltag und tanzt das Fest, tanzt das Unendliche, tanzt das Heil, tanzt!"[60]

Über sich hinausstreben

Der Mensch ist ein unfertiges, unvollkommenes Wesen. Stets fehlt ihm etwas. Immer braucht er etwas. Er ist eine „dunkle, leere Offenheit, die nach Erfüllung durch ein anderes verlangt, ein ergänzungsbedürftiges Bruchstück des Seins."[61] Und er ist sich dieses Mangels bewusst. Darum strebt er zeitlebens über sich hinaus. Eine merkwürdige, unausgesprochene Sehnsucht treibt ihn dazu an. Das Wort „Sehnsucht" hat etymologisch eine ungeklärte Herkunft. Es bezeichnet die Erfahrung und den Zustand einer schmerzlichen und nahezu unüberwindbaren Gebrochenheit, die auf eine verlorene und Identität stiftende Einheit weist, die einzuholen und wieder herzustellen sowohl lebensnotwendig als auch schier unmöglich erscheint. Sehnsucht ist geradezu ein Kennzeichen des Menschseins – zum Beispiel die Sehnsucht nach Heimat und nach dem Unendlichen.

Sehnsucht nach Heimat

Jeder Mensch sehnt sich nach einer dauerhaften Bleibe, nach vier Wänden, die ihm Schutz gegen alle Unbill der Natur geben. Nach einem Dach über dem Kopf, das ihn behütet und bewahrt vor Sturm und Regen. Nach einem Zuhause, das ihm eine Stätte der Zuflucht ist, wenn draußen die Wetter wüten. Und er richtet sich sein Zuhause so schön wie möglich ein. Denn er möchte sich darin wohl fühlen. Er möchte zu sich selbst kommen, nachdem er den ganzen Tag „draußen“ war. Er möchte Ruhe finden, nachdem er tagsüber der vielfachen Hektik des Alltags ausgesetzt war.

Aber so schön und so heimelig sein Zuhause auch sein mag: Bald treibt es ihn wieder hinaus. Da werden ihm seine vier Wände zu eng. Da kann er es unter seinem Dach nicht mehr aushalten. Da muss er einfach weg. Er sucht den sich ins Unendliche weitenden Horizont und fährt ans Meer. Er sehnt sich nach Bewegung und macht sich auf die Wanderschaft. Er bricht die beängstigende Enge auf und steigt auf Berge und Höhen, dem Himmel entgegen – getrieben von einer Ahnung, dass über den Wolken die Freiheit wohl grenzenlos sei.

Doch es dauert nicht lange, da treibt es ihn wieder zurück. Da sucht er wieder die heimatliche Geborgenheit. Da sehnt er sich wieder nach dem bergenden Schutz seines Heims. Da ist er des Wanderns müde.

Und so schwankt er ein Leben lang hin und her zwischen Ankommen und Aufbrechen, zwischen Heimat und Fremde, zwischen drinnen und draußen. Immer auf der Suche, immer umhergetrieben, immer unterwegs. Auf rastloser Wanderschaft, ohne dauernde Ruhe, getrieben und gejagt.

Ist die Sehnsucht des Menschen nach Heim und Heimat ein Ausdruck des heimlichen Wunsches nach einer anderen, besseren, vollendeten, heilen, endgültigen Welt? Bedeutet menschliches Sehnen den ahnungsvollen Vorgriff auf eine vollkommene und dauerhafte Erfüllung allen Hoffens und Wünschens nach Geborgenheit? Ist die Unruhe des Menschen zitternder Ausdruck einer unausgesprochenen Gewissheit um ein endgültiges Ziel, ohne sich dessen explizit bewusst zu sein?

Heinrich Böll hat einmal gesagt, für ihn sei das Unbehaustsein des Menschen und seine innere Unruhe ein Gottesbeweis. Und er begründete das mit der „Tatsache, dass wir alle eigentlich wissen – auch wenn wir es nicht zugeben –, dass wir hier auf Erden nicht zuhause sind, nicht ganz zuhause sind, dass wir also woanders hingehören und von woanders herkommen“. Böll nennt das einen Traum, eine Sehnsucht, ein Empfinden, und er glaubt, „dass es sich hier keineswegs um ein bloßes Gefühl handelt, sondern vielleicht um eine uralte Erinnerung an etwas, das außerhalb unserer selbst existiert.“[62]

Religion als Erinnerung an ein verlorenes Zuhause? Gottesglaube als Ausdruck unseres Unbehaustseins? Die unstillbare Sehnsucht des Menschen nach einer letzten und tiefsten Geborgenheit als Gottesbeweis? Gott als die eigentliche und letzte Heimat des Menschen?

Augustinus, der Bischof von Hippo, hat Ähnliches erfahren und in seinen Bekenntnissen auf unnachahmlich schöne Weise ausgesprochen: „Gott, es will dich preisen der Mensch, ein Stäubchen nur von deiner Schöpfung, der Mensch, mit sich schleppend seine Sterblichkeit. Denn du hast uns auf dich hin geschaffen, und ruhelos ist unser Herz, bis es ruhet in dir.“[63]

Sehnsucht nach dem Unsagbaren

Die jüdische Dichterin Nelly Sachs hat einmal gesagt: „Alles beginnt mit der Sehnsucht. Immer ist im Herzen Raum für mehr, für Schöneres, für Größeres.“[64] Manchmal blitzt etwas auf von der Erfüllung dieser tiefen Sehnsucht – inmitten einer erhebenden Erfahrung von Glück und Freude, bei der Begegnung mit einem Menschen, von dem ich mich angenommen und ernst genommen fühle. Es gibt solche Momente – Sternstunden, Festzeiten, Hochgefühle –, die mir zum Bewusstsein bringen, dass das Leben durch und durch gut ist, so gut, dass ich zum Augenblick sagen möchte: „Verweile doch, du bist so schön!“

Aber nicht selten legt sich auf meine Hochstimmung bald ein Hauch von Melancholie. Vielleicht geschieht das mitten in einer Erfahrung von Glück und Freude. Leidvoll wird mir bewusst, dass mein Glück nie von Dauer ist, obwohl ich mich doch nach *ewigem* Glück und *dauerhafter* Freude sehne. Alle Erfüllung lässt eine unausgeschöpfte und unausschöpfliche Leere zurück. Meine Sehnsucht ist maßlos, grenzenlos, unendlich, aber sie wird nie endgültig gestillt. Immer bleibt ein unabgegoltener Rest. Wie ein siamesischer Zwilling ist sie untrennbar mit der Erfahrung der Unvollkommenheit, des Ungenügens, des Mangels verbunden. Menschliche Sehnsucht ist unstillbar. Sie ist nie ganz zu löschen, nie vollkommen zu befriedigen. Sie weist ins Unendliche, ins Unausschöpfliche, ins Absolute.

Sehnsucht ist nicht etwas, was der Mensch aus sich heraus schafft. Sehnsucht ist in ihn hineingelegt. Sie ist die Hoffnung, dass die Endlichkeit des Endlichen nicht das Letzte sei. Sie ist der Traum von einer besseren, vollkommenen Welt. In den Träumen, das lehrt uns die Psychoanalyse, steigen Urerfahrungen der Menschheit auf. Urbilder, Archetypen werden lebendig. Ist unsere Sehnsucht eine verschwommene Erinnerung an unendlich lang zurückliegende Begegnungen mit dem Vollendeten, dem Vollkommenen, dem Erfüllenden? Ist sie gewachsen und geworden aus einer vielfältigen Begegnung der Menschheit mit dem unbegreiflich Letzten und Tiefsten? Aus der Erinnerung einer uranfänglichen Geborgenheit im absolut Wahren, Schönen und Guten? Ist sie ein Traum der Menschenkinder, weil schon der Vater aller Menschen, ihr Schöpfer selbst, diesen Traum von einer heilen Welt geträumt hat?

Es mag sein, dass wir uns dieser Sehnsucht, die in uns lebt und uns umtreibt, nicht immer bewusst sind. Häufig schütten wir sie zu mit unseren mehr oder minder wichtigen Alltagsgeschäften, mit hektischer Betriebsamkeit, mit unaufschiebbaren Terminen, mit scheinbar unaufgebbaren Pflichten, mit vordergründig großen Plänen und Utopien. Aber manchmal kommen wir doch zu uns selbst. Manchmal hören wir in uns hinein. Manchmal wird der Firnis unserer Selbstvergessenheit und Selbstgenügsamkeit aufgebrochen. Dann ahnen wir, dass es im Leben noch mehr gibt als all die wichtigen Unwichtigkeiten, als all die rasenden Leerläufe, als all die banalen Bedeutsamkeiten. Wir erleben Momente, die aus dem trägen Fluss unseres Alltagslebens herausragen. Augenblicke, die eine gänzlich andere Dimension der Lebenstiefe aufbrechen lassen. Geschehnisse, die uns inmitten alles Verfügens und Machens das Unverfügbare und Geschenkhafte unseres Lebens erkennen lassen. Wir vergessen in ihnen Zeit und Raum. Wir spüren eine Unruhe, die unser Herz erfasst und es nicht mehr zur Ruhe kommen lässt. Wir hören leise, aber dringlich in unserem Inneren ein Wort, das uns in Ver-antwort-ung nimmt. Und manch einer vernimmt auch einen drängenden An-Ruf, dem er nicht widerstehen kann.

Manche nachdenklichen Zeitgenossen glaubten, bei der Fußballweltmeisterschaft im Sommer 2006 eine merkwürdige, diffuse „Sehnsucht" festgestellt zu haben, eine Sehnsucht nach einem „Etwas", das sie nicht recht benennen oder beschreiben konnten. Sie schwenkten Fähnchen, fielen sich in die Arme, fühlten sich irgendwie „abgehoben", versetzt in eine andere, ihnen selbst unbegreifliche Wirklichkeit, die ihnen irgendwie vorgegeben schien. Die sie nicht „gemacht" hatten. Die ihnen gleichsam zufiel. Dieses Suchen war sicher nicht ausgerichtet auf das Finden eines konkreten „Etwas", auf etwas Göttliches. Oder vielleicht doch? Der Philosoph Rüdiger Safranski nannte es eine „leere Transzendenz". Lässt sich diese „leere Transzendenz" irgendwie „füllen"?

Ethisches Handeln

„Gesetzt den Fall, Sie haben nie einen Menschen umgebracht, wie erklären Sie es sich, dass es nie dazu gekommen ist?" – so fragt Max Frisch in seinem Tagebuch.[65] Was bewegt den einen dazu, einen anderen zu ermorden, und den anderen, sein Leben zur Rettung eines anderen aufs Spiel zu setzen? Wer oder was brachte den KZ-Häftling Maximilian Kolbe dazu, anstelle eines zum Tode verurteilten Mithäftlings sich selber in die Todeszelle einschließen zu lassen und dort zu verhungern und zu verdursten? Was motiviert Aung San Suu Kyi, die 64-jährige Politikerin aus Birma, heute Myanmar, sich trotz wiederholter Folter, mehrjähriger Haft, jahrelangen Hausarrests unerschrocken und unermüdlich gewaltfrei für Demokratie und Einhaltung der Menschenrechte in ihrer Heimat einzusetzen? Oder – weniger heroisch – warum wählt ein junger Mann den Beruf des Kranken- oder Altenpflegers, obwohl er doch ganz genau weiß, wie stark er dadurch in Anspruch genommen und wie schlecht er dafür bezahlt sein wird? Was bewegt eine junge Frau dazu, sich bei „Ärzte ohne Grenzen" zu engagieren und in irgendwelche weltentlegenen, von aller Zivilisation weit entfernten Gebiete zu gehen, um dort Kranke und Sterbende zu betreuen? Was trieb den 53-jährigen New Yorker Bauarbeiter Autrey dazu, am 2. Januar 2007 vor einem bereits einfahrenden Zug zu einem auf das Gleis der U-Bahn gestürzten Epileptiker zu springen, den Mann fest auf den Boden zu drücken und, weil der Zug nicht mehr halten konnte, sich zusammen mit ihm überrollen zu lassen? Beide, der Gerettete und der Retter, kamen mit leichten Blessuren davon. Autrey verzichtete auf medizinische Hilfe: „Ich sah nur einen Menschen, der Hilfe brauchte. Da tat ich, was zu tun war."[66]

Anhänger der „evolutionären Psychologie" meinen, Altruismus, Großmut und Fairness seien nur eine raffinierte Tarnung, um die eigenen Interessen umso gerissener und publikumswirksamer zu verfolgen.[67]

Beruht altruistisches Handeln vielleicht auf einer bestimmten Schaltung der Großhirnrinde?[68] Dagegen spricht, dass bei moralischen Entscheidungen gerade das sogenannte „Reptilienhirn" in Aktion tritt, also jene Region des Gehirns, die wir von fernen Vorfahren aus dem Tierreich geerbt haben. Sie steuert unter anderem das Triebleben und die Emotionen.

Andere Wissenschaftler vertreten die Ansicht, „Gutes-Tun" gehöre zur biologischen Grundausstattung des Menschen, die ein „kulturelles Lernen" ermöglicht. So glaubt es jedenfalls der mehrfach ausgezeichnete Kulturanthropologe Michael Tomasello, der seine Forschungsergebnisse am Max-Planck-Institut Leipzig mit zahlreichen Experimenten untermauert.[69] Kleinkinder seien bereits im Alter von zwölf Monaten in der Lage, ein „Wir-Gefühl" auszubilden, aus der Vogelperspektive auf die Beziehung zum anderen zu schauen und sich in seine Rolle hineinzuversetzen. Alles spreche dafür, dass die Neigung zur Hilfeleistung uns angeboren, nicht anerzogen ist.

Oder kommt vielleicht doch, zumindest bei den nicht spontanen, aus einem unreflektierten Entschluss gesteuerten altruistischen Handlungen noch eine andere, transzendente Dimension ins Spiel? Der Theologe Gotthold Hasenhüttl glaubt: „Wo ein Mensch sich dem anderen erschließt, wo er offen ist für neue Möglichkeiten und den anderen in seiner Annahme aufatmen lässt, da wird Gott gegenwärtig, weil Liebe geschieht. Im Ereignis der Liebe wird die letzte Wirklichkeit sichtbar. So kann man beinahe sagen, dass Gott in den ‚Banalitäten' des Lebens zur Sprache, zum Vollzug kommen kann. Im Schluck Wasser, im Krankenbesuch, im Dienst am Nächsten, in menschlicher Zuneigung, in der Hingabe des Lebens – überall kann Gott Ereignis werden. Gott ist den Menschen unendlich nahe, wenn der eine dem anderen hilft. In diesem Ereignis, das erfahrbar ist, kann Gott geschehen, wird Gott in unserer Mitte gegenwärtig."[70]

Wie kommt es, dass Menschen eine innere Notwendigkeit spüren, sich für Recht und Gerechtigkeit zu engagieren, auch wenn sie dadurch Nachteile zu erwarten haben? Dass sie sich herausgefordert fühlen, in einer konkreten Situation nicht untätig zu verharren, sondern uneigennützig und selbstlos zu handeln? Dass sie in sich geradezu eine Stimme, einen „Anruf" zu hören meinen, der ihnen sagt: Jetzt bist du gefragt! Dass sie sich als Angesprochene, als Gerufene, als in die Pflicht Genommene erfahren?

Ist dieses sie ansprechende und anrufende Geheimnis wirklich nichts anderes als eine kalt berechnende, raffinierte Tarnung zur Durchsetzung eigener Interessen, als eine Programmierung der Großhirnrinde, als ein angeborener, biologisch gesteuerter Reflex? Kann dieses Sich-in-Verantwortung-genommen-Fühlen, dieser „Anspruch" wirklich nur als etwas gänzlich Nichtpersonales, als ein Reflex, ein Trieb, ein psycho-chemischer Vorgang gedacht werden, wo er doch gerade unser Personsein zutiefst anspricht und ergreift? Kann es prinzipiell ausgeschlossen werden, dass sich hier der Anspruch eines „moralischen Gesetzes" in uns meldet (Immanuel Kant), die „Stimme" eines Gewissens, wie es die Tradition lehrt?

Dieses „moralische Gesetz" in uns, das Gewissen, ist eine merkwürdige Sache. Es bezeichnet „sowohl das dem Menschen als rationalem Wesen vorbehaltene *Vermögen*, Handlungen und Handlungsziele unter sittlichen Kriterien zu beurteilen, als auch die subjektive *Erfahrung*, bezüglich des eigenen Handelns aus sich heraus und undelegierbar beansprucht zu sein"[71].

Wie kommt das Gewissen zustande? Um die Antwort vorwegzunehmen: Wir wissen es nicht. Und ob man es je genau wissen wird, ist kaum anzunehmen. Ich möchte nur einige Aspekte referieren, die zur Deutung dieses Phänomens genannt wurden:

- Früher sah man im Gewissen eine „Anlage der Natur", aufgrund deren der Mensch auf gut und böse spontan reagiert. Thomas von Aquin (1225–1274) sieht im Gewissen einen „Instinkt des Geistes" und die Offenheit des Verstandes auf alles Verstehbare hin. Er vergleicht es mit einer „tabula rasa", einer leeren Tafel, auf der nichts geschrieben steht.[72] Durch die erzieherische Einwirkung der Umwelt wird diese Tafel nach und nach beschrieben, die anfängliche Leere wird mit bestimmten Inhalten angefüllt. Im heranwachsenden Menschen bildet sich dann allmählich das kritische Vermögen heraus, durch das er zu echten Auseinandersetzungen mit den Vorstellungen befähigt wird, die von außen an ihn herangetragen werden.

- Diese „erzieherische Einwirkung der Umwelt" kommentiert der Philosoph Arthur Schopenhauer reichlich zynisch: „So würde mancher sich wundern, wenn er sähe, woraus sein Gewissen, das ihm ganz stattlich vorkommt, eigentlich zusammengesetzt ist: etwa aus 1/5 Menschenfurcht, 1/5 Deisidämonie (Götzenfurcht), 1/5 Vorurteil, 1/5 Eitelkeit, 1/5 Gewohnheit, so dass er im Grunde nicht besser ist als jener Engländer, der geradezu sagte: ‚I cannot afford to keep a conscience' – ein Gewissen zu halten ist für mich zu kostspielig."[73]
- Immanuel Kant erfüllte „das moralische Gesetz" in ihm mit „immer neuer und immer zunehmender Bewunderung und Ehrfurcht, je öfter und anhaltender sich das Nachdenken damit beschäftigt."[74] In seiner „Metaphysik der Sitten" beschreibt er das Gewissen als „Bewusstsein eines inneren Gerichtshofes im Menschen", von dem sich jeder Mensch beobachtet, bedroht und in Respekt gehalten fühlt. „Vor diesem Tribunal verklagen und entschuldigen sich die Gedanken eines Menschen. Ein und derselbe Mensch ist dabei als intelligibles Wesen ein Ankläger, als sensibles Wesen ein Angeklagter, d.h. ein von Begehren und Trieb bestimmtes Wesen."[75]
- Der marxistische Philosoph und Gesellschaftskritiker Herbert Marcuse sieht im Gewissen eine urmenschliche Potenz, ein „kritisches Seelenvermögen". In seinem Beitrag „Das Veralten der Psychoanalyse"[76] geht er der Frage nach, warum eigentlich in der heutigen Gesellschaft die Ich-Bildung, die ja erst personale Verantwortung ermöglicht, übersprungen wird. Er sieht die Ursache im Zerfall der Institution der Familie. Hier konnte sich das Kind in der persönlichen Auseinandersetzung vor allem mit der väterlichen Autorität sein Selbst erwerben. Aus dieser Auseinandersetzung vermochte es als relativ autonomes Subjekt hervorzugehen. Heute fällt dieser Prozess weithin aus. Heute wirkt die Gesellschaft unmittelbar auf das Kind ein und dirigiert es durch die Massenmedien und die Schul-, Sport- und Freizeitgruppen. In der manchmal harten Konfrontation mit dem Vater wurde die Unterordnung des Lustprinzips unter das Realitätsprinzip durchgesetzt. Wo diese Konfrontation entfällt, kommt es zur Regression des Ich. Diese Regression des Ich zeigt

sich nach Marcuse vor allem in der „Schwächung der kritischen Seelenvermögen: des Bewusstseins und des Gewissens". Die Chance der Freiheit hängt aber genau daran, ob das Gewissen zu angemessener Entfaltung kommt. Denn allein das Gewissen kann darüber wachen, dass wir gerecht handeln. Es drängt uns zur Entfaltung und Verwirklichung unserer eigenen Möglichkeiten. Es ist Ausdruck der Verbindlichkeit unseres wahren Selbst.

- Für Sigmund Freud schließlich ist das Gewissen – vereinfacht gesagt – nichts anderes als die Verlagerung der äußeren Autorität in der Kindheit nach innen. Über die Dauer von Kindheit und Jugend ergehen zahllose Imperative, die sich als das „sittliche Bewusstsein" verstärken und verfestigen. Dieses Bewusstsein stellt sich als das „Über-Ich" dem Ich gegenüber wie eine geheimnisvolle Größe, die sich noch verstärkt, wenn dieses „Über-Ich" als die „Stimme Gottes" gedeutet wird.

Alles sind richtige und bedenkenswerte Ansätze, um das zu beschreiben, was wir „Gewissen" nennen. Aber man darf sich fragen: Ist das Gewissen tatsächlich nichts anderes als die Stimme einer nach innen verlagerten äußeren Autorität? Das Ergebnis einer Kette von Lernprozessen? Ist es lediglich ein Regulativ angepassten Handelns, das dadurch besser funktioniert als alle äußere Autorität, weil man vor dieser fliehen und sich verstecken kann, nicht aber vor der nach innen verlagerten Autorität, die zum Bestandteil des Ich geworden ist? Oder ist es ein Anspruch, der den Menschen aus einem Bereich trifft, der ihm letztlich unverfügbar ist und der ihn zur Verantwortung ruft – wie es etwa Martin Heidegger sieht, der das Gewissen im Rahmen seiner Daseinsanalyse als „Ruf" beschreibt: „Der Ruf kommt aus mir und doch über mich."

Wie dem auch sei: „Das spezifische ‚mehr', das das Gewissen erst zum Gewissen macht, ist durch die Behauptung über seine Entstehung nicht berührt. Das Gewissen stellt einen metaphysischen Sachverhalt dar in dem Sinn, dass Gewissen-haben wesentlich zum Mensch-sein gehört."[77] So der Philosoph Helmut Kuhn. Das Gewissen lässt sich nicht ausschließlich als psychischer Mechanismus erklären. Durch den „Ruf" des Gewissens fühlt sich der Mensch angesprochen. Angesprochen von etwas, das außerhalb seiner selbst zu liegen scheint. Er kann darüber nicht verfügen. Er kann diesen „Ruf" auch nicht „abstellen" oder unterdrücken. Der An-Ruf des Gewissens ist unabhängig von Bewusstsein, Entwicklung und Alter des Menschen. Er trifft ihn, ob er es will oder nicht. Er ist dem Menschen als Menschen gegeben.

Das menschliche Gewissen ist ein Phänomen, das nachdenklich stimmt und das (zumindest noch) in vieler Hinsicht unerklärlich erscheint, weil es über das hinausweist, was „natürlich" zu erklären ist. Es „hat die eigentümliche Art, sich dem Selbstbewusstsein gegenüber zu verselbständigen. Wir wollen träumen – es reißt uns aus dem Schlaf. Wir wollen unseren Geschäften nachgehen – es murrt und wurmt in uns. Wie gern möchten wir Vergangenes und Getanes hinter uns lassen – das Gewissen hält uns fest. Es macht, dass wir über Getanes nicht hinwegkommen."[78] Das Gewissen ist etwas Unverfügbares. Der Philosoph Robert Spaemann definiert es als „eine Forderung von uns selbst an uns selbst", weist aber gleichzeitig darauf hin: „Das Gewissen ist die Gegenwart eines absoluten Gesichtspunktes in einem endlichen Wesen." Es führt den Menschen „über sich hinaus". Es lässt ihn seine eigenen Interessen und Wünsche relativieren und lässt ihn fragen nach dem, „was an sich gut und richtig ist."[79]

Wahre und tiefe Religiosität hat sich nie in das stille Kämmerlein und in ein beschauliches, weltabgeschlossenes Leben zurückgezogen. Die großen Mystiker und vor allem die Mystikerinnen (Mechthild von Hackethal, Hildegard von Bingen, Mechthild von Magdeburg und Gertrud die Große aus dem Zisterzienserinnenkloster Helfta bei Eisleben) waren Menschen, die als Seelsorger(innen), als Ärztinnen, als Reformer(innen) eine weit reichende Tätigkeit entfalteten. Dietmar Mieth nennt daher die Mystik, wie sie von Meister Eckhart gefordert und von vielen Männern und Frauen praktiziert wurde, eine „Tatmystik"[80]. Die Vita contemplativa und die Vita activa (das „beschauliche" und das „aktive" Leben) bilden eine Einheit. Man solle sich um die Seele kümmern und zugleich sein „Brot nicht müßig essen", mahnt Meister Eckhart.[81]

Der 1962 bei einem Flugzeugabsturz ums Leben gekommene damalige Generalsekretär der Vereinten Nationen, Dag Hammarskjöld, schrieb Ende 1955 in sein Tagebuch: „Das ‚mystische Erlebnis': Jederzeit: hier und jetzt in Freiheit, die Distanz ist, in Schweigen, das aus Stille kommt. Jedoch – diese Freiheit ist eine Freiheit unter Tätigen, die Stille (ist) eine Stille zwischen Menschen. Das Mysterium ist ständig Wirklichkeit, bei dem, der inmitten der Welt frei von sich selber ist. […] Der Weg zur Heilung geht in unserer Zeit notwendig über das Handeln"[82] – und nicht über das bloße Erleben oder „Fühlen", so müsste man ergänzen.

Diese Überzeugung und die vielfache Gefährdung unserer Welt durch Ausbeutung und Unterdrückung, durch militärische wie durch soziale Gewalt, durch den Raubbau an den Ressourcen und die Zerstörung der Natur gaben einem Prozess seine Dringlichkeit, der bereits in den neunziger Jahren des 20. Jahrhunderts von verschiedenen Seiten angestoßen wurde. Einen wesentlichen Anteil am Zustandekommen eines „Weltethos" hat dabei der Theologe Hans Küng. Er veröffentlichte 1990 die Programmschrift „Projekt

Weltethos".[83] Hier wird programmatisch die Idee entwickelt, dass die Religionen der Welt nur dann einen Beitrag zum Frieden der Menschheit leisten können, wenn sie sich auf das ihnen jetzt schon Gemeinsame im Ethos besinnen: auf einen Grundkonsens bezüglich bestehender verbindender Werte, unverrückbarer Maßstäbe und persönlicher Grundhaltungen. Das Projekt wird von der Grundüberzeugung getragen:

Kein Frieden unter den Nationen ohne Frieden unter den Religionen.
Kein Frieden unter den Religionen ohne Dialog zwischen den Religionen.
Kein Dialog zwischen den Religionen ohne Grundlagenforschung in den Religionen.

Diese Grundlagenforschung fand ihr erstes großes Resultat in der „Erklärung zum Weltethos", die das Parlament der Weltreligionen 1993 in Chicago verabschiedete. Mit dieser Erklärung haben sich erstmals Vertreter aller Religionen über Prinzipien eines Weltethos verständigt und sich auf vier unverrückbare Weisungen verpflichtet, die im Einzelnen konkretisiert werden:

Verpflichtung auf eine Kultur
der Gewaltlosigkeit und der Ehrfurcht vor allem Leben,
der Solidarität und eine gerechte Wirtschaftsordnung,
der Toleranz und ein Leben in Wahrhaftigkeit,
der Gleichberechtigung und die Partnerschaft von Mann und Frau.

Die Ziele des Weltethos sind die Umsetzung der Menschenrechte, Freiheit der Menschen vor Unterdrückung, Freiheit als solche, Beseitigung des Welthungers, Umsetzung einer gerechten Wirtschaftsordnung, Solidarität zwischen den Menschen, Nachhaltigkeit zum Schutze des Ökosystems und des Friedens auf der Erde. Nach der Auffassung von Hans Küng befindet sich die Welt auf einem guten Weg. „Die Geschichte zeigt zwar, dass solche Prozesse lange dauern. Aber sie zeigt auch, dass die Menschheit ganz erfolgreich war. [...] Man muss anerkennen, dass es Prozesse gibt, die uns Menschen vorangebracht haben. Es ist gewaltig viel geschehen. Das gibt mir das Recht zu sagen: Auch in Sachen Weltethos und Ethos für die Wirtschaft ist vieles möglich." Ein Beispiel seien die gesellschaftlichen Veränderungen in den Vereinigten Staaten in den letzten sechzig Jahren. Auch „in Deutschland denkt doch heute in den Bereichen Friede und Abrüstung, Ökonomie und Ökologie und Partnerschaft von Mann und Frau so gut wie niemand mehr so wie vor dreißig Jahren. [...] Im Grunde genommen ging es immer auch um ethische Fragen. Überall wurde auch mit ethischen Argumenten gearbeitet. Ist das nichts?" Entscheidend sei zu begreifen, dass moralisches

Verhalten kein verzichtbares „Sahnehäubchen“ ist, sondern ein Eckpfeiler für gelingendes Zusammenleben.[84]

In engem Zusammenhang und im Gefolge des Projekts Weltethos steht der ebenfalls in diesen Jahren angestoßene und noch keineswegs zum Abschluss gekommene „Konziliare Prozess für Gerechtigkeit, Frieden und Bewahrung der Schöpfung“. Die drei Themen haben einen Niederschlag im kirchlichen wie im säkularen Bereich gefunden – hier beispielsweise in der Präambel der Verfassung des Freistaats Sachsen.[85]

Die Bemühungen um ein Weltethos und die drei Themenkreise des Konziliaren Prozesses stehen in einem engen Zusammenhang mit Religion und Religiössein. Ich möchte hier nur einen einzigen unverdächtigen Zeugen zu Wort kommen lassen, der sich selbst als Atheisten bezeichnet, der sich aber sehr deutlich zur Religion bekennt, weil er in ihr eine „Sehnsucht nach dem ganz Anderen“ sieht: Max Horkheimer.[86] Für ihn bedeutet Religion den Ausdruck der Hoffnung, „dass es bei diesem Unrecht, durch das die Welt gekennzeichnet ist, nicht bleibe, dass das Unrecht nicht das letzte Wort sein möge, […] Ausdruck einer Sehnsucht, einer Sehnsucht danach, dass der Mörder nicht über das unschuldige Opfer triumphieren möge.“ Religion wahrt die „Sehnsucht nach vollendeter Gerechtigkeit. Diese kann in der säkularen Geschichte niemals verwirklicht werden; denn selbst wenn eine bessere Gesellschaft die gegenwärtige soziale Unordnung ablösen würde, wird das vergangene Elend nicht gutgemacht und die Not in der umgebenden Natur aufgehoben. […] Erfahren wir nicht Leid und Tod als Markierungen einer Grenze, als Zeichen unserer Beschränktheit, erleben wir nicht tagtäglich, dass wir so geworden sind, wie wir sind, geworden sind durch Vorgänge, für die wir gar nichts können?“[87] Auf die Frage des Interviewers, ob Horkheimer die Belohnung moralischen Handelns durch eine höhere Instanz erwarte, antwortet der Philosoph: „Auf Gott können wir uns nicht berufen. Wir können nur handeln mit dem inneren Gefühl, dass es einen Gott gibt. Aber das ist nicht die einzige Quelle der Moral. Ich kann auch für einen Menschen etwas Gutes tun, in der bewussten oder unbewussten Erwartung, dass mein positives Handeln ihm gegenüber mein eigenes Leben schöner macht.“[88]

Schon 60 Jahre vorher, am 11. Juli 1916, hatte der Philosoph Ludwig Wittgenstein in seinem Tagebuch notiert: „An einen Gott glauben heißt sehen, dass es mit den Tatsachen der Welt noch nicht abgetan ist. An Gott glauben heißt sehen, dass das Leben einen Sinn hat.“[89]

6. Wege zur Mitte: Auf der Suche nach einem neuen Gottesbild

Es mag widersprüchlich erscheinen, wenn in einem Buch mit dem Titel „Religiös ohne Gott“ nun plötzlich doch noch die Frage nach einem neuen Gottesbild aufgeworfen wird. Zu Beginn der Ausführungen war das tradierte Gottesbild als untauglich und nicht mehr tragfähig abqualifiziert worden, danach blieb das Wort „Gott“ mehr oder weniger völlig ausgespart. Und jetzt kommt das Thema doch wieder zur Sprache?

Gott scheint verloren gegangen zu sein. Irgendwie ist er abhandengekommen, ohne dass es jemand richtig bemerkt hat. Man spürt nichts mehr von ihm. Kaum jemand regt sich ernsthaft auf über sein Verschwinden. Manche scheinen sogar froh zu sein, dass er nicht mehr da ist. Sie erleben die Abwesenheit Gottes als Erleichterung. Sie fühlen sich befreit von einem allgegenwärtigen Übervater, von einem lästigen Ordnungshüter, von einem ständigen Spaßverderber. Manche gescheiten Leute, die sich für bedeutende Wissenschaftler halten, meinen sogar (wieder einmal), dass es sich bei der Frage nach Gott um einen „Gotteswahn“ handle. So etwas könne heute kein halbwegs aufgeklärter Mensch mehr vertreten.[1] „Die Gotteshypothese ist heute wissenschaftlich nicht mehr verfechtbar. Sie hat ihren klärenden Wert verloren und lastet intellektuell und ethisch auf unserem Denken. Sie überzeugt und tröstet nicht mehr; sich von ihr loszusagen vermittelt ein tiefes Gefühl von Erleichterung. [...] Wenn wir erst einmal mit einem Seufzer der Erleichterung ein überaltertes Möbelstück aus unserem Ideenspeicher über Bord geworfen haben, müssen wir etwas Neues an seine Stelle setzen.“[2] So meint es jedenfalls Aldous Huxley.

Doch merkwürdigerweise haben die Deutschen das alte Möbelstück „Gott“ doch noch nicht restlos entsorgt. Deutschland ist nämlich kein gänzlich gott-loses Land, wenn man den Umfrageergebnissen trauen darf. Die kommen in den letzten Jahren stets zu dem gleichen Ergebnis: Zwei Drittel der Deutschen sind „mittelmäßig“, „ziemlich“ oder „sehr“ davon überzeugt, dass es ein göttliches Wesen gibt.[3] Gerade einmal 20 Prozent sagen, dass sie gar nicht an Gott oder etwas Göttliches glauben. Zwischen den Altersgruppen lassen sich keine wesentlichen Unterschiede feststellen: Junge sind nicht weniger gottgläubig als die Älteren. Als „ungläubigste“ Altersgruppe zeigen sich die 40- bis 50-Jährigen. Dort sagt jeder Vierte, dass er gar nicht an Gott glaube. Allerdings zeigen sich große Diskrepanzen im Antwortverhalten zwischen Ostdeutschland und Westdeutschland. Nur ein Zehntel der Westdeutschen sagen von sich, dass sie nicht an ein transzendentes Wesen glauben. In Ostdeutschland beantworten rund 65 Prozent die Frage nach ihrem Glauben an Gott mit „Nein", 31 Prozent mit „Ja" und 4 Prozent haben keine Antwort.[4] Werden die konfessionellen Orientierungen in den Blick genommen, so fällt auf, dass 94 Prozent der Katholiken und 90 Prozent der Protestanten zumindest von der Existenz Gottes überzeugt sind. Interessant ist, dass zwar 54 Prozent der Konfessionslosen gar nicht an die Existenz eines Gottes glauben, jeder Vierte das aber für mittelmäßig bis sehr wahrscheinlich hält.

Aufschlussreich ist der Blick auf die religiösen Gefühle. Was empfinden die sich als religiös bezeichnenden Menschen, wenn sie an Gott denken? Vorherrschend ist ein positives Gottesbild: Dankbarkeit, Hoffnung, Liebe und Freude sind die am meisten genannten Begriffe. Dagegen werden am seltensten die Begriffe Zorn, Befreiung von einer bösen Macht, Verzweiflung oder Angst mit Gott verbunden. Rund die Hälfte der Deutschen glaubt, dass Gott oder das Göttliche ihnen etwas sagen oder zeigen will oder in das persönliche Leben eingreift. Und etwa ebenso viele sind davon überzeugt, dass die Menschen zu Gott sprechen können; nur 16 Prozent teilen diese Ansicht überhaupt nicht.

Uneinheitlich sind die Antworten im Hinblick auf einen als Person verstandenen Gott, der sich mit jedem Menschen individuell befasst. Gerade einmal 37 Prozent stimmen dieser Aussage zu. 41 Prozent halten das für unwahrscheinlich, und jeder Fünfte hat dazu keine klare Meinung. Interessant ist auch der Altersgruppenvergleich. Betrachtet man den gesamten Bereich der Religiosität, so zeigen sich deutliche Unterschiede zwischen denen, die älter als 60 Jahre sind, und den anderen Altersgruppen. Drei Viertel der älteren Generationen sind religiös oder sogar hochreligiös (28 Prozent). Dagegen können in den anderen Altersgruppen knapp ein Drittel sogar als nichtreligiös kategorisiert werden.

Wir leben in einer materialistischen und politisierten Gesellschaft, der die instrumentelle Vernunft zum Ersatzgott geworden ist. Und der (noch) vorhandene Glaube ist häufig geprägt von einer nach-christentümlichen Kultur, deren formende Kräfte keinen Bezug mehr auf jene christliche Botschaft aufweisen, durch die unsere Vorfahren auf ein bestimmtes Gottesbild verwiesen wurden und das für sie zum Erfahrungshintergrund wurde.

Es ist heute schwer geworden, sich über das Geheimnis „Gott" zu verständigen. Die Sprachspiele der Kirchen und der Theologie sind den Menschen fremd geworden. Nur noch wenige (außer den Kirchendienern) verstehen sie. Die „Beziehungssprache" der Bibel, in der allein „Gott" gesagt werden kann, ist von einer kalt wirkenden „Objektsprache" der Dogmatiken und Katechismen verdrängt worden, die keine Berührung des Innern erreicht und die Faszination des Heiligen verraten hat. Kirchliche „Fertigsprache", „Insidersprache", „Benutzersprache" ist nicht der Sprach-Code, der heute bei den Suchenden und Fragenden ankommt.[5]

Eine neue Sprache ist noch nicht gefunden. Sie muss sich erst entwickeln. Wir sind erst auf dem Weg.

„Du sollst dir kein Bild machen!"

Das Leben in seinen unzähligen Formen

Der Italiener Franco Ferrucci lässt an einer Stelle seines Romans „Die Schöpfung. Das Leben Gottes von ihm selbst erzählt" seinen „Gott" sagen: „Schon längst misstraute ich jedem, der meinen Namen gebrauchte, und hatte ihn im Verdacht der Manipulation und der Herrschsucht. Wer mich kennt, spricht von mir, ohne mich beim Namen zu nennen, weil er weiß, dass ich auch für mich selbst das noch zu enthüllende Geheimnis bin. [...] Ich bin das Leben in seinen unzähligen Formen."[6]

Es geht den Menschen, die nach Gott suchen, wie den zehn Blinden in einer Parabel. Ihnen wird ein Elefant vorgeführt. Neugierig betasten sie das riesige Tier: Der eine am Rüssel, der Nächste am linken Vorderfuß, wieder andere am Bauch, am Rücken, am Hinterbein, am Schwanz usw. Als sie schließlich gefragt werden, wie denn ein Elefant beschaffen sei, geraten sie in Streit – besteht doch der eine darauf, dass er eine lange, flexible Röhre sei, während der Nächste beteuert, es handle sich um eine stabile Säule; andere fahren dazwischen: „Falsch! Er ist eine raue, haarige Matte", „Nein! Ein hohes Gebirge" oder „Ein dünner Pinsel". Die volle Wirklichkeit des Elefanten zu erfassen, ist keiner der Blinden in der Lage.

Die alten Gottesbilder haben ihre Aussagekraft und ihre Allgemeinverbindlichkeit verloren. Keine Religion, keine Konfession, keine einzelne Glaubensgemeinschaft kann noch ernsthaft behaupten, über das allein gültige und richtige Gottesbild zu verfügen. Keine Gruppe kann sich als die einzig sehende hinstellen und alle anderen als Blinde abqualifizieren.

Besinnung auf die Ursprünge

Bei der Suche nach einem neuen Gottesbild kann die Besinnung auf die Grundurkunde christlich-jüdischer Tradition hilfreich sein. Der Gottesname in den Schriften des Alten ist „Jahwe". Die „Offenbarung" des Gottesnamens Jahwe und die in diesem Zusammenhang erfolgende Berufung des Mose wird im Zweiten Buch Mose erzählt (Ex 2,23–4,17). Die Israeliten stöhnen in Ägypten unter ihrer Sklavenarbeit. „Gott hörte ihr Stöhnen", heißt es im Bibeltext, „und gedachte seines Bundes mit Abraham, Isaak und Jakob. Gott blickte auf die Söhne Israels und gab sich ihnen zu erkennen" (Ex 2,44 f.). Schon die Umstände der folgenden Berufungsszene sind so dargestellt, dass unmissverständlich deutlich wird: Diese Erzählung will etwas „ins Bild setzen", das jedes Begreifen und Verstehen übersteigt: Ein Engel, der in einer Flamme erscheint. Ein Dornbusch, der brennt und doch nicht verbrennt. Eine Stimme aus dem Feuer, Gottes Stimme. Das Verbot, näher zu treten. Der Befehl, die Schuhe abzulegen. Mose verhüllt sein Gesicht, aus Furcht, Gott anzuschauen. Gott spricht zu Mose: „Jetzt ist die laute Klage der Israeliten zu mir gedrungen, und ich habe auch gesehen, wie die Ägypter sie unterdrücken. Und jetzt geh! Ich sende dich zum Pharao. Führe mein Volk, die Israeliten, aus Ägypten heraus!" (Ex 3,9 f.). Mose erhebt Einwände gegen diesen Auftrag. Wer ist er, dass er solches tun könnte? Was soll er den Israeliten antworten, wenn sie ihn nach dem Namen des Gottes befragen, der ihn beauftragt habe? Da antwortete Gott dem Mose: „Ich bin der ‚Ich-bin-da'" (Ex 3,14). Im Hebräischen stehen hier nur drei Worte ('ejeh 'aser 'ejeh), deren Übersetzung problematisch ist: „Ich bin ich" wurde als philologisch angemessene Übersetzung vorgeschlagen,[7] „Ich bin der ‚Ich-bin-da'" übersetzt die hier zitierte Einheitsübersetzung, „Ich werde sein, der ich sein werde" die Lutherbibel, „Ich bin, der ich bin" die Zürcher Bibel, „Ich bin da, weil ich da bin" die Bibel in gerechter Sprache[8] und in der Übertragung von Martin Buber und Franz Rosenzweig lautet die Stelle: „Ich werde da sein, als der ich da sein werde."[9] Einig sind sich die meisten Übersetzungen heute, dass in Ex 3,14 keine Aussage über die Existenz oder die Ewigkeit Gottes gemacht werden soll, denn dies war für den biblischen Menschen selbstverständlich. Aber was will dieser Text von Gott preisgeben – und was nicht? Der jüdische Philosoph Erich Fromm vertritt die Ansicht: „Die entsprechendste Übersetzung dieses Satzes wäre: Sage ihnen, dass ‚mein Name Namenlos ist'."[10] Und an anderer Stelle schreibt er: „In diesem Namen steckt eine tiefsinnige Ironie. Er drückt weit eher den Prozess des Werdens aus als etwas Begrenztes, das man benennen kann wie ein Ding."[11] Erich Zenger weist auf die entsprechende Bedeutung hin, die der syntaktischen Eigenart des Namens Jahwe als verbaler Kurzsatz mit implizitem Subjekt und offenem Prädikatsattribut zukommt: „‚Er erweist sich als …‘ verlangt einerseits geradezu die Konkretisierung durch Erfahrung und ist zugleich offen für jeweils neue Einzelerfahrungen, in denen sich die Grunderfahrung erneuert und vitalisiert: überall und nur dort, wo Freiheit und Leben geschenkt, erhofft, erkämpft wird, wird die Wirklichkeit ‚JHWH‘ erfahren. Andererseits aber ist dieser Kurzsatz geprägt von jener Offenheit, die dadurch gegeben ist, dass weder Art noch Dauer seines zukünftigen Sich-Erweisens festgelegt sind.“[12]

In bestimmten Lebenssituationen verwendet darum der israelitische Fromme veranschaulichende Bilder, wenn er von Jahwe, dem „Namenlosen“, sprechen oder zu ihm beten will. Alle diese Bilder (z. B. König, Kriegsherr, Sieger, Vater der Bedrängten, Bräutigam des Volkes Israel, Weltenherr), alle „Tätigkeiten“ (sprechen, hören, zürnen, strafen, berufen, lieben u. ä.) und alle „Eigenschaften“ (gut, barmherzig, zornig, mitleidig, mächtig u. ä.) sind der Welt entnommen, sind Projektionen auf Jahwe hin. „Bilder sind Wege“.[13] Sie verweisen auf etwas, was „hinter“ ihnen liegt. Viele haben eine tiefe mythische Bedeutung. Und je vielfältiger diese Bilder sind, desto eher besteht die Zuversicht, dass die Gottesvorstellung nicht allzu beschränkt und einseitig ausfällt. Bilder können ebenso treffend wie unzutreffend sein. Jedes kann in die Irre führen. Die Gefahr dazu ist immer gegeben. Problematisch wird es, wenn dem einen oder anderen Gottesbild eine Vorrangstellung zugesprochen, wenn das eine oder andere Gottesbild gar verabsolutiert wird. Wenn jemand von sich behauptet, das „wahre“ und „einzig richtige“ Gottesbild zu besitzen. Darum lässt das Alte Testament die teilweise widersprüchlichen Gottesbilder stehen. „Diese Gott-Metaphern versinnbilden Gott, aber sie bilden ihn nicht ab; sie nennen ihn, aber sie legen ihn nicht begrifflich fest; sie sprechen sein Wesen und sein Wollen aus, aber sie leiten keinen Glaubenssatz daraus ab. Sie bilden Gott der menschlichen Vorstellungskraft ein, ohne die Menschen auf ein Bild – auf ihre eigenen Projektionen – zu fixieren.“[14]

Die Bibel lehrt: Wer Gott begegnen will, ist auf Erfahrungen verwiesen – auf seine eigenen und auf die anderer. Gott kann da oder dort erfahrbar werden, in dieser oder jener Situation. Gott *ist* nicht, Gott *ereignet* sich. Der Theologe Karl Rahner ist überzeugt, dass „das unreflektiert Unverfügbare letztlich vertrauenswürdiger ist als das, was wir wissend zu durchschauen meinen.“[15] „Wenn du ihn begriffen hast, kann es nicht Gott gewesen sein“ (Augustinus). Alle „Eigenschaften“, „Tätigkeiten“ und „Titel“ sind Bilder, die narrativ-symbolisch teilweise etwas Richtiges aussagen. Aber eben nur teilweise, bruchstückhaft, gebrochen. Zeitgemäße, glaubwürdige Rede von Gott muss Ausdruck sein eines ahnungsvollen, vorsichtigen Tastens im Ungewissen, im Unbeschreiblichen, im Unfassbaren. Sie muss den Mut haben, das Undenkbare zu denken.

Von Erfahrungen ausgehen

Gotteskrise als Chance der Erneuerung

Die verbreitete Gotteskrise kann zur Chance der Erneuerung werden. Viele Menschen sind dabei, aus ihren erlernten religiösen Konventionen auszubrechen und jene Gottesbilder abzustreifen, die dem Denken und der Praxis ihres Alltags nicht mehr standhalten. „Es geht um Gotteskritik um des wahren Gottes willen." So urteilt der Theologe Hermann Häring. „Vermutlich zerbrechen heute deshalb auch innerhalb der Kirchen viele Gottesbilder und fühlen sich viele, auch gläubige Menschen in den westlichen Kulturen zu amorphen Gottesbildern und zu einer neuen Religiosität hingezogen. Der Abstand zum eindeutigen und verfügbaren Gott ist ebenso gewachsen wie die Überzeugung, dass das Vertrauen auf den wahren und umfassenden Gott die Doktrinen und Regeln der Kirchen übersteigt."[16] Gott ist nur dort wirklich anwesend, wo seine Unaussprechlichkeit den Menschen die Stimme verschlägt, wo es nur noch ein Stammeln, ein Stottern und vielleicht sogar ein Schweigen gibt.

Ausgangspunkt für ein neues, anderes Gott-Denken kann nur die Situation sein, in der wir leben. Paul Konrad Kurz fragt: „Müsste er (Gott) nicht in einem realistisch dargestellten Realitätszusammenhang hin und wieder – oder vielleicht sogar wieder und wieder auftauchen? Als Erinnerung, Trauma, Helfer, Gegner? Als Kritiker, Verfolger, unwissenschaftlicher Verheißer, Unruhestifter, Ermutiger, Glaube, Hoffnung? … Vielleicht hat Gott etwas von seiner imperialen Gestalt verloren, einige Insignien, philosophische Katheder, Thronorte, Gewänder. … Er ist da – kein definierter ‚Wer', kein umschriebenes ‚Wo'. Sein Licht leuchtet. Seine Präsenz tröstet."[17]

Es bedarf einer besonderen Wahrnehmungsfähigkeit für die Tiefendimension dessen, was in dieser Welt vorhanden ist. Wer diese Erfahrung machen will, „muss nur lernen, die Dinge zu durchbrechen und seinen Gott darin zu ergreifen und den kraftvoll in einer wesenhaften Weise in sich einbilden zu können."[18] Er muss sie gründlich (= von Grund auf!) wahrnehmen. Dann lässt sich in ihnen vielleicht etwas Göttliches ahnen. Dann können die Dinge erscheinen als das Aufleuchten des geheimnisvollen, zugleich faszinierenden und Furcht erregenden Gottes. „Wer Gott so in seinem Sein hat, der nimmt Gott göttlich und dem leuchtet er aus allen Dingen. Denn alle Dinge schmecken ihm göttlich, und Gott erbildet sich ihm aus allen Dingen.“[19]

Ganz im Sinne Meister Eckharts liegt die wunderbare Antwort, die Johann Wolfgang von Goethe im „Faust“ seinem Protagonisten auf die Frage Gretchens in den Mund legt, wie er – Faust – es denn mit der Religion halte:

„Wer darf ihn nennen
Und wer bekennen:
Ich glaub Ihn!
Wer empfinden
Und sich unterwinden
Zu sagen: ich glaub ihn nicht!
Der Allumfasser,
Der Allerhalter,
Fasst und erhält er nicht
Dich, mich, sich selbst?
[…]
Und drängt nicht alles
Nach Haupt und Herzen dir
Und weht in ewigem Geheimnis
Unsichtbar-sichtbar neben dir?
Erfüll davon dein Herz so groß es ist,
Und wenn du ganz in dem Gefühle selig bist,
Nenn es dann, wie du willst:
Nenn's Glück! Herz! Liebe! Gott!
Ich habe keinen Namen
Dafür! Gefühl ist alles;
Name ist Schall und Rauch,
Umnebelnd Himmelsglut.“[20]

Im Herbst 2007 forderte die Zeitschrift Publik-Forum ihre Leserinnen und Leser dazu auf, der Redaktion auf Postkarten oder in Briefen mitzuteilen, wer Gott für sie sei. Eine Auswahl der dazu eingegangenen Antworten wurde veröffentlicht[21]:

– Mein Gott ist nicht mehr der Gott der Kirchen. Mein Gott ist unvorstellbar größer und näher als der im Glaubensbekenntnis der Kirchen festgeschriebene Gott. Mein Gott lässt sich nicht wie von den Kirchen „dreieinigen“. Mein Gott begegnet mir in meinen Mitmenschen, er begegnet mir in den Geschichten der Menschen der Bibel. Er ist einfach da in allen Dingen, in jeder Stunde. So verliert alles andere sein auch von den Kirchen verkündetes bedrohliches Gesicht. Das macht mich froh und gibt mir Frieden!

- Wie wäre es denn, wenn wir statt „Gott" einfach „das Gute" sagen, denken und verstehen würden? Und darunter eine Bündelung alles Guten verstünden: aller guten und richtigen Wünsche, Ansichten, Bemühungen, Bestrebungen und Zielsetzungen der Menschen („… die guten Willens sind").
- Wenn wir von der Göttin sprechen, nimmt unsere tiefste Sehnsucht Gestalt an. Sie wird zum Gegenüber und zugleich lebt sie in uns. Wir begegnen ihr in der Natur, im ständigen Werden, Vergehen und Neuwerden. Auch im Sterben und Tod offenbart sich ihre Weisheit. Sie ist Alles in Allem. Der Urgrund, der Schoß, aus dem wir geboren werden. Die Mutter Erde, zu der wir zurückkehren.
- Wenn alles von Gott abhängen soll, hätte er mir schon viel Leid angetan. Todesfälle, die mir sehr nahegingen, Totgeburten und Krankheiten, die die ganze Familie verzweifeln ließen. Und nach jedem Erholen kam wieder ein Rückschlag. Für mich scheint es surreal, dass so etwas von einem Wesen gewollt sein kann. Letztendlich glaube ich nicht mehr an Gott.
- Mein Gott lässt auf der nächsten Loveparade noch mehr Liebe fließen!
- Ich denke: Gott ist eine Art Energie, die uns am Leben erhält.
- Ich bin nicht jemand, der jeden Sonntag in die Kirche geht oder in der Bibel liest. Aber ich glaube, dass man auf den Glauben oder den Gedanken Gott immer wieder zurückgreifen kann – in jeder Situation. Das macht das Ganze unverbindlich, aber auf eine gewisse Art stützend und verlässlich.
- Für mich ist Gott ein Wort, das für Vertrauen in die Menschen steht, das jeder haben sollte!
- Ich bin Muslimin. Gott und Allah sind gleich. Ob wir Christen, Juden oder Muslime sind: Es ist der gleiche Gott für uns alle. Er ist barmherzig und gütig. Er ist mit uns jeden Tag, jede Minute.
- Ich spüre, dass mein Leben ein Teil Gottes ist, das mich schützt, mir Kraft gibt und mich lehrt, das Gute zu tun und zu suchen. Gott ist mir nahe – wäre ich ihm doch nicht so häufig fern.
- Mein Gott ist: ein Lichtblick, ein Ja, eine ewige Frage, eine Hand, die mich stützt, Vertrauen, Suche, ein Funkeln im Herzen, ein Lächeln, eine Welle.

Die Vielgestalt der Antworten offenbart eine ehrliche Scheu vor dem letzten und tiefsten Geheimnis der Wirklichkeit schlechthin, einen bemerkenswerten Respekt vor dem hier zur Sprache Gebrachten, ein dem Geheimnis angemessenes vorsichtiges Tasten nach dem Neuen und Anderen. „Gott" ist unbegreiflich, unfassbar, unnahbar. Er ist Grund, Mitte und Ziel alles Seienden und allen Seins. Von ihm kann nur in Begriffen, Bildern, Vorstellungen, in Metaphern, Chiffren und Symbolen geredet werden, die allesamt nur eine Perspektive zeigen: „Gott ist für mich wie ..., in Wirklichkeit ist er aber sicher ganz anders." Gott ist nicht greifbar, selbst wenn jemand meint, seine Anwesenheit zu spüren. Aber er ist anwesend, auch wenn niemand etwas von dieser Anwesenheit merkt.

„Alles ist mit allem verbunden"

Für den jüdischen Psychologen und Philosophen Erich Fromm ist Gott „ein Symbol für alles, was im Menschen liegt und was dennoch der Mensch nicht ist; ein Symbol einer geistig-seelischen Realität, die in uns zu verwirklichen wir streben können und die wir dennoch niemals beschreiben oder definieren können. Gott gleicht dem Horizont, der unserem Blick Grenzen setzt. Dem naiven Gemüt erscheint dieser als etwas Greifbares, und doch erweist er sich als Fata Morgana, wenn wir ihn fassen wollen. Wenn wir uns fortbewegen, bewegt sich auch der Horizont. Sobald wir auch nur einen kleinen Hügel erklimmen, weitet sich unser Horizont, aber er bleibt eine Begrenzung und wird niemals zu einem Ding, das man zu greifen vermag."[22]

Längst ist auch in anderen Regionen der Erde und in der Dritten Welt ein Gespür dafür erwacht, dass heute anders von Gott gesprochen werden muss. Vielleicht war es sogar schon immer dort vorhanden und wurde nur durch ein aus Europa exportiertes Gottesbild verdrängt oder überwuchert. So weist Haruko Okano darauf hin, dass es in Japan für so elementare und dabei so unterschiedliche Lebensvollzüge wie Glauben und Lieben keinen verallgemeinernden Oberbegriff gibt.[23] Lieben wird immer nur konkret erfahren als Handlung der Mutter, des Freundes oder des Sexualpartners. Eine verobjektivierende Substantivierung würde damit das Wesen des jeweiligen einzelnen Vollzugs zerstören. Auch zeigt das Nichtvorhandensein eines übergreifenden Religionsbegriffs in Japan, dass religiös deutbare konkrete Erfahrungen nur um den Preis der Abstraktion und Lebensferne verallgemeinert werden können.

Auch in der südamerikanischen Theologie gibt es neuere Ansätze und Reflexionen zur Gottesfrage. Sie gehen von dem Grundsatz aus, „dass alles auf irgendeine Art und Weise mit allem verbunden ist."[24] Nicht ein absolutes höchstes und letztes Prinzip oder eine alles begründende Wesenheit ist Anfang und Bezugspunkt aller Erfahrung und einer darauf bezogenen Rationalität, sondern eine grundsätzliche Beziehungswirklichkeit. Diese Grunderfahrung hat elementare Bedeutung für die religiöse Deutung: „Die abendländischen Modelle bezüglich der Konzeption von Gott (Theismus, Pantheismus, Panentheismus, Animismus, Deismus) können nur begrenzt auf die Grunderfahrung des andinen Menschen angewandt werden. Gott ist nicht Substanz, sondern Beziehung.“[25] Die Kritik gilt auch der Gleichsetzung Gottes mit einem „Absoluten“: „Das Absolute ist das, was sich außerhalb jeder Art von Relationalität befindet und damit in strengem Sinne gar nicht existiert. Für die andine Erfahrung ist das Absolute das Nichts und nicht das volle Sein.“[26]

Wieder einen anderen Ansatz suchen nordamerikanische feministische Theologinnen. Sie lassen in ihrer Gottesvorstellung die politische und gesellschaftliche Situation mit anklingen. Der Slogan „God, she's black – Gott, sie ist eine Schwarze“ bringt das in prägnanter Weise und zugleich provokativ zum Ausdruck. Weiblich und schwarz – das sind für Gott ungewöhnliche Attribute. Solche Rede lässt aufhorchen, irritiert, stimmt nachdenklich. Aber sie liegt exakt auf der Linie der jüdisch-christlichen Erfahrung eines Gottes, der sich der Unterdrückten und Sklavenarbeiter in Ägypten angenommen und sie in die Freiheit geführt hat (Ex 3,7–12). Sie erinnert an den armen Mann aus Nazaret, der in seiner „Bergpredigt“ die Armen, die Hungernden und Dürstenden, die Verfolgten und Gedemütigten seligpries (Lk 6,20–26). Solche Rede lässt die statische und beziehungslose Rede von einem Gott, der „ist“, hinter sich und eröffnet den Blick für die Dynamik der Gegenwart des Göttlichen. Gott *ereignet* sich, Gott *ist* in seinem Wirksamwerden.

Bevorzugung nicht-personaler Gottesbilder

Menschen, die von Gott reden, bevorzugen heute gerne nicht-personale Gottesbilder. Schon die Bibel verwendet häufig Umschreibungen, die sie der Natur entnimmt: Gott als Quelle des Lebens, lebendiges Wasser, erfrischender Schatten, starker Fels, (Wander-)Stab, Brot in der Wüste, Ziel des Lebens, Morgenstern in dunkler Nacht, strahlende Sonne, schützende Wolke, helles Licht, rettendes Ufer, Lebenshauch, Adlers Flügel, Liebe, Hilfe, Berg, Heil – um nur einige zu nennen. Diese nicht-personalen Metaphern besitzen den Vorteil, dass sie die heute vielfach als anstößig empfundenen Gottesbilder – Männlichkeit, Herrschertum, Allmacht, Richter, Strafender – vermeiden. Sie können das unauslotbare Geheimnis des Göttlichen besser umschreiben. Sie lassen sich als Deutungsvorschläge für Erfahrungen mit dem Realen bzw. mit dem Transzendenten, dem Absoluten, dem Unbedingten verstehen.

In diese Richtung – Gotteserfahrung als Erfahrung mit dem Realen – denkt auch der Erziehungswissenschaftler Kersten Reich. Er bezeichnet Gott schlicht als „das Reale“ und meint damit: In unserer Wirklichkeit kann etwas auftauchen, mit dem wir absolut nicht gerechnet haben, etwas, was unsere Kategorien und Deutungsmuster sprengt, etwas, was sozusagen einen Riss in unserer Wirklichkeit erzeugt.[27] Die Wirklichkeit, in der wir uns eingerichtet haben, ist unsere Konstruktion – und „das Reale“ erinnert uns genau daran, nämlich, dass unsere Welt nur eine Bühne ist und dass es ein Leben außerhalb dieses Theaters gibt. Dann erhebt sich die Frage: Wie sollen wir mit dem Einbruch dieser unsere Wirklichkeit überschreitenden Realität, mit dem „Realen“ umgehen? Sollen wir es möglichst schnell vergessen, weil es uns zweifeln lässt an der Gültigkeit unserer doch scheinbar unbezweifelbaren Wirklichkeitskonstruktion? Oder versuchen wir, diese Erfahrung zum Ausgangspunkt für ein neues Verständnis von Leben und Welt zu machen, für eine veränderte und umfassendere Konstruktion der Wirklichkeit? Wer diese Möglichkeit wählt, wird sich bemühen, die mehrdeutige Erfahrung dessen, was Reich „das Reale“ nennt, in einen Sprach- und Kommunikationszusammenhang einzuholen; und zwar so, dass das Irritierende dieser Erfahrung dabei gerade eben nicht verloren geht, sondern zum bleibenden Stachel und Anstoß in unserer Normalität wird.

Auch für die evangelische Bischöfin Bärbel Wartenberg-Potter sind es eher nicht-personale Gottesbilder, die sie bevorzugt. So sieht sie Gott als die Quelle des Lebens. „Das ist für mich der Schlüssel, zu wissen, dass Gott Leben will, gutes Leben, in dem wir einander gerecht werden. Und dass überall, wo das zu sehen ist, dort auch eine Gegenwart Gottes ist, die man dann mit einem Bild oder einem Namen beschreiben kann. Also auch diese Fortsetzung der Schöpfungstätigkeit: Gott als Quelle des zukünftigen Lebens.“ Doch auch gesellschaftlich-politisch geprägte Gottesvorstellungen prägen sie: „Gott ist die Gerechtigkeit, Gott ist gerecht, ‚Sonne der Gerechtigkeit‘ [...] im Sinne von: Gott möchte gerechte Beziehungen des Menschen zu Gott – und Gott schafft sie für den Menschen – und der Menschen untereinander. Einander gerecht werden, auch der Schöpfung gerecht werden – da freue ich mich immer, wenn sozusagen diese Gottsucher-Rute, mit der man durchs Leben geht, ausschlägt und zeigt: Hier ist Gott gegenwärtig, weil hier die Gerechtigkeit Gottes sichtbar wird.“[28]

Einen anderen Zugang zu Gott hat die Pastorin Hanna Strack gefunden. Sie ging nach der deutschen Wiedervereinigung von der Bayerischen Landeskirche nach Schwerin. Dort lebt sie vor allem unter nicht kirchlich sozialisierten Menschen.

„Was mir meine Nachbarin jetzt erzählt hat an konkreten Beispielen, was ich auch zum Beispiel von einer Frau in Rostock oder einer Friseuse in Neu-Brandenburg im persönlichen Gespräch gehört habe, da machen die doch Erfahrungen, die, wie wir theologisch sagen würden, Transzendenz-Erfahrungen sind. Zum Beispiel war eine Frau in Prag, als ihr Sohn nach dem Westen ausreisen wollte. Sie war sehr in Sorge und ist in eine Kirche gegangen. Dort hatte sie, wie sie selbst sagte, ein religiöses Erlebnis. Eine andere hat ihren Vater im Sterben begleitet und hat jeden Abend mit ihm gebetet. Oder eine Frau sagt mir, dass sie jeden Abend dem Schutzengel dankt. Das heißt, hier sind durchaus Begegnungen mit Gott möglich, aber – und das ist das Problem – man kann es nicht so nennen. Das Gottesbild ist also eigentlich auch eine Frage der Sprache.“[29]

Auch der Bischof von Erfurt, Joachim Wanke, scheut sich nicht, das Leben seiner Zuhörerinnen und Zuhörer gelegentlich in der ihnen eigenen und geläufigen „profanen“ Sprache und Begrifflichkeit zu deuten. Hin und wieder wählt er auch moderne Einstiege: „Für junge Menschen kann man manchmal wirklich auch Dinge aus dem heutigen Leben nehmen. Ich habe zum Beispiel mal über dieses GPS-System gepredigt, das wir in unseren Autos jetzt benutzen können: diese Leitung und Lenkung vom Himmel her, als ein Bild, als einen katechetischen Einstieg für das, was Gott mit uns macht. Vor allen Dingen, wenn man – das beeindruckt mich am GPS – wirklich mal falsch fährt, dann wird die Stimme nicht böse und grantig, sondern in unendlicher Geduld führt sie uns dann wieder einen neuen Weg.“ Ansonsten ist er überzeugt, dass auch bisher kirchenferne Menschen einen Zugang zur Gotteserfahrung bekommen können: „Manche kommen vom Historischen her, sind sehr interessiert an dem, was einmal war. Das Christliche ist ja manchmal schon so fremd geworden, dass es wieder interessant wird, gerade hier in unseren Regionen. Andere haben diese klassischen Zugänge über das Ästhetische: Kunst und Musik, aber auch Feste und Feier, manche natürlich lebens-biographisch – da sind Zugänge zum Gottesglauben möglich. Manche kommen über das denkende Fragen, das Forschen und Sich-nicht-zufrieden-Geben mit vorschnellen Antworten. Aber als Wichtigstes möchte ich die Erfahrung von Beziehung herausstellen. In guten, glückenden Beziehungen leben zu können, das ist für viele Menschen so etwas wie ein Himmel. ‚Es ist ein Segen, dass es dich gibt‘, so sagen Menschen dann zueinander. Und: ‚Du bist für mich wie der Himmel.‘ Also Beziehungsebene, das ist etwas, das kann man nicht kaufen, das kann man nicht machen, das muss man sich schenken lassen. Und da ist, glaube ich, ein Zugang gegeben für richtiges, sachgerechtes Erfahren Gottes und die Weise auch gegeben, wie man dann von ihm reden kann.“[30]

Grundvoraussetzung der Welt und aller Entwicklung

„Gott macht, dass die Dinge sich selber machen“

Nicht wenigen Menschen, die an Gott glauben, bereitet es heute einiges Kopfzerbrechen, angesichts der Ergebnisse der Evolutionstheorie noch von Gott als dem „Schöpfer des Himmels und der Erde“ zu sprechen.

Ganz ohne Umschweife behaupten die Kreationisten (und in etwas abgewandelter Form auch die Vertreter eines „Intelligenten Designers“), dass Evolution und Schöpfung miteinander unvereinbar sind. Man beruft sich dabei auf ein wörtliches Bibelverständnis (Schöpfung in sechs Tagen) und auf ein naives Schöpferbild (Gott als Handwerker und Lückenbüßer). Dass eine theologisch derart antiquierte Ansicht nicht nur in den USA, sondern auch in Deutschland noch Anhänger findet, zeigt der Erfolg eines „kritischen Lehrbuchs“ (!) mit dem Titel „Kreationismus“. Es erreichte immerhin sechs Auflagen und schlug sogar wegen der zeitweiligen Verwendung an Gießener Schulen in der Politik hohe Wellen.[31]

Weltweit noch wesentlich erfolgreicher war Richard Dawkins mit seinem Pamphlet „Der Gotteswahn“.[32] Die 2006 erschienene Originalausgabe wurde bis Ende 2007 in 31 Sprachen übersetzt. Das Buch erhielt zum Teil sehr harsche Kritiken. Besonders häufig wurde der Vorwurf erhoben, Dawkins offenbare seine mangelnden religionswissenschaftlichen und philosophisch-theologischen Kenntnisse. Selbst ein Atheist wie Joachim Kahl warf Dawkins vor, das Buch sei „ein charakteristisches Dokument intellektuellen Cäsarenwahns“. Die Selbstüberschätzung bestehe darin, dass Dawkins seine Kompetenz als Evolutionsbiologe „meint nutzen zu dürfen, um völlig fachfremde Themen der Religionsgeschichte, der Religionsphilosophie, der Religionskritik zu traktieren“. Dawkins’ „nassforsche Haltung“ verrate eine „bodenlose Unkenntnis in Sachen Religion und Religionskritik“. Mit den „vulgären Kraftsprüchen“ Dawkins’ und anderer verwandle sich der Atheismus unter der Hand in einen *Anti*-Theismus, der die Religion von oben herab abkanzele.[33]

In der modernen Theologie hat längst ein anderes Verständnis der biblischen Urgeschichte Fuß gefasst (Texte als poetischer Hymnus, als Reflexion über die Voraussetzungen und Hintergründe der Geschichte Israels, als theologische Begründung der 7-Tage-Woche u. a.). Auch wird Gott von allen ernst zu nehmenden Theologen nicht mehr als der überdimensionale Handwerker verstanden.

Wie aber lässt sich heute konkret von Gott, dem Schöpfer, reden? Neuere theologische Veröffentlichungen knüpfen bei altverdienten theologischen Pionieren wie Teilhard de Chardin (1881–1955) und Karl Rahner (1903–1983) an. Teilhards These „Gott macht, dass die Dinge *sich selber* machen", hat bleibende Gültigkeit; Rahners Konzept der „aktiven Selbst*transzendenz*" besitzt eine innere Beziehung zur „Selbstorganisation" der Materie, wie sie die Evolutionstheorie vertritt. Wenn aber die Dinge selbst zu einer evolutiven Entwicklung fähig sind und wenn sie sich selbst organisieren können, ist dann Gott nicht überflüssig?

„Metaphysischer Garant von Kreativität im Universum"

Wenn Gott als überdimensionaler Handwerker und „Macher" gesehen wird, dann ist Gott als „Schöpfer" in der Tat überflüssig. Wenn man aber glaubt, dass die Dinge nur deshalb zum „Sich-selber-Machen", zur Höherentwicklung in der Lage sind, weil Gott ihnen innerlich ist und diese Höherentwicklung ermöglicht, dann sieht die Sache schon anders aus. Gott erscheint dann als „metaphysischer Garant von Kreativität im Universum" (Godehard Brüntrup).[34]

Ein Beispiel mag das illustrieren. Wenn ein Naturwissenschaftler feststellt, dass beim Zusammentreffen bestimmter Subsysteme neue Systemeigenschaften auftauchen, die nicht auf die Subsysteme zurückgeführt werden können, mag dafür als hinreichende Erklärung genügen, dass eben, wenn bestimmte Anfangsbedingungen zusammenkommen, unter bestimmten Gesetzen ein daraus sich entwickelndes Ereignis entsteht. Aber damit ist keineswegs hinreichend erklärt, *warum* es überhaupt zu einer solchen Entwicklung kommt – bis hin zur Entstehung geistig-mentaler Wesen (Mensch), *warum* die Materie so beschaffen ist, dass sie dieses Neue, wenn auch nach vielen Irrläufen und Fehlschlägen und nach Millionen von Jahren, *von selbst* zustande bringt. Es bleibt die Frage: Was ist eigentlich der ermöglichende Grund dafür? Ist wirklich alles nur „purer Zufall"? Oder müssen bestimmte Bedingungen gegeben sein, damit eine kontinuierliche Höherentwicklung möglich wird? Und welche Bedingungen sind das genau? Wer oder was hat sie gesetzt?

Hier hüllen sich die naturalistisch denkenden *A-* oder *Anti-*Theisten in Schweigen. Hier kommt etwas anderes ins Spiel. Das meint jedenfalls der Biologe, Philosoph und Theologe Christian Kummer in seinem jüngsten

Buch.[35] Auch der hartgesottene Naturalist komme ohne solche, die Natur überschreitenden und damit *meta*-physischen Vorentscheidungen nicht aus.[36] Nur wollen viele Naturwissenschaftler das nicht wahrhaben: „Ihre metaphysischen Voraussetzungen sind hintergründiger, versteckter, aber damit nicht weniger virulent.“[37]

„Tangentiale“ und „radiale Energie“

Kummer sieht diese „metaphysischen Voraussetzungen“ in einem dualen Materiebegriff, der eine naturwissenschaftlich zugängliche „Außenseite“ und eine dazu korrespondierende, aber darauf nicht reduzierbare „Innenseite“ kennt.[38] Er greift damit Gedanken auf, die sich bereits bei Teilhard de Chardin mit dem Begriffspaar „tangentiale“ und „radiale Energie“ finden. Teilhards Energiebegriff hat allerdings nichts mit dem physikalischen Energiebegriff der Relativitätstheorie zu tun (Energie = Masse mal Lichtgeschwindigkeit zum Quadrat), sondern „viel eher mit der ‚energeia‘ der aristotelischen Substanz“. Aristoteles versteht unter *„energeia“* den unabhängigen und beharrlichen Grund von Bestimmbarkeit, den Grund der Bestimmtheit einer biologischen Art, das Prinzip des einzelnen Lebendigen und schließlich eine in sich unbewegte Einheit.[39] Die *„tangentiale Energie“* repräsentiert die naturwissenschaftlich beschreibbare Außenseite. Diese „Außenseite“ ist das Reich der Naturwissenschaften, und Teilhard hat keine Schwierigkeiten, die Gültigkeit der Darwin'schen Evolutionstheorie voll und ganz zu akzeptieren. Die *„radiale Energie“* ist die „Innenseite“ einer Materieanordnung. Über die Außenseite, auf der Ebene der tangentialen Energie also, tritt ein Ding mit anderen in Kontakt – zunächst ein loser Haufen, dessen Elemente erst aufgrund der radialen Energie interagieren und die Grenzen ihres bisherigen Einigungsvermögens auf ein gemeinsames neues Zentrum hin übersteigen. Was Naturalisten „physisch“ als Emergenz, als Auftauchen und Emporkommen, beschreiben, wird von Teilhard de Chardin „meta-physisch“ als Überzentrierung kraft radialer Energie gedeutet. Man könnte auch von einer (metaphysisch-radialen) Fähigkeit des Lebens sprechen, die darin besteht, das bestehende Organisationsniveau zu überschreiten, zu „transzendieren“, wenn entsprechende äußere (tangentiale) Umstände die Bedingungen dafür schaffen. Einerseits wird diese Transzendenz von den Dingen selbst bewerkstelligt. Andererseits verlangt diese „Selbsttranszendenz“ eine ermöglichende Ursache, damit aus etwas mehr werden kann, als es selbst ist.

Allerdings: Was Teilhard genau unter dem Begriff „radiale Energie“ versteht, ist in seinen Texten nicht klar zu erkennen: Worin besteht das Wesen der radialen Energie? In welcher Beziehung steht sie zur tangentialen Energie? Ist die radiale Energie den materiellen Faktoren übergeordnet, so dass sie diesen Organisation und Richtung gibt? Die Fragen bleiben offen.

Zusammenhang von Transzendenz und Immanenz

Der Theologe Hans Kessler setzt in seinem Buch „Evolution und Schöpfung in neuer Sicht“[40] anders an. Er baut auf den Zusammenhang von Transzendenz und Immanenz: „Der recht verstandene ‚Schöpfungs‘-gedanke leistet nämlich ein Doppeltes: Er unterscheidet Gott und Welt und verbindet sie zugleich innigst. Gott und Welt werden nicht wie im Pantheismus monistisch vermengt, auch nicht wie im Dualismus (und Deismus) dualistisch auseinandergerissen und getrennt, sondern sie werden dialogisch unterschieden (so dass sie je ihre Eigenart behalten) und (in engster Beziehung) verbunden.“[41] Die Immanenz Gottes verhindert, dass man seine Unterschiedenheit von der Welt missversteht: „Er ist von ihr nicht endlich-gegenständlich unterschieden wie ein übergroßer Gegenstand (sonst wäre er ja ein Ding außerhalb der Welt, durch sie begrenzt, also nicht unendlich, nicht Gott).“[42] Zu Transzendenz und Immanenz kommt noch hinzu, dass Gott als Urgrund von personalen Wesen „auch die Qualität des Personalen, Beziehungsfähigen, in sich hat.“[43] Wenn alles das gilt, „dann ist das All nicht alles (wie im Materialismus), auch nicht göttlich (wie im Pantheismus), weder gegengöttlich (wie im Dualismus) noch gottleer (wie im Deismus). Vielmehr sind das All und jedes Wesen in ihm (1) von Gott umfangen, (2) von ihm bejaht/geliebt und (3) von ihm erfüllt/durchatmet. Und das gleichzeitig in einem.“ In dieser pan-en-theistischen Perspektive „geschieht der gesamte kosmische Prozess (die Schöpfung) *in Gott*, in Gott von Gott begründet (‚geschaffen‘).“[44] Diese Formulierung erinnert an den Apostel Paulus, der in seiner Rede auf dem Areopag in Athen das aufgreift, was „einige Dichter“ behauptet haben: „In ihm (Gott, N. S.) leben wir, bewegen wir uns und sind wir [...] Wir sind von seiner Art.“[45] Kessler muss allerdings ehrlicherweise einräumen: „Wie das Zusammenspiel zwischen dem transzendent-immanenten Gott und den Geschöpfen [...] zu denken sein könnte, das weiß ich freilich auch nicht.“[46] Das klingt immerhin ehrlicher als das, was Dawkins in seinem Pamphlet „Der Gotteswahn“ über die „Eigenschaften“ Gottes weiß (oder besser: dessen, was Dawkins für „Gott“ hält): „Er ist eifersüchtig und auch noch stolz darauf; ein kleinlicher, ungerechter, nachtragender Überwachungsfanatiker; ein rachsüchtiger, blutrünstiger ethnischer Säuberer; ein frauenfeindlicher, homophober, rassistischer, Kinder und Völker mordender, ekliger, größenwahnsinniger, sadomasochistischer, launisch-boshafter Tyrann."

Dieu en avant – Gott des ewigen Voraus

Vielleicht kann hier ein Gedanke von Teilhard de Chardin weiterhelfen. In dem 1948 verfassten und noch immer unveröffentlichten Manuskript „Comment je vois" entwirft Teilhard auf nur vier Seiten eine „Metaphysik der Einigung" (Metaphysique de l'Union) und stellt in begrifflich und sprachlich außerordentlich komprimierter Form seine Philosophie und Theologie der Schöpfung dar. Freilich muss Teilhard, wie überall in seinem Werk, besonders auch hier in dieser „Schöpfungsmetaphysik" als Anreger und nicht als Lehrer eines geschlossenen Systems verstanden werden.[47]

Gott ist weder ein „Gott in der Höhe" (Dieu en haut), wie man sich das im alten Weltbild vorgestellt hat. Aber er ist auch nicht das Gegenteil: ein „Gott der Tiefe", der im letzten Grund mit dieser seiner Schöpfung identisch gesetzt wird und damit jede Transzendenz verliert. Gott ist in einer Welt, die sich in die Zukunft hineinbewegt und immer mehr entfaltet, vielmehr ein „Dieu en avant", ein „Gott des ewigen Voraus", ein Gott der Zukunft. Seine Transzendenz liegt gerade nicht darin, dass er seiner Schöpfung unendlich fern ist – als der „ganz Andere" gegenüber dieser Welt. Vielmehr ist er – als der ganz Andere – als Erste und Grund legende Ursache dieser seiner Welt zutiefst „in-existent", „ein-wohnend". Aber seine Transzendenz gegenüber einer Welt in fortschreitender Evolution besteht nun gerade darin, dass er dieser seiner Schöpfung und ihrer Entwicklung immer schon voraus ist, dass er von keiner wirklichen Welt und ihrer Entwicklung eingeholt werden kann.

Dieser Voraussetzungscharakter des Schöpfers hat bedenkenswerte Folgen:

– Der seiner Schöpfung ewig präsente und inexistente Gott ist die Grundvoraussetzung (das heißt das im letzten Grund zu setzende Voraus) der Welt und aller Entwicklung. Er ist aber niemals selbst Entwicklungsfaktor. Wir können deshalb Gott nicht herbeirufen, damit er durch immer wieder neue schöpferische Eingriffe bestimmte Entwicklungslücken schließt. Eine solche Auffassung zerstört geradezu die Transzendenz des „Dieu en avant". Denn sie degradiert ihn zu einer biologischen Zweitursache, die etwas zu reparieren hat, was die Evolution aus sich heraus nicht fertigbrachte. Eine Höherentwicklung, so Teilhard de Chardin, kann es gerade deswegen geben, weil die Gesamtentwicklung sich unter der permanenten Voraussetzung des Existenz verleihenden Schöpfers vollzieht. Die Höherentwicklung kann nicht so gedacht werden, dass Gott von außen an jenen Punkten in Erscheinung tritt, wo die Entwicklung nicht mehr höher hinauf kann, und dann in die Lücke wirksam einspringt und den Prozess vorantreibt. Gott ist nie und nimmer ein *Natur*faktor und schon gar nicht ein Lückenbüßer für evolutive Fortschrittsschwierigkeiten. Gott ist und bleibt vielmehr die metaphysische Gesamtvoraussetzung aller Entwicklung dieser Welt und aller möglichen Welten. Nur so ist und bleibt er der „Dieu en avant".

– Wenn Gott aller Entwicklung immer schon voraus ist, dann ist die Wirklichkeit der Welt, die sich in einer raum-zeitlichen Entwicklung entfaltet, nicht eine Wirklichkeit, die gleichsam „von hinten" her, von einem leider häufig falsch verstandenen „Ersten Beweger" gestoßen und nach vorne getrieben werden muss. Die Wirklichkeit der Welt ist vielmehr eine aus Gott ankommende Wirklichkeit, weil er ja aller Entwicklung immer schon unendlich voraus ist.
– Wenn Gott als Schöpfer die metaphysische Voraussetzung von Welt und Entwicklung bleiben soll, dann sind die geschaffenen Dinge keine Marionetten, die Gott erst an Drähten und Fäden ziehen und stoßen muss, damit sie wirken. Die Geschöpfe Gottes sind vielmehr selbst wirkende und sich selbst transzendierende Wirklichkeiten. Gott entlässt die Geschöpfe zu sich selbst, damit sie selbst tätig wirken können. Gottes unvergleichliches Schaffen besteht gerade darin, dass er Wirklichkeit zu sich selbst entlässt. Es gibt darum auch keinen Prozess in der Naturordnung, in dem Schöpfung und Eigentätigkeit der Geschöpfe so eng miteinander verbunden sind wie im Prozess der Evolution.
– Wenn die Schöpfung immer wieder wirkend sich selbst entwerfen und sich selbst überschreiten muss, wenn diese Schöpfung keine anderen Garantien hat, als ihre Vergangenheit hinter sich und den „Dieu en avant" vor sich, dann darf es nicht verwundern, dass diese Schöpfung in ihrer Entwicklung gekennzeichnet ist durch das Prinzip des Tastens. Die Schöpfung ist – bis hinauf zum Menschen – eine tastende Wirklichkeit. Sie schreitet voran durch *trial and error*, durch Versuch und Irrtum. Diese tastende Wirklichkeit erscheint dem Evolutionsforscher immer wieder in den Mechanismen Mutation, Rekombination, Selektion und Gendrift. Es ist verkehrt, hier allein von Zufallsmechanismen zu sprechen.
  Das Wunder der geschöpflichen Wirklichkeit liegt gerade darin, dass in ihrem tastenden Verhalten die geglückten Versuche festgehalten werden, dass auf ihnen aufgebaut wird und so immer kompliziertere und höher

zentrierte Wesen entstehen. So ist der Mensch von Gott her gesehen geplant und gewollt – aber von der endlichen Wirklichkeit her gesehen ist er das Ergebnis einer tastenden Entwicklung, die über Irrwege und Abwege durch Millionen von Jahren verlief.

Angesichts der polarisierten Situation, in der vorwiegend Zerrbilder eines göttlichen Schöpferhandelns transportiert werden, könnten die skizzierten bestehenden Ansätze eine neue Differenziertheit bewirken. Im Hinblick auf die biblischen Texte geht es um eine zeitgemäße, die Ergebnisse der historisch-kritischen Bibelauslegung berücksichtigende Hermeneutik, theologisch-systematisch um ein angemessenes Gottes- und Schöpfungsverständnis und pastoral um ein tragfähiges Konzept von Bittgebet jenseits eines magischen Verständnisses, wonach Gott punktuell die Naturgesetze außer Kraft setzen und beliebig eingreifen kann, so man ihn nur intensiv genug bittet.

Alles Seiende ist in Gott einbegriffen

Es erscheint nicht verwunderlich, dass in neuerer Zeit unter Religionsphilosophen und Theologen wieder häufiger auf das Gott-Denken des jüdischen Philosophen Baruch de Spinoza (1632–1677) zurückgegriffen wird. Spinoza beschäftigte – wie schon viele Philosophen vor ihm und nach ihm – die Frage, wie es etwas Endliches, Bedingtes geben kann, wenn es zuerst – als dessen Voraussetzung – notwendig ein Unendliches und unbedingtes Absolutes geben muss. Wenn es aber ein Unendliches gibt, kann es außer ihm genau genommen nichts mehr geben. Denn ein „außer" zu diesem Unendlichen und Unbedingten wäre dann ja entweder ebenfalls unendlich und unbedingt. Es gäbe also (mindestens) zwei Unendliche und Unbedingte. Das ist denkerisch nicht möglich. Also kann das Endliche und Bedingte nur so etwas wie ein Teil des Unendlichen und Absoluten selbst sein.

Spinoza vertritt nun die Ansicht, dass „die denkende Substanz und die ausgedehnte Substanz eine und dieselbe Substanz sind, die bald unter diesem, bald unter jenem Attribut gefasst wird". Es gibt für ihn nur eine einzige Substanz. „Unter Substanz verstehe ich das, was in sich ist und durch sich begriffen wird, d. h. das, dessen Begriff, um gebildet werden zu können, den Begriff eines anderen Dinges nicht braucht."[48] Diese eine, unendliche, notwendige, unbedingte und wiederum alles bedingende Substanz heißt Gott oder Natur. Materie und Geist sind keine eigenen Substanzen, sondern lediglich Attribute der einen einzigen Substanz, die alles mit Notwendigkeit hervorbringt. Damit wird das Verhältnis von Transzendenz und Immanenz, von Gottesbild und Menschenbild aus den Widersprüchen befreit, in die sie das bisherige Denken hineinzog. In der Philosophiegeschichte wird dieses Denken als Pantheismus bezeichnet (pan-theismus = alles Seiende ist Gott).

Dieses „pantheistische" Denken erscheint heute vornehmlich in einer nicht unwesentlich veränderten Form als „Pan-en-theismus" (alles Seiende ist *in* Gott *einbegriffen*). Gott geht über das materielle Universum hinaus. Alles im Universum ist (An-)Teil Gottes, aber Gott ist mehr als das Universum. Gott und Welt sind nicht identisch, wie das im pantheistischen Denken angenommen wird. Es gibt vielmehr ein vielgliedriges System von Wesen und Lebenserscheinungen, die voneinander und von Gott relativ gesondert scheinen, dem Urgrund nach jedoch allesamt untrennbar mit diesem verbunden sind. Ein Dualismus zwischen Gott und Welt ist ausgeschlossen. Die strenge Unterscheidung zwischen Schöpfer und Schöpfung ist lediglich ein unabdingbares Hilfsprinzip, das es den Menschen erst ermöglicht, die Welt konkret begreifen, einordnen und beurteilen zu können. Nicht unwesentlich mögen zu dieser „Wiederentdeckung" des Panentheismus die Forschungsergebnisse der Naturwissenschaft über die aus menschlicher Sicht unvorstellbare Größe des Universums, die Wunder der Biologie oder die Vorgänge der Quantenphysik beigetragen haben, die das Empfinden der Ehrfurcht und des Erstaunens gegenüber diesen Naturerscheinungen verstärkten und untermauern.

„Gott" wird im panentheistischen Denken als eine sich ihrer selbst bewusste, aber neutral verhaltende Urmacht betrachtet. Da „alles Seiende in Gott einbegriffen" ist, kann Gott konsequenterweise nicht als ein jedem Menschen sich persönlich zuwendender Gott gedacht und verstanden werden. Nach panentheistischem Gottesverständnis gibt es keine persönliche Hinwendung eines (transzendenten) Gottes zum Menschen, da eine Hinwendung-*zu*-Etwas eine Zweigeteiltheit voraussetzen würde. Diese ist jedoch im panentheistischen Gott-Welt-System nicht gegeben – ganz im Gegensatz zur theistischen Sichtweise, der zufolge Gott und Welt voneinander verschieden und somit getrennt sind. Aufgrund der fehlenden Trennung zwischen Gott und Mensch sowie der Tatsache, dass Gott nicht als (eigenständiges) „Wesen" gesehen wird, versteht der Panentheismus den „Gottesglauben" eher als „Transzendenzglauben". Das Transzendente (oder die Transzendenz schlechthin) meint nicht ein Gott(wesen) im klassischen Sinn, sondern vielmehr eine alles umfassende und alles durchdringende „Kraft", eine (göttliche) „Substanz", einen letzten und tiefsten Urgrund alles Seienden. Gott ist der Welt immanent (in allen Lebewesen, Pflanzen und auch „toter" Materie) und zugleich zu ihr transzendent („über" bzw. „außer" ihr stehend), ebenso wie die Welt ihrerseits Gott immanent, d. h. von Gott umfasst, ist.

Von daher erklärt sich auch die heute vielfach bevorzugte nicht-personale, eher abstrakt-begriffliche Rede von Gott.[49]

Bei seinem Versuch, angesichts des „neuen" Atheismus und der damit einhergehenden Gotteskrise die Frage nach einem Gottesglauben, der den Herausforderungen unserer modernen Zeit- und Welterfahrung gewachsen ist, neu zu denken, knüpft der Münsteraner Religionsphilosoph Klaus Müller beim Gott-Denken Baruch de Spinozas und bei panentheistischem Gedankengut an.[50] Es könne heute nicht darum gehen, die alten Gottesbilder lediglich zu konservieren und auf ein baldiges Ende des Atheismus zu hoffen. Vielmehr sei eine Theologie gefordert, die es verstehe, Gott so zu denken, dass er „zugleich persönlich und alles ist"[51]. Es komme heute darauf an, „Gott als Einzelwesen zu denken, das zugleich alles ist. Das ist freilich leichter gesagt als getan."[52]

Die Religionen, so Müller, denken auf das „Ganze" hin. „Die so genannten westlichen, also monotheistischen Religionen geben diesem Ganzen das Antlitz einer personalen Instanz, die sogenannten östlichen fassen es in den Gedanken einer All-Einheit, in die alles Einzelne und Endliche eingeht. [...] Aus monotheistischer Perspektive wird man etwa sagen können, dass jene allem Bestand verleihende Ganzheit nicht weniger komplex gedacht sein sollte als das Komplexeste, was an Teilwirklichkeiten im Kosmos menschlicher Weltwahrnehmung auftritt, namentlich die Instanz selbstbewusster Subjektivität und ihrem abgründigen Zusammenspiel von Materie und mentalen Prozessen. Trotzdem müssen sich auch die Monotheismen [...] an den Gedanken gewöhnen, dass Gott auch noch größer ist als der Monotheismus und darum [...] als zugleich persönlich und alles gedacht werden muss. Wie das genau gehen könnte, wissen wir trotz genialer Vorarbeiten mancher Denker aus der Epoche des Idealismus bis heute nur in Ansätzen."[53]

Negative Theologie

In den zunehmenden Trend, für die Rede von „Gott" heute vor allem nichtpersonale Bilder zu verwenden, passt es gut hinein, dass zahlreiche Theologen heute bevorzugen, eher eine „Negative Theologie" zu betreiben. Denn vielen Menschen ist Gott abhandengekommen – nicht nur in ihrer Sprache, sondern auch in ihrem Leben. Sie erleben an sich selbst das Schwinden religiöser Gewissheiten, den Verlust einer einstmaligen Gottesnähe. Sie sind Gott losgeworden, leben als „Gottlose". Jene von ihnen, die (noch) kirchlich gebunden sind, leben in einem seelischen Zwiespalt: Sie praktizieren ihren tradierten Glauben, sprechen das Glaubensbekenntnis (wenn auch mit einem unguten Gefühl), aber von dem kirchenoffiziell vorgegebenen Gottesbild haben sie sich längst verabschiedet. Wie lange sie diese Glaubenszerrissenheit, die Unehrlichkeit vor sich selbst noch aushalten können, wissen sie selbst nicht. Es fällt ihnen zunehmend schwerer, einen Glauben aufrechtzuerhalten, der sich für sie nicht mehr hinreichend begründen lässt; es wird für sie immer schwieriger einzusehen, warum ein Leben aus dem (christlichen) Glauben den Vorzug verdienen soll gegenüber der Lebenseinstellung einer immer größeren Anzahl ihrer Zeitgenossen, die leben, „als ob es Gott nicht gäbe", um die bekannte Formel Dietrich Bonhoeffers zu zitieren.

Und es scheint ja tatsächlich so zu sein, dass „Gott" zur Erklärung innerweltlicher Abläufe und Sachverhalte nicht mehr gebraucht wird. Er wird nicht mehr benötigt, weil man alles auch ohne ihn in Gang setzen kann. Fast alles in der Welt ist erklärbar, ohne Gott zu Hilfe nehmen zu müssen. Und das, was noch nicht erklärbar ist, wird die Wissenschaft im Laufe der Jahre schon noch erforschen. So meint man wenigstens.

Man kann feststellen: Es lässt sich menschlich sein *ohne* Gott. Es lässt sich aber auch *un*menschlich sein *mit* Gott. Ohne ausdrückliche Berufung auf einen wie immer gearteten Glauben an Gott oder sogar mit dem Bekenntnis, Atheist zu sein, geschehen bewundernswerte humanitäre Leistungen – unter Berufung auf den Glauben an einen („gütigen" und „barmherzigen") Gott geschehen entsetzliche Verbrechen. Kinder werden von Gott-losen liebevoll gepflegt und umsorgt – Kinder werden von Gottesgläubigen gequält und missbraucht. Aus rein humanitären Gründen, ohne Berufung auf Gott, engagierten und engagieren sich Menschen für Frieden und Versöhnung – mit der Devise „Gott mit uns" auf ihren Koppelschlössern zogen und ziehen Gottgläubige in den („heiligen") Krieg und kämpfen gegen Menschen, die die gleiche Parole auf ihren Koppelschlössern tragen und ebenfalls „im Namen Gottes" morden. Der Glaube an Gott wirkt sich auf das Leben der Menschen und ihr Handeln generell kaum nachweisbar positiv aus.

Gott lässt sich negieren, weil man nicht sieht, was einen „Gott", der als moralische, naturwissenschaftliche, politische Arbeitshypothese abdanken musste, von einem „Gott" unterscheidet, den es gar nicht gibt. Was, wie und wer Gott sei, wird für eine derart Gott-los gewordene Zeit offenkundig zu einer müßigen Frage.

„Wenn Ochsen Hände hätten und malen könnten, würden sie der Götter Gestalt ochsenähnlich malen.“

Hier setzt nun die sogenannte „Negative“ Theologie ein. Sie geht von den modernen Verneinungen der innerweltlichen Notwendigkeit Gottes aus. Sie unternimmt den Versuch, Gott mit einer Welt zusammenzudenken, die für sich beansprucht, „ohne Gott“ verstehbar und gestaltbar zu sein. Negative Theologie ist keineswegs eine Erfindung der Neuzeit. Schon in der Antike gab es ähnliche Überlegungen und Erfahrungen. Eines der ersten Zeugnisse stammt von dem griechischen Philosophen Xenophanes (6. Jahrhundert v. Chr.). Er vertrat die Ansicht, dass sich die Menschen ihre Gottesbilder nach ihrem eigenen Bild zusammenzimmern: „Wenn Ochsen oder Löwen Hände hätten oder vielmehr malen könnten mit ihren Händen und Kunstwerke herstellen wie die Menschen, dann würden Pferde pferdeähnlich, Ochsen ochsenähnlich der Götter Gestalt malen und solche Körper bilden, wie jeder selbst gestaltet ist.“[54] Dennoch war Xenophanes kein Atheist. Seine Aussagen gaben nur zu bedenken, „dass alle einschlägigen Äußerungen nach Form und Inhalt negativ sind, im Grunde also nichts anderes besagen, als dass Gott im Rahmen menschlicher Anschauungen – und andere stehen nicht zur Verfügung – nicht zu beschreiben ist“[55].

Rund 100 Jahre später vertritt eine unbekannte Person mit dem Pseudonym Dionysius Areopagita ähnliche Ansichten: „Alles Göttliche, auch jenes, was uns geoffenbart wird, lässt sich nur aus Mitteilungen erkennen. Es selbst aber befindet sich, wie es in seinem charakteristischen Urgrund und Stand gründet, jenseits von Intellekt, von jeder Manifestation des Seins und von Erkenntnis.“[56]

Auch in der Bibel finden sich Texte, die so etwas wie eine Negative Theologie enthalten. Sie beschreibt nämlich die Offenbarung Gottes nicht so, dass an die Stelle seiner Verborgenheit nun seine „Unverborgenheit“ tritt. Gott bleibt der Verborgene, Rätselhafte, Geheimnisvolle.

So widerfährt dem Mose etwas höchst Befremdliches (vgl. Gen 3,1 ff.): Er trifft auf einen brennenden Dornbusch, der aber nicht verbrennt. Das Feuer wirkt anziehend und bleibt doch abweisend. Man darf ihm nicht zu nahe kommen. Und die aus dem Dornbusch ihm entgegentönende „Selbstvorstellung“ Gottes „Ich bin der ‚Ich-bin-da‘“ wirkt auch nicht gerade besonders erhellend. Die „Offenbarung“ Gottes ist geprägt vom Charakter der Unnahbarkeit. Mose begegnet Gott in etwas Unbekanntem, Rätselhaftem, Unverständlichem – im brennenden und nicht verbrennenden Dornbusch –, und der sich „offenbarende“ Gott verweist auf das Unbekannte, das vor dem Menschen liegt. Gott ist jene Wirklichkeit, die der Mensch vor sich hat und die für ihn doch niemals zu haben ist.

An anderer Stelle wird erzählt, dass Mose nur den „Rücken" Gottes zu sehen bekommt (Ex 33,23). Der Mensch hat das „Nachsehen", er kann Gott nur „von hinten" sehen, nie von Angesicht zu Angesicht.

Und wenn Gott schon einem Menschen zum Greifen nahe ist, kann der ihn nicht festhalten. Dies ist die Lektion der Jakobsgeschichte (Gen 32). In einem merkwürdigen nächtlichen Überfall wird Jakob von Gott gepackt. Jakob kämpft mit Gott. So – im widerständigen Ringen, nicht im widerstandslosen Unterwerfen! – hat er Gott bei sich. Für Jakob ist es allerdings eine im wahrsten Sinn des Wortes lähmende Umklammerung: Er wird an der Hüfte gelähmt. Wer mit Gott ringt, bleibt gezeichnet. Den Segen Gottes erhält Jakob erst, als er bereit ist, Gott loszulassen. Das Loslassen Gottes, nicht das Festhalten, als Voraussetzung für den Segen Gottes!

Schließlich sei noch die Erzählung von der Gottesbegegnung des Propheten Elija am Berg Horeb erwähnt (1 Kön 19). Gott geht an Elija vorüber – unaufdringlich, diskret. Gott ist nicht im Sturmgebraus, nicht im Erbeben, nicht im Feuer. Er ist im „sanften, leisen Säuseln". Er imponiert dem Menschen nicht durch Macht und Gewalt, sondern exponiert sich im Unscheinbaren – so sehr, dass man ihn beinahe überhört und übersieht.

„Zwischen dem Schöpfer und dem Geschöpf kann man keine so große Ähnlichkeit feststellen, dass zwischen ihnen keine noch größere Unähnlichkeit festzustellen wäre."

Aufgrund dieser Vorgaben ist es gar nicht so verwunderlich, dass ein offizielles Dokument der katholischen Kirche, ein Text des Vierten Laterankonzils (1215), das „Grundgesetz für alle theologischen Vergleiche zwischen Schöpfer und Geschöpf"[57] formuliert: „Zwischen dem Schöpfer und dem Geschöpf kann man keine so große Ähnlichkeit feststellen, dass zwischen ihnen keine noch größere Unähnlichkeit festzustellen wäre."[58]

Negative Theologie, wie sie heute von einigen Theologen vertreten wird, sagt Nein zu einer theologischen Tradition, die überfrachtet ist mit dem Anspruch, über Gott so sehr Bescheid zu wissen, dass sie unablässig in Behauptungssätzen von Gott redet: Gott ist ... allmächtig, allgütig, allgegenwärtig, allbarmherzig usw. Und sie sagt Nein zu einer Position, für die ein Gottesverhältnis nur sinnvoll ist, wenn es lebenspraktischen Zwecken dient. In einem Beitrag über die „Negative Theologie" vertritt der Theologe Hans-Joachim Höhn die Ansicht: „Wer sich auf diesen Weg der Bestreitung und

‚Verneinung' macht, muss sich in einem ersten Schritt darauf gefasst machen, dass Gotteserfahrung eine ‚Enteignung' voraussetzt. Sie verlangt, all das loszuwerden, woran bisher der Glaube hing. Negative Theologie setzt also genau dort an, wo die Erfahrung der Leere, des Fehlens und Vermissens jede Behauptung der Gegenwart Gottes dementiert. Sie macht klar: Nur mit leeren Händen können Menschen nach jener Wirklichkeit greifen, von der sie hoffen, dass sie ihrerseits von ihr ergriffen werden."[59]

In zahlreichen Zeugnissen der Mystik wird davon berichtet, wie Menschen sich von Gott „ergriffen" fühlten, nachdem sie vorher alle ihre Gottes-„Begriffe" aus der Hand gegeben hatten. In unnachahmlicher und auf den ersten Blick schockierender Weise schildert Meister Eckhart (ca. 1260–1328) dieses Weggeben aller Bilder und Vorstellungen von Gott: „Jedes Haften am äußeren Zeichen und genießende Schauen hindert dich am Erfassen des ganzen Gottes. [...] Nein, der Tempel muss ledig und frei sein, wie das Auge frei und leer sein muss von aller Farbe, soll es Farbe sehen. [...] Alle jene Bilder und Vorstellungen aber sind der Balken in deinem Auge. Drum wirf sie hinaus. Ja selbst deines gedachten Gottes sollst du quitt werden, aller deiner doch so unzulänglichen Gedanken und Vorstellungen über ihn wie: Gott ist gut, ist weise, ist gerecht, ist unendlich. Gott ist nicht gut, ich bin besser als Gott; Gott ist nicht weise, ich bin besser als er, und Gott ein Sein zu nennen ist so unsinnig, wie wenn ich die Sonne bleich oder schwarz nennen wollte. [...] Alles, was du da über deinen Gott denkst und sagst, das bist du mehr selber als er."[60]

Gott ist „nicht zu fassen"; er übersteigt jedes sprachliche Fassungsvermögen. Er ist unbegreiflich; er kann mit keinem „Be-Griff" adäquat umschrieben oder gar benannt werden. Gott ist unverfügbar; er steht für die Regelung innerweltlicher Verhältnisse nicht zur Verfügung, er ist nicht funktionalisierbar – weder zur Legitimation eigener Machtansprüche („... von Gottes Gnaden"), noch zur Legitimation von Gewaltanwendung („Gott will es" – Schlachtruf der Kreuzfahrer). Erst jenseits aller Nutzbarmachung kommt das Eigentliche und Letzte in den Blick, das es wert ist, um seiner selbst willen zu ihm in ein Verhältnis zu treten. Und erst in einem solchen Verhältnis kann dem Menschen aufgehen, dass er selbst nicht aufgehen muss in einer von funktionalen Notwendigkeiten beherrschten Welt. „Damit kommt auch das emanzipatorische Motiv einer Negativen Theologie in den Blick: Wenn Gott sich jeder Instrumentalisierung widersetzt, dann ist die Beziehung des Menschen zu einem Gott, der nicht als Mittel zum Erreichen eines Zweckes herhalten kann, ein von Verzweckungen freier Vollzug. Es entsteht eine Beziehung in Freiheit."[61]

Hans-Joachim Höhn weist in seinem Beitrag über die Negative Theologie auch darauf hin, dass eine Negative Theologie durchaus von Gottes Gegenwart sprechen kann. Sie tut es aber anders als in der Behauptung unmittelbarer Gegenwart. Sie kennt nur die Präsenz des „Fernnahen" (Paul Konrad Kurz). Höhn greift zur Veranschaulichung (auch Negative Theologie kommt ohne „Bilder" nicht aus!) auf eine Metapher zurück, die ein namhafter Theologe, Otto Hermann Pesch, einmal gebraucht hat, um die Gleichzeitigkeit von Distanz und Nähe zu verdeutlichen: die Metapher „Horizont". Diesseits des Horizontes ist alles, was für uns real ist. Ob jenseits des Horizontes etwas ist, lässt sich nicht sagen. Um es zu überprüfen, müssten wir uns dahin bewegen, wo jetzt die Horizontlinie verläuft. Je weiter man nun geht, umso weiter weicht diese Linie zurück. Das „Jenseits" des Horizontes bleibt dabei der Bereich dessen, wo für uns nichts ist. Geht man auf dieses „Jenseits" zu, verändert sich der Abstand nicht. Der Horizont ist unerreichbare Grenze, aber er konstituiert gerade dadurch einen Raum, in den der Mensch vordringen kann. Als den Raum begrenzend ist der Horizont nie selbst im Raum. Der Horizont ist zwar nichts, was man unabhängig vom Menschen einfach vorfinden könnte. Aber er ist deswegen nicht etwas, was nur in der Einbildungskraft existiert – als etwas bloß Vorgestelltes. Ohne den Horizont kann der Mensch die Dinge außerhalb seines Kopfes gar nicht als real orten. Und ohne den Horizont kann sich der Mensch auch nicht in seiner Außenwelt zurechtfinden. Der Horizont gehört somit in einen Bereich, der weder ganz dem Menschen noch ganz seiner Außenwelt zuzuordnen ist. Zu beiden steht er in Beziehung – und zugleich transzendiert er sie. Er gehört unablösbar zur Räumlichkeit des menschlichen Daseins.

Die Metapher „Gott ist der Horizont des Daseins" will sagen: Gott ist jene Wirklichkeit, „diesseits" deren nur Endliches ist. Er selbst ist weder Endliches noch das Ganze des Endlichen. Gott ist jene Wirklichkeit, „jenseits" deren nichts ist. Gott selbst ist weder etwas noch nichts.[62]

7. Was heißt: Religiös sein?

Als Zusammenfassung dessen, was ich auf den vorangegangenen Seiten darzulegen versuchte, möchte ich am Schluss noch einmal thesenartig die wesentlichen und wichtigsten Aspekte benennen.

Religiös sein heißt:

- Sich nicht mit dem vordergründig Wahrnehmbaren zufriedengeben, sondern nach dem „Mehrwert" der Dinge fragen und die Dinge als Zeichen sehen, die auf ein Tieferes, Hintergründiges verweisen.
- Die Dinge so behandeln, als würde man damit das Eigentliche und Letzte meinen.
- Die Dinge nicht als Einzelne, sondern in ihrem Gesamtzusammenhang sehen.
- Aus dem Bewusstsein leben, dass die Dinge ihr Dasein einem ersten und letzten Grund verdanken (könnten).
- Die Frage nach dem Woher und Wohin des Lebens immer wieder neu stellen.
- Das eigene Leben und den ganzen Kosmos als ein Geschenk betrachten, das der Mensch achtsam zu bewahren und zu pflegen hat.
- Der heranwachsenden Generation die Augen öffnen und sie lehren, auf das zu achten, „was die Welt im Innersten zusammenhält", ihr helfen, die Welt in Andacht wahrzunehmen und ihr Erfahrungen mit dem Unbedingten ermöglichen.
- Für die gerechte Verteilung der Güter dieser Erde, für den Frieden im Kleinen und im Großen eintreten.
- Das menschliche Gewissen als „eine Forderung von uns selbst an uns selbst" sehen und in ihm „die Gegenwart eines absoluten Gesichtspunktes in einem endlichen Wesen" erkennen, das den Menschen „über sich hinaus" führt (Robert Spaemann).
- Staunen und verwundern über die Rätsel und Geheimnisse des Kosmos, die auf etwas Unendliches und Unergründliches hinzuweisen scheinen.
- In den vielfältigen Formen menschlichen Verwiesenseins auf andere das eigene Verwiesensein für andere erkennen und anerkennen.
- Die schrillen Dissonanzen, die Gebrochenheit alles Kontingenten – Naturkatastrophen, Krankheit, Unglück, Tod – als Bruchstücke des einen großen und unteilbaren Ganzen sehen.

- Alle Bilder, die Menschen gefunden haben, um das Absolute damit zu veranschaulichen, als Metaphern erkennen für das grundsätzlich Unbeschreibliche, Unsagbare, Unvorstellbare. Bedenken, dass sie meist einen richtigen Kern beinhalten und eine bestimmte Erfahrung kennzeichnen, die Menschen in einer bestimmten Situation gemacht haben, die ihnen bedeutsam und wichtig erschien und in der sie einen Fingerzeig erkannten auf das „Mehr“ und das „Eigentliche“ des Lebens.
- Die Aufgabe übernehmen, das Leben als liebenswertes Auf und Ab gestalten zu wollen, es grundsätzlich zu bejahen und dann vor allem dieses moralisch sensibel mit anderen Menschen zu teilen (Magnus Striet).
- Einen authentischen Ausdruck des eigenen Betroffenseins von dem, was mich unbedingt angeht, finden und darzustellen suchen.

Ausblick

„Religiös ohne Gott“ – so lautet der Titel dieses Buches.

Vielleicht sagen jetzt einige Leserinnen und Leser: Eigentlich handelt es sich da um eine Mogelpackung. Denn von Anfang an wurden sie den Verdacht nicht los, dass es irgendwie doch um Gott geht. Aber sie haben vielleicht gemerkt, dass es sich dabei um *etwas anderes* – oder richtiger: um *einen Anderen* – handelt als um den allzu bekannten „lieben Gott“, als um den „Gott“, der zu einem Allerweltswort geworden ist – „Gott sei Dank“, „Ach Gott, ach Gott“, „Mein Gott, reg dich doch nicht so auf“, „Um Gottes willen, lass das!“ –, als um den „Gott“, der zu einer Redewendung geworden ist, bei der kaum noch jemand wirklich an Gott denkt.

Doch es war in diesem Buch auch von „religiös“ die Rede. Von den vielen Situationen, die sich irgendwie als „religiös“ bezeichnen lassen, obwohl es sich dabei – scheinbar – um höchst „profane“ Gegebenheiten handelt. Es ging um das Aufdecken der verborgenen und auf den ersten Blick nicht erkennbaren „anderen“ Dimension. Um die manchmal spürbare, wenn auch unausgesprochene und vielleicht dem Einzelnen völlig unbewusste Sehnsucht nach einem Letzten und Endgültigen, nach einer Tiefenschicht hinter und unter der Oberfläche, nach einem „ganz Anderen“ (Max Horkheimer).

Gibt es das überhaupt – „religiös ohne Gott“? Kann es das geben? Die Antwort wird unterschiedlich ausfallen. Sie hängt ab von der Vorstellung, die jemand mit „religiös“ oder mit „Gott“ verbindet.

- Wer mit „Gott“ jenen christentümlichen, von den Theologen wortreich beschriebenen und mit vielen Eigenschaften (allmächtig, allwissend, allgütig, all…) ausgestatteten, allzu anthropomorphen „Vater überm Sternenzelt“ vor Augen hat, der wird die Frage mit Nein beantworten, weil „religiös“ sich hier verbindet mit Ritualen und Vollzügen, die von den etablierten Religionsgemeinschaften als einzig angemessener Ausdruck der Religiosität anerkannt und angeboten werden: Gottesdienste, die nach bestimmten Regeln „abzulaufen“ haben, „heilige Handlungen“, deren Ritual genau festgelegt ist, Gebete, die nach vorformulierten, nicht selten reichlich altertümlichen Texten zu verrichten sind, die die eigenen Erfahrungen aber nicht aussprechen.

– Wem Gott nicht mehr so selbstverständlich und fraglos erscheint, wer Gott nicht schon gefunden zu haben meint, sondern noch unterwegs und auf Entdeckungsreise zu ihm ist, der wird vielleicht sagen: Ja, es gibt ein Religiössein ohne Gott. Weil ich gar nicht weiß, wer oder was Gott eigentlich ist. Weil mir die herkömmlichen Antworten auf die Frage nach Gott zu sehr nach „Gebild von Menschenhand" aussehen. Weil in den etablierten Religionen das Fascinans Gott nicht mehr erscheint. Weil Gott nicht zu be-greifen und darum nicht in einem Be-griff zu fassen ist. Gott ist immer unendlich größer, der (oder *die*) große Unbekannte, das absolute Geheimnis. Religiös sein kann darum nur ein zaghaftes Tasten bedeuten, ein ahnungsvolles Suchen mit Irrwegen und Enttäuschungen, mit glückhaftem Finden und schmerzlichem Wieder-Verlieren, mit hilflosen Gesten und hintergründigen Symbolen, mit Fragen ohne Ende. Ein spannendes, erlebnisreiches Abenteuer voll staunenswerter und betroffen machender Erfahrungen. Religiös sein – ein Aufbruch hin auf das große und nie auslotbare Geheimnis Gott.

Wer „religiös" und „religiös sein" so versteht, der kann vielleicht sagen:

– *Weil* mir der herkömmliche Gottesbegriff zu eng und zu klein geworden ist,
– *weil* in der traditionellen christlichen Theologie häufig allzu selbstverständlich und problemlos mit diesem Gott umgegangen wurde und wird,
– *weil* das Wort „Gott" den Predigern allzu wohlfeil über die Lippen kam und kommt,
– *weil* mir die tradierte Gottesrede in vieler Hinsicht unglaubwürdig erscheint,
– *weil* ich mit den traditionellen „Orten" der Gottesbegegnung und des religiösen Vollzugs oft nichts mehr anfangen kann,

habe ich mich selber auf die Suche begeben nach dem ganz Anderen, nach dem tiefsten und eigentlichen Grund, nach dem Ersten und Letzten, nach dem Alpha und Omega. Und ich glaube, seine Spuren „mitten in der Welt" vielerorts entdecken zu können, auch wenn andere meinen, dass Gott hier nicht zu finden sei und dass das alles mit Gott überhaupt nichts zu tun habe. Ich hoffe, mich wirklich auf dem Weg zu der Mitte alles Lebens und alles Seins zu befinden.

„Religiös ohne Gott" – in unserer Zeit vielleicht ein sehr persönlicher und ehrlicher Ausdruck für die Erkenntnis Blaise Pascals: „Der Mensch übersteigt unendlich den Menschen."[1]

Anmerkungen

Zur Einführung

[1] Sekretariat der Dt. Bischofskonferenz (Hg.), Katholische Kirche in Deutschland. Statistische Daten 2007, Bonn 2009 (Arbeitshilfen 231).

[2] Vgl. Kirchenamt der EKD, Evangelische Kirche in Deutschland. Zahlen und Fakten zum kirchlichen Leben, Hannover 2009.

[3] Lt. Shell Jugendstudie 2006.

[4] Bertelsmann Stiftung, Religionsmonitor 2008, Gütersloh 2007. Dazu: S. Huber, Der Religionsmonitor 2008. Strukturierende Prinzipien, operationale Konstrukte, Auswertungsstrategien, in: Woran glaubt die Welt? Verlag Bertelsmann Stiftung, Gütersloh 2009, 17 ff.; M. Rieger, Religiosität in Deutschland. Was leistet der „Religionsmonitor" der Bertelsmann Stiftung?, in: Herder-Korrespondenz 2009, 505–510.

[5] Nach einer österreichischen Studie unter der Federführung von P. M. Zulehner halten sich dort 8 % für „sehr religiös", 59 % für „religiös", 14 % nennen sich „gleichgültig", 10 % „eher nicht religiös", 7 % „nicht religiös" (P. M. Zulehner / I. Hager / R. Polak, Kehrt die Religion wieder? Religion im Leben der Menschen 1970–2000, Ostfildern 2001).

[6] R. Polak (Hg.), Megatrend Religion? Neue Religiositäten in Europa, Ostfildern 2002. Die Studie ist umfassend angelegt und untersucht eine Fülle von religiösen Spuren und Aspekten, die sich nach Meinung der Autoren in Funk und Fernsehen, im Internet und in der Werbung, in der freien Marktwirtschaft und in der Politik, in der Wissenschaft und in der Freizeitgesellschaft heute zeigen.

1. Religion und Religiosität

[1] Zum Ganzen sehr ausführlich E. Feil, Religio. Die Geschichte eines neuzeitlichen Grundbegriffs im 18. und frühen 19. Jahrhundert. 4 Bde., Göttingen 2007. Leider schließt das vierbändige Werk mit Schleiermacher, Goethe, Hegel und einigen ihrer Zeitgenossen ab.

[2] Einen ausführlichen Überblick über die verschiedenen Religionstheorien bieten: V. Drehsen / W. Gräb / B. Weyel (Hg.), Kompendium Religionstheorie, Göttingen 2005; M. u. U. Tworuschka, Die Welt der Religionen. Geschichte, Glaubenssätze, Gegenwart, Chronik, München 2006; E. Arens, Gottesverständigung. Eine kommunikative Religionstheologie, Freiburg 2007.

[3] F. Schleiermacher, Über die Religion. Reden an die Gebildeten unter ihren Verächtern, Synoptische Ausgabe der drei ersten Auflagen der Reden, hg. v. G. C. B. Pünjer, Braunschweig 1879, 52.

[4] F. Schleiermacher, Der christliche Glaube. Nach den Grundsätzen der evangelischen

Kirche im Zusammenhange dargestellt (^{2}1830/31), hg. v. M. Redeker, Berlin 1960, Bd. 1, 14; 23.

[5] R. Otto, Das Heilige. Über das Irrationale in der Idee des Göttlichen und sein Verhältnis zum Rationalen, Breslau 1917, München 1991.

[6] Ich folge hier: J. Schneider, Rudolf Otto, in: V. Drehsen / W. Gräb / B. Weyel (Hg.), Kompendium Religionstheorie, Göttingen 2005, 101–107; hier: 102 f.

[7] J. Schneider, Rudolf Otto, in: V. Drehsen / W. Gräb / B. Weyel (Hg.), Kompendium Religionstheorie, Göttingen 2005, 101–107; hier: 102.

[8] R. Otto, Kantisch-Fries'sche Religionsphilosophie und ihre Anwendung auf die Theologie. Zur Einleitung in die Glaubenslehre für Studenten der Theologie, Tübingen 1909, 75.

[9] C. G. Jung, Zur Psychologie westlicher und östlicher Religionen. GW 11, Zürich/Stuttgart 1963, 88.

[10] Vgl. S. Freud, Das Unbehagen in der Kultur (1930). GW XIV, 430 und 443 f.; Die Zukunft einer Illusion (1927). GW XIV, 355.

[11] S. Freud, Zur Psychopathologie des Alltagslebens (1901). GW IV, 287.

[12] S. Freud, Aus der Geschichte eines infantilen Jungen (1919). GW XII, 150.

[13] S. Freud, Der Mann Moses und die monotheistische Religion (1939). GW XVI, 101–246.

[14] S. Freud, Totem und Tabu (1912–13), GW I, 287–444.

[15] S. Freud, Der Mann Mose und die monotheistische Religion (1939), GW XVI, 101–246; hier: 238 f.

[16] M. Eliade, Das Heilige und das Profane. Vom Wesen des Religiösen, Frankfurt ^{2}1990, 103.

[17] M. Eliade, Die Religionen und das Heilige, Frankfurt 1986, 19. 34 f.

[18] Ebd., 58.

[19] M. Eliade, Das Heilige und das Profane. Vom Wesen des Religiösen, Frankfurt ^{2}1990, 22 f.

[20] E. Fromm, Psychoanalyse und Religion, Konstanz 1966, 31–36. (kursiv im Original).

[21] H. Lübbe, Religion nach der Aufklärung, Graz 1986.

[22] Th. Luckmann, The Invisible Religion The Problem of Religion in Modern Society, New York 1967; deutsch: Th. Luckmann, Die unsichtbare Religion, Frankfurt ^{2}1993.

[23] Vgl. H. Klages, Wertedynamik. Über die Wandelbarkeit des Selbstverständlichen, Zürich 1988, 82.

[24] Th. Luckmann, Die unsichtbare Religion, Frankfurt ^{2}1993, 93–96.

[25] Ebd., 93.

[26] Ebd., 96–98.

[27] Ebd., 96.

[28] Ebd., 96.

[29] Vgl. DIE ZEIT, Nr. 49 (29. 11. 2007), 68.

[30] B. Dressler / M. Reder / J. Schmidt (Hg.), Ein Bewusstsein von dem, was fehlt. Eine Diskussion mit Jürgen Habermas, Frankfurt 2008.

[31] J. Habermas, Ein Bewusstsein von dem, was fehlt. Über Glauben u. Wissen und den Defätismus der modernen Vernunft, in: K. Wenzel (Hg.), Die Religionen und die Vernunft. Die Debatte um die Regensburger Vorlesung des Papstes, Freiburg 2007, 47–56; hier: 50 (A. 8).

[32] J. Habermas, Nachmetaphysisches Denken. Philosophische Aufsätze, Frankfurt 1988, 23 (A. 10).

[33] J. Habermas, Zwischen Naturalismus und Religion. Philosophische Aufsätze, Frankfurt 2005, 138.

[34] Vgl. M. Knapp, Glauben und Wissen bei Jürgen Habermas, in: Stimmen der Zeit 4/2008, 270–280, hier: 278 f.

[35] E. O. Wilson, Biologie als Schicksal. Die soziobiologischen Grundlagen menschlichen Verhaltens, Frankfurt/Berlin/Wien 1980, 177; zit. nach: U. Lüke, Mensch – Natur – Gott. Naturwissenschaftliche Beiträge und theologische Erträge, Münster/Hamburg/London 2002, 60.

[36] P. Tillich, Auf der Grenze, Stuttgart 1962, 201 f.

[37] P. Tillich, Die Frage nach dem Unbedingten. Gesammelte Werke V, Stuttgart 1964, 39 f.

[38] P. Tillich, Auf der Grenze, Stuttgart 1962, 201 f.

[39] H. Fries, Art. „Religion“, in: Handbuch theologischer Grundbegriffe. Bd. 3, München 1970, 451.

2. Schwindende Akzeptanz: Tradierte religiöse Ausdrucksformen

[1] A. N. Whitehead, Wissenschaft und moderne Welt, Frankfurt 1984, 219 (Titel der Originalausgabe: Science and the Modern World, Cambridge 1925).

[2] Zit. nach: H. Joas, Gottlos fromm, in: DIE ZEIT Nr. 30 (16. 7. 2009), 45.

[3] Zit nach: M. Urban, Fromme Rede und angestaubte Bilder. Die Kirchen samt ihrer Theologie ziehen noch immer keinerlei Konsequenzen aus den Erkenntnissen der Wissenschaft, in: Publik-Forum 15/2009, 40 f.

[4] Gotteslob. Katholisches Gebet- und Gesangbuch, Freiburg 1975, 92.

[5] C. Cherry, Kommunikationsforschung – eine neue Wissenschaft, Frankfurt [2]1967, 27.

[6] R. Oerter, Moderne Entwicklungspsychologie, Donauwörth 1970, 129.

[7] M. Walser, Halbzeit, Frankfurt 1960, 47.

[8] W. Gößmann, Sakrale Sprache, München 1965, 9.

[9] P. K. Kurz, „Komm ins Offene“. Über moderne Literatur. Bd. 10, Frankfurt 2001, Vorwort.

[10] R. Zerfaß, Die Sprache der Verkündigung, in: E. Bartsch u. a., Verkündigung. Pastorale – Handreichung für den pastoralen Dienst, Mainz 1970, 81–96; hier: 95.

[11] H. Zirker, Sprachprobleme im Religionsunterricht, Düsseldorf 1972, 68 f.

[12] Papst Pius X., Motu proprio „Inter multiplices“ vom 21. 2. 1905; zit. nach: A. Winninger, Die Eitelkeit in der Kirche, Graz/Wien/Köln 1970, 41 (das Buch ist erschienen mit kirchlicher Druckerlaubnis!).

[13] Zit. nach: M. Urban, Fromme Rede und angestaubte Bilder. Die Kirchen samt ihrer Theologie ziehen noch immer keinerlei Konsequenzen aus den Erkenntnissen der Wissenschaft, in: Publik-Forum 15/2009, 40 f.

[14] www.cicero.de/97.php?ress_id=&item=4559. Das Gespräch führte Constantin Magnis.

[15] Kardinal Carlo Maria Martini, „Schuld und Sühne im Licht der Heiligen Schrift“. Referat in Wien 1987; zit. nach: Publik-Forum 19/1990, 18.

[16] Gotteslob. Kath. Gebet- und Gesangbuch. Ausgabe für die Erzdiözese Freiburg, Freiburg 1975, 1038.

[17] J. Le Du, Sprachprobleme der Katechese, in: Concilium 1970/3, 173–180; hier: 174.

[18] Enzyklika DEUS CARITAS EST von Papst Benedikt XVI. an die Bischöfe, an die Priester und Diakone, an die gottgeweihten Personen und an alle Christgläubigen über die christliche Liebe (25. 12. 2005), in: Sekretariat der Dt. Bischofskonferenz (Hg.), Verlautbarungen des Apostolischen Stuhles Nr. 171.

[19] Ebd., Nr. 1.

[20] Ebd., Nr. 17.

[21] K. Rahner, Die unverbrauchbare Transzendenz Gottes und unsere Sorge um die Zukunft; in: Ders., Schriften zur Theologie. Bd. 14, Zürich/Einsiedeln/Köln 1980, 405–421; hier: 406.

[22] www.cicero.de/97.php?ress_id=&item=4559.

3. Zusammenstellung nach eigenen Bedürfnissen: Moderne „Patchwork-Religion"

[1] H. Klages, Wertedynamik. Über die Wandelbarkeit des Selbstverständlichen, Zürich 1988, 64 ff.

[2] Ch. Taylor, Ein säkulares Zeitalter, Frankfurt 2009. Vgl. hierzu den Beitrag von W. Post, Säkularismus – die Dilemmata der Moderne, in: Orientierung 2009, 264–267.

[3] Ebd., 1203 f.

[4] Vgl. H. Knoblauch, Populäre Religion, Frankfurt/New York 2009.

[5] Th. Luckmann, Die unsichtbare Religion, Frankfurt ²1993.

[6] P. Otten / B. Tambour, Flickwerk Religion, in: Publik-Forum 17/2009, 38–40; hier 39 f.; vgl. V. Drehsen / W. Sparn (Hg.), Im Schmelztiegel der Religionen. Konturen des modernen Synkretismus, Gütersloh 1996.

[7] Zit. nach J. Röser, Die christliche Unterscheidung, in: Christ in der Gegenwart 2009, 579. Hier leider keine weitere Quellenangabe. Vgl. Ch. Bochinger/M. Engelbrecht/W. Gebhardt, Die unsichtbare Religion in der sichtbaren Religion. Formen spiritueller Orientierung in der religiösen Gegenwartskultur, Stuttgart 2009.

[8] www.artistsfordalailama.de/files/dalailama_frankfurt_programmtext.doc.

[9] Vgl. zu den Ausführungen: Th. Seiterich, Vier Tage Lächeln. Ein Gott? Ein Mensch? Über fünfzigtausend begegnen dem Dalai Lama im Frankfurter Fußball-Stadion. Buddhismus light – Religion gewaltfrei, selbstironisch und heiter, in: Publik-Forum 15/2009, 27.

[10] A. Weil, Erziehungs- und Politikwissenschaftler, in: Publik-Forum 15/2009, 28 f.

[11] www.wellnessverband.de/infodienste/marktdaten/wellnessmarkt_deutschland.php.

[12] www.wellnessverband.de/infodienste/beitraege/o70620spirituell.

[13] W. Jäger / Chr. Quarch, … denn auch hier sind Götter. Wellness, Fitness und Spiritualität. Herder Tb, Freiburg 2004.

[14] Andächtig im Wellness-Tempel, Kirchenbote Nr. 13 (3. 4. 2005): www.kirchenbote.de/downloads/dm_2005/03_04.osnabrueck_07.pdf.

[15] Zit. nach: H. Joas, Gottlos fromm, in: DIE ZEIT Nr. 30 (16. 7. 2009), 45; vgl. H. Schnädelbach, Religion in der modernen Welt, Frankfurt 2009.

[16] Zit. nach: www.wellnessverband.de/infodienste/beitraege/070620_sprituell.php. Dort ohne genauere Quellenangabe.

[17] H.-J. Höhn, Zerstreuungen. Religion zwischen Sinnsuche und Erlebnismarkt, Düsseldorf 1998, 78.

[18] www.kahl-marburg.privat.t-online.de/Kahl_Ginkgo.pdf.

[19] G. Szczesny, Warum ich als Nichtchrist Weihnachten feiere, in: DIE ZEIT 52/1958.

[20] Die folgenden Überlegungen verdanke ich im Wesentlichen dem Krankenhausseelsorger Dr. Heinz Ulbricht.

[21] www.kreuz.net/article.9799.html.

[22] H. Heuermann unterscheidet in seinem Buch „Medienkultur und Mythen. Regressive Tendenzen im Fortschritt der Moderne“ (Hamburg 1994) zwei Pole der Regression: Zum einen den gefährlich-destruktiven, der bis zur Psychose, Schizophrenie, Hysterie, bis zum Suizid führen kann – besonders problematisch in Form der regressiven Massenpsychose, wie die Auswüchse des Faschismus zeigen. Zum anderen den hier zur Diskussion stehenden, vergleichsweise harmlosen Pol, der lediglich eine Vermeidungshaltung ohne explizite destruktive Energien darstellt. Vgl. W. Gebhardt, „Wie ticken die eigentlich – und wie gehen unsre Uhren …?“ Über sogenannte „christlich-fundamentalistische“ Gruppierungen und die Frage nach der Empfänglichkeit für einfache Antworten. Ein religionssoziologischer Blick; http://docs.google.com/viewer.

[23] M. Horx, Future Fitness, Frankfurt 2003.

[24] A. Görres, Methode und Erfahrungen der Psychoanalyse, München [2]1961, 118 f.

[25] J. Huizinga, Homo ludens. Vom Ursprung der Kultur im Spiel (1939). rororo-Tb 55435, Reinbek [20]1994.

[26] Luise Rinser, Grenzübergänge, Frankfurt 1977, 19.

[27] Zit. nach: Christ in der Gegenwart 2009, 482. Dort ohne Quellenangabe.

[28] Zit. nach: ebd. Vgl. H. Knoblauch, Populäre Religion, Frankfurt/New York 2009.

[29] P. B. Vaill, Lernen als Lebensform, Stuttgart 1998, 222.

[30] Andere sprechen von „Bricolage“ (frz.: „Bastelei“, der Begriff stammt von Claude Lévi-Strauss und bezeichnet dort das spezifische Denken sogenannter „primitiver Völker“. Vgl. C. Lévi-Strauss, Das wilde Denken, Frankfurt 2001) oder von „Religionskomposition“ (P. M. Zulehner / I. Hager / R. Polak, Kehrt die Religion wieder? Religion im Leben der Menschen 1970–2000, Ostfildern 2001, 84).

[31] Vgl. E. Baumann-Lerch, Luther wird wieder Mönch, in: Publik-Forum 11/2009, 38 f.

[32] Zit. nach: Christ in der Gegenwart 2009, 482. Dort ohne Quellenangabe.

4. Suchbewegungen: Moderne Kunst und die Erfahrung von Transzendenz

[1] „Große Kunst ist immer mystisch“. Interview mit Willy Decker, in: Publik-Forum 15/2009, 33 f.

[2] F. Mennekes, Die neue Kunst in den Kirchen, in: Anzeiger für die Seelsorge 7/8–2002, 14–16; hier: 15 f.

[3] S. Lunde, Kunst statt Kirche?, in: Meditation 27/2001, Nr. 1.

[4] Sekretariat der Deutschen Bischofskonferenz (Hg.),Verlautbarungen des Apostoli-

schen Stuhls Nr. 25, Papst Johannes Paul II. in Deutschland, Ansprache vor Künstlern und Publizisten am 19. 11. 1980 in München.

[5] M. Heidegger, Der Ursprung des Kunstwerks, in: Ders., Holzwege, Frankfurt 1952, 30.

[6] Zit. nach: Christ in der Gegenwart 1998, 380.

[7] Zit. nach: A. Stock, Religion in der Kunst. Zur Spiritualität der Avantgarde, in: zur debatte. Mitteilungen der Kath. Akademie in Bayern 6/2002, 11. Ohne nähere Quellenangabe.

[8] Karl Kardinal Lehmann, Die Welt im Spiegel der Kunst, in: R. Hoeps (Hg.), Religion aus Malerei? Kunst der Gegenwart als theologische Aufgabe, Paderborn 2005, 15–28, hier: 19.

[9] F. Mennekes, Bis in die Mitte – den Zweifel, in: Christ in der Gegenwart 10/1997, 77 f.; hier: 77.

[10] G. Steiner, Real Presences, Chicago 1989.

[11] Karl Kardinal Lehmann, Die Welt im Spiegel der Kunst, in: R. Hoeps (Hg.), Religion aus Malerei? Kunst der Gegenwart als theologische Aufgabe, Paderborn 2005, 15–28; hier: 24.

[12] R. Zwick, Magdalena, Superman & Co. Zur Konjunktur religiöser Sujets im neueren Mainstream-Kino, in: Herder-Korrespondenz Spezial: Renaissance der Religion (10/2006): Mode oder Megathema?, 45–51; hier: 45. Die Diagnose wird bestätigt durch sechs theologische Besprechungen einzelner „Kassenschlager" der letzten Jahre, die im Herder-Korrespondenz E-Dossier „Religion im Fantasy-Film" (2/2006) zusammengetragen sind.

[13] M. Walter, „Ein feste Burg ist unser Bach". Religion als neues und altes Thema von Musik, in: Herder-Korrespondenz Spezial: Renaissance der Religion (10/2006): 51–55; hier: 55.

[14] G. Langenhorst, „Ich gönne mir das Wort Gott". Renaissance des Religiösen in der Gegenwartsliteratur, in: Herder-Korrespondenz Spezial: Renaissance der Religion (10/2006), 55–60; hier: 59 f.

[15] K. Dermutz, Der „religious turn" im Theater. Religiöse Fragen auf der Bühne, in: Herder-Korrespondenz Spezial: Renaissance der Religion /10/2006), 60–64; hier: 61.

[16] D. Sölle, Das Eis der Seele spalten. Theologie und Literatur in sprachloser Zeit, Mainz 1966, 7.

[17] Zit. nach: C. Gellner, Die abschließenden Vokabulare aufbrechen, in: Orientierung 2004, 234–236; hier: 235.

[18] Zit. nach: K.-J. Kuschel, Wie reden Schriftsteller von Gott?, in: Katechetische Blätter 1991, 96–122; hier: 106.

[19] G. Kunert, Verkündigung des Wetters. Gedichte, München 1966, 48.

[20] L. Schwienhorst-Schönberger, Art. „Kohelet", in: Lexikon für Theologie und Kirche. Bd. 6, Freiburg/Basel/Rom/Wien [3]1997, 170.

[21] Zweites Vatikanisches Konzil, Dogmatische Konstitution über die göttliche Offenbarung „Dei Verbum", Art. 12.

[22] K. Lüthi, Gottes neue Eva, Stuttgart 1978, 199.

[23] Vgl. zu diesem Abschnitt: M. Eham, Die Hoffnung hebt sich wie ein Lied. Zur Bedeutung der Musik für Glaube und Leben der Christen, in: Katechetische Blätter 1997, 194–200; hier: 195–199 (teilweise wörtlich zitiert).

[24] H. Stolze, Bewegungs- und Atemtherapie in der psychotherapeutischen Praxis, in: L. Heyer-Grote (Hg.), Atemschulung als Element der Psychotherapie, Darmstadt 1970, 320.

[25] K. Graf Dürckheim, Hara – Die Erdmitte des Menschen, Weilheim [6]1974, 159.

[26] www.cicero.de/97.php?ress_id=&item=4559. Das Gespräch führte Constantin Magnis.

[27] J. Lusseyran, Das wiedergefundene Licht, Gütersloh [8]1977, 69.

[28] P. Bubmann, Sound zwischen Himmel und Erde. Populäre christliche Musik, Stuttgart 1990, 80.

[29] Zit. nach: O. Betz, Arvo Pärt, in: Christ in der Gegenwart 1993, 374.

[30] M. Horkheimer, Die Sehnsucht nach dem ganz Anderen. Stundenbücher 97, Hamburg 1970, 71.

[31] Ich orientiere mich im Folgenden an einem Beitrag von I. Köhler, Jugend und Rock-Musik, in: Christ in der Gegenwart 1996, 341.

[32] O. Sigurdson, Songs of Desire. Über Popmusik und die Frage nach Gott, in: Concilium 1/2001, 25–33. An ihrem Beitrag orientiere ich mich im Folgenden.

[33] R. Fischer, 20 000 Meilen über dem Meer. Der Rapper Xavier Naidoo und sein „Gebet", in: Christ in der Gegenwart 1998, 340; vgl. K. Birner, Farbig. Soulig. Gläubig, in: Publik-Forum 12/2009, 37.

[34] M. Striet / R. Werden, „Tanz den Tanz auf dünnem Eis". Das Phänomen Herbert Grönemeyer; in: Herder Korrespondenz 5/2009, 251–255; hier: 254 f.

[35] Ebd., 254.

[36] Ebd., 255.

[37] B. Brecht, Neue Technik der Schauspielkunst, in: Gesammelte Werke in 8 Bänden. Bd. 3, Frankfurt/M. 1967, 355.

[38] H. D. Bastian, Verfremdung und Verkündigung, München 1967, 18.

[39] Vgl. E. Fischer-Lichte, Ästhetik des Performativen, Frankfurt 2004, bes. 42–57.

[40] Vgl. hierzu (z. T. wörtlich von mir zitiert) P. Otten, „Ich fühle mich gekränkt", in: Publik-Forum 9/2009, 42 f.

[41] R. Tilmann, Sozialer und religiöser Wandel, Düsseldorf 1972, 56–62; hier 59.

[42] Ich orientiere mich im Folgenden an: A. Kirchgässner, Die mächtigen Zeichen. Ursprünge, Formen und Gesetze des Kultes, Freiburg/Basel/Wien 1959, 326–335.

[43] Vgl. Der Große Duden. Etymologie, Mannheim 1963, 484.553.

[44] Christian Boltanski, zit. nach: F. Mennekes, Die neue Kunst in den Kirchen, in: Anzeiger für die Seelsorge 7/8–2002, 14–16; hier: 14.

[45] www.architektur-ideenjournal.de/x_relig_arch.htm.

[46] N. A. Salingaros, Architektur des 20. Jahrhunderts als Kult, zit. nach: www.umbau-verlag.com/Essays/NikosSalingaros.

[47] Karl Kardinal Lehmann, Die Welt im Spiegel der Kunst, in: R. Hoeps (Hg.), Religion aus Malerei? Kunst der Gegenwart als theologische Aufgabe, Paderborn 2005, 15–28; hier: 21.

5. Fundamente: Grunderfahrungen und Grundhaltungen

[1] R. M. Rilke und Marie von Thurn und Taxis, Briefwechsel. Bd. 1, Zürich 1951, 436.

[2] J. Dingeon, Le grain de Sénevé, Paris 1956, zit. nach W. Kettler / A. Becker, Gebet, in: F. Betz u. a. (Hg.), Religiöse Elemente in der Vorschulerziehung, München 1973, 206.

[3] K. Rahner, zit. nach J. Röser, Das Schweigen der Götter, in: Christ in der Gegenwart 25/2009, 279 (hier ohne Quellenangabe).

[4] M. Montessori, Kinder sind anders, Stuttgart 1952, 172 f.

[5] G. Hoppe, Mit Kindern meditieren, München 1995, 6 f.

[6] R. Vaas, Im Tumult der Stille, in: Universitas 5 und 6/2009; zit. nach: J. Röser, Das Schweigen der Götter, in: Christ in der Gegenwart 25/2009, 279 (ohne genauere Quellenangabe).

[7] Platon, Theait. 155d.

[8] Platon, polit. 523b, vgl. Phaid. 97a.

[9] „Unendliche Variation", in: DIE ZEIT Nr. 1 (30. 12. 1999), 26.

[10] H. Halbfas, Das dritte Auge. Klappentext, Düsseldorf 1982.

[11] A. Portmann, Sinnvolle Lebensführung, Frankfurt 1964, 7 f.

[12] B. Uhde, Meditation. Überlegungen zu einer Typologie, in: A. Biesinger (Hg.), Meditation im Religionsunterricht, Düsseldorf 1981, 68–83; hier: 76.

[13] K. Tilmann, Staunen und Erfahren als Wege zu Gott, Einsiedeln/Zürich/Köln 1968, 19–22.

[14] K. Tilmann, Warum meditieren?, in: Meditation 1/1975, 3; zit nach: J. Sayer, Meditation und Identität, in: A. Biesinger (Hg.), Meditation im Religionsunterricht, Düsseldorf 1981, 84–105; hier: 99 (kursiv im Original).

[15] T. Moser, Von der Gottesvergiftung zu einem erträglichen Gott, Stuttgart 2003. Vgl.: Versunken im Blick der Mutter. Tilmann Moser im Gespräch mit Klaus Hofmeister; in: Gepflanzt am Wasser des Lebens – Kinder brauchen Religion. Publik-Forum Extra, Oberursel 2004, 3 f.

[16] D. Mieth, Meister Eckhart, Olten 1979, 39 f.

[17] Meister Eckhart, Die deutschen Werke I (hg. v. J. Quint), Stuttgart 1958, Tr. 11, 70.

[18] Meister Eckhart, Deutsche Predigten und Traktate (hg. v. J. Quint), München 1963, Predigt 10, „Quasi stella matutina".

[19] Meister Eckhart, Deutsche Predigten und Traktate (hg. v. J. Quint), München 1963, Predigt 26, „Nolite timere eos".

[20] Meister Eckhart, Die deutschen Werke V (hg. v. J. Quint), Stuttgart 1963, 201, 11 f.

[21] Jörg Zink im Gespräch mit Meinold Krauss, Stuttgart 1995, 119–132; zit. nach: Mystik – Die Glut Gottes erfahren. Publik-Forum Extra, Oberursel 1999, 15.

[22] E. Lorenz, Taten des Lichts – und Leiden. Goethes Religiosität in den persönlichen Schriften, in: Christ in der Gegenwart 1999, 245 f.

[23] A. Schöne, Goethes Farbentheologie, München 1987.

[24] R. Mausfeld, Goethes Konzeption von Naturwissenschaft am Beispiel seiner Farbenlehre. Ringvorlesung Universität Kiel: Philosophische Weltliteratur (18. 6. 2008); zit. nach: www.psychologie.uni-kiel.de/psychophysik/mausfeld/Goethes%20Konzeption%20von%20Naturwissenschaft.pdf. Die Goethe-Zitate sind hier nicht belegt.

[25] E. Lorenz, a. a. O., 246. Könnte vielleicht – das sei als reine Spekulation angemerkt – aus dieser Perspektive sich eine ganz andere Deutung der überlieferten letzten Worte Goethes ergeben – „Mehr Licht!"?

[26] R. Mausfeld, a. a. O.

[27] E. Lorenz, a. a. O., 246.

[28] Immanuel Kant, Reflexionen zur Metaphysik Nr. 4996, in: Kants handschriftlicher

Nachlass Bd. V (Berlin/Leipzig 1928), 55 (= Kants gesammelte Schriften, hg. von der Preußischen Akademie der Wissenschaften, Bd. XVIII).

[29] Zitiert nach: H. Dukas / B. Hoffmann (Hg.), Albert Einstein – The human side. New glimpses from his archives, Princeton 1979, 127; zit. nach: C. Liesenfeld, Gotteserfahrung in der Physik?, in: L. Wenzler (Hg.), Die Stimme in den Stimmen. Zum Wesen der Gotteserfahrung, Düsseldorf 1992, 94–115; hier: 110.

[30] A. Einstein, Mein Weltbild (hg. v. C. Selig), Berlin 1955, 10.

[31] Mitgeteilt in: B. Hoffmann / H. Dukas, Albert Einstein. Schöpfer und Rebell, Dietikon/Zürich 1974, 114.

[32] Cicero 12/2007, zit. nach: www.forum-grenzfragen.de/grenzfragen/open/webtodate/aktuelles/presse/53204299f809b5102.html.

[33] A. Calaprice, „Lieber Herr Einstein …". Kinderbriefe und Antworten, Campus; zit. nach: Frankfurter Rundschau. Magazin 21.4.2007, 6. In den letzten Jahren läuft im Deutschen Fernsehen auf zahlreichen Kanälen eine sehr erfolgreiche Sendung von Frank Elstner und Rangar Yogeshwar „Die große Show der Naturwunder". Aufwendig werden hier verwunderliche Naturphänomene einem breiten Publikum vorgestellt und erklärt.

[34] Bonaventura (1217–1274), Itinerarium mentis in Deum, I,15; zit. nach: H. Kessler, „Gott erwartet uns in den Dingen", in: Informationen für Religionslehrerinnen und Religionslehrer, Bistum Limburg 3/91, 10–14; hier: 12.

[35] Thomas von Aquin (1225–1274), Summa theologiae I,8,3.

[36] H. Kessler, „Gott erwartet uns in den Dingen", in: Informationen für Religionslehrerinnen und Religionslehrer, Bistum Limburg 3/91, 10–14; hier: 13.

[37] H. Lesch, Die Rätsel des Anfangs. Wie, um Himmels willen, hat das Universum begonnen?, in: zur debatte. Themen der Katholischen Akademie in Bayern 8/2005, 18–20; hier: 18.

[38] H. J. Schneider, „Erfahrung" in Wissenschaft und Alltag, in: Universitas 1/1987, 44–55; hier: 48.

[39] E. Kaeser, Naturwissenschaft ohne Natur, in: Tagesanzeiger für die Stadt Zürich. Tagesanzeigermagazin 17 (25.4.1987), 36–45; hier: 38.

[40] H. J. Schneider, „Erfahrung" in Wissenschaft und Alltag, in: Universitas 1/1987, 44–55; hier: 45; vgl. auch: H. Kasper, Die ganze Wirklichkeit. Grenzen moderner wissenschaftlicher Weltbetrachtung und ihre Überwindung, in: Religionsunterricht heute 3–4/1989, 1–19; D. Benner, Wissenschaft und Bildung. Überlegungen zu einem problematischen Verhältnis und zur Aufgabe einer bildenden Interpretation neuzeitlicher Wissenschaft, in: Zeitschrift für Pädagogik 1990, 597–620.

[41] H. J. Schneider, „Erfahrung" in Wissenschaft und Alltag, in: Universitas 1/1987, 44–55; hier: 49.

[42] Vgl. H.-F. Angel, Naturwissenschaft und Technik im Religionsunterricht, Frankfurt 1988; ders., Naturwissenschaft und Technik als Arbeitsbereich für die religionspädagogische Grundlagenforschung, in: Religionspädagogische Beiträge 1989, Heft 24, 176–190.

[43] Vgl. zum Folgenden: H.-J. Rennkamp, Tastendes An-Denken. Wissenschaft und Glaube; in: Christ in der Gegenwart 46/2002, 381 f.

[44] R. Luyken, Gott und die Welt. Bericht über einen Kongress in Oxford zwischen Naturwissenschaftlern und Theologen, in: DIE ZEIT 24/2007, 41.

[45] Ich habe mich hier orientiert an: B. Welte, Die Grenze als göttliches Geheimnis, in:

ders., Auf der Spur des Ewigen, Freiburg/Basel/Wien 1965, 62–73. Zitat: 68 (Hervorhebungen im Original).

[46] Aristoteles, Analytica posteriora B, 19; 100b, 4.

[47] Th. Luckmann, Die unsichtbare Religion. Frankfurt ^{2}1993, 82.

[48] Zit. nach: W. Heizmann, Wissen und Glauben im Horizont gegenwärtiger Fragestellungen, in: Institut für Religionspädagogik der Erzdiözese Freiburg. Juni 1991, 28. Dort ohne Quellenangabe.

[49] J. Lacroix, Le Sens de l'Athéisme moderne, Tournai/Paris 1959, 28.

[50] G. Marcel, Être et Avoir, Paris 1935, 196 f.

[51] P. Teilhard de Chardin, Mon Univers, Paris 1924, 9.

[52] N. Scholl, Mit anderen Augen schauen. Glaubenserfahrungen in den Alpen, Freiburg/CH 2001, 4 (leicht gekürzt).

[53] Confessiones X,6.

[54] P. Handke, Die Abwesenheit, Frankfurt 1987, 116 f.

[55] A. Daiker, Die Nase am Fenster des Glaubens; in: Bibel heute 161 (1/2005), 16.

[56] M. Buber, Die Erzählungen der Chassidim, Zürich 1949, 134 (von mir leicht geändert).

[57] Zit. nach: G. Wollmann, Tanzend Gott erfahren, in: Christ in der Gegenwart 1992, 397 f.; hier: 397.

[58] Ebd., 397.

[59] Zit. nach: G. Wollmann, Die Gnade tanzt, in: Christ in der Gegenwart 1991, 61.

[60] H.-M. Lander, Bewegung und Tanz – Rhythmus des Lebens, Mainz 1988, 6.

[61] A. Görres, Psychoanalyse, klassische und christliche Anthropologie; in: ders., Kennt die Psychologie den Menschen?, München ^{2}1986, 243–260; hier: 249.

[62] Zit. nach: Publik-Forum 17/1983, 18 f.

[63] Augustinus, Confessiones I,1.

[64] Nelly Sachs, Eli. Ein Mysterienspiel vom Leiden Israels; in: Nelly Sachs, Zeichen im Sand. Die Szenischen Dichtungen der Nelly Sachs. Frankfurt 1962, 82. Zum Thema Sehnsucht bei Nelly Sachs: Ch. Conterno, Die Sehnsucht der Liebenden im lyrischen Werk von Nelly Sachs, in: Universität Duisburg, Mauerschau 2/2009, 81–101.

[65] M. Frisch, Tagebuch 1966–1971, Frankfurt 1972, 10.

[66] DIE ZEIT 55/2009, 17.

[67] Vgl. D. M. Buss, Evolutionäre Psychologie (Pearson Studium), Zug/CH 2004.

[68] Vgl. N. Herrmann, Kreativität und Kompetenz. Das einmalige Gehirn, Fulda 1991.

[69] Vgl. M. Tomasello, Die kulturelle Entwicklung des menschlichen Denkens, Frankfurt 2002.

[70] G. Hasenhüttl, Glaube ohne Mythos. Bd. 1, Offenbarung: Jesus Christus, Gott. Schriften der Internationalen Paulusgesellschaft, Mainz 2001, ^{2}2001, 703.

[71] K. Hilpert, Art. „Gewissen. Theologisch-ethisch", in: LThK Bd. 4, ^{3}1995, 621.

[72] Thomas von Aquin, Summa Theologica I,79,12; I–II,51,l; I,84,4; I,101,l; I,2.

[73] A. Schopenhauer, Preisschrift über die Grundlage der Moral, in: Sämtliche Werke, Bd. IV, Wiesbaden 1950, 103–259, hier: 192.

[74] Immanuel Kant, Reflexionen zur Metaphysik Nr. 4996, in: Kants handschriftlicher Nachlass Bd. V (Berlin/Leipzig 1928), 55 (= Kants gesammelte Schriften, hg. von der Preußischen Akademie der Wissenschaften, Bd. XVIII).

[75] Immanuel Kant, Metaphysik der Sitten, Tugendlehre § 13 A, 35 ff.

[76] H. Marcuse, Das Veralten der Psychoanalyse, in: Kultur und Gesellschaft 2, Frankfurt [5]1968, 85–106.

[77] H. Kuhn, Begegnung mit dem Sein. Meditationen zur Metaphysik des Gewissens, Tübingen 1954, 29.

[78] H. Kühn, Gewissen zwischen Freiheit und Gesetz, in: Internationale katholische Zeitschrift 7/1978, 223 f.

[79] R. Spaemann, Moralische Grundbegriffe. Beck'sche Schwarze Reihe 256, München [3]1986, 75.

[80] Ebd., 54.

[81] Meister Eckhart, Die deutschen Werke II (hg. v. J. Quint), Stuttgart 1971, Predigt 32, 147.

[82] D. Hammarskjöld, Zeichen am Wege, München 2001, 102.

[83] H. Küng, Projekt Weltethos, München 1990; Tb-Ausgabe: Serie Piper 1659, München 1992.

[84] „Erfolg rechtfertigt gar nichts". Der Theologe Hans Küng über Lug und Trug in Management und Politik, den Geist der Fairness und seine Forderung nach einem globalen Ethos, in: DIE ZEIT Nr. 1 (4. 1. 2010), 24 f.

[85] „... von dem Willen geleitet, der Gerechtigkeit, dem Frieden und der Bewahrung der Schöpfung zu dienen, hat sich das Volk im Freistaat Sachsen dank der friedlichen Revolution des Oktober 1989 diese Verfassung gegeben" (Verfassung des Freistaates Sachsen vom 27. Mai 1992).

[86] M. Horkheimer, Die Sehnsucht nach dem ganz Anderen. Ein Interview mit Kommentar von H. Gumnior. Stundenbücher 97, Hamburg 1970.

[87] Ebd., 61.62.69.71.

[88] Ebd., 72.

[89] L. Wittgenstein, Tagebücher 1914–1916, in: Schriften. Bd. 1, Frankfurt 1960, 167.

6. Wege zur Mitte: Auf der Suche nach einem neuen Gottesbild

[1] R. Dawkins, Der Gotteswahn, Berlin 2008.

[2] A. Huxley, Ich sehe den zukünftigen Menschen; zit. nach: A. Görres, Die Gottestäuschung: Zu Tilmann Mosers Buch „Gottesvergiftung"; in: ders., Kennt die Psychologie den Menschen?, München [2]1986, 206–221; hier 215 (dort ohne weitere bibliographische Angaben).

[3] Vgl. Forsa-Umfrage 2000; Emnid-Umfrage für Reader's Digest 2005; Infratest-Umfrage dimap für „Die Welt" 2005; Religionsmonitor 2008.

[4] Das Beste – Reader's Digest 4/1999.

[5] Vgl. P. K. Kurz, Unsere Rede von Gott. Sprache und Religion, Münster 2003, 68 f.

[6] F. Ferrucci, Die Schöpfung. Das Leben Gottes von ihm selbst erzählt, München 1988, 218 f.

[7] Vgl. E. Zenger (Hg.), Stuttgarter Altes Testament. Einheitsübersetzung mit Kommentar und Lexikon, Stuttgart [3]2005, 103: „Philologisch ganz eng gefasst müsste man übersetzen: ‚Ich bin ich', wobei dem Verb eine präsentisch-futurische Bedeutung zukommt (etwas ich bin/werde sein, der ich bin/sein werde)." Ph. Stoellger, „Im Namen Gottes". Der Name als Figur des Dritten zwischen Metapher und Begriff, in: I. U. Dalfehrt/

Ph. Stoellger (Hg.), Gott nennenn, Gottes Namen und Gott als Name (Religion in Philosophy and Theology 35), Tübingen 2008, 270 (Hervorhebungen und runde Klammern im Original): „‚Ich bin da' als Paraphrase des Tetragramms ist kein (gar von einem Souverän beherrschter) Eigenname mehr, sondern eine *Ultrakurz-Erzählung*, eine Umschreibung des so Genannten [...] und eine Entfaltung der *Bedeutung* des Tetragramms: Ich war da, bin da und werde immer da sein."

[8] Bibel in gerechter Sprache, Gütersloh ²2006, 120.

[9] M. Buber / F. Rosenzweig, Die Fünf Bücher der Weisung, Berlin 1930, 177.

[10] E. Fromm, Die Kunst des Liebens (dtv 36102), München ¹⁰2002, 113.

[11] E. Fromm, Psychoanalyse und Religion, München ⁵1993, 102; vgl. M. Buber, Der Glaube der Propheten. Zürich 1950, 49; E. Zenger, Die Mitte der alttestamentlichen Glaubensgeschichte, in: Katechetische Blätter 101 (1976), 3–16, bes. 7.

[12] E. Zenger, Die Mitte der alttestamentlichen Glaubensgeschichte, in: Katechetische Blätter 1976, 3–16; hier: 7.

[13] J. Werbick, Bilder sind Wege. Eine Gotteslehre, München 1992.

[14] Ebd., 64.

[15] K. Rahner, Angst und christliches Vertrauen in theologischer Perspektive, in: ders., Schriften zur Theologie. Bd. 15, Zürich/Einsiedeln/Köln 1983, 267–279; hier: 272.

[16] H. Häring, Zur Aktualität der Negativen Theologie; in: Concilium 37/2001, 123–133; hier: 126.

[17] P. K. Kurz, „Weil Gott nötig ist". Zur Gottesfrage in Hartmut Langes Roman „Die Selbstverbrennung", in: Orientierung 1983, 93.

[18] Meister Eckhart, Die deutschen Werke V (hg. v. J. Quint), Stuttgart 1963, 205, 21.

[19] Ebd., 18f.

[20] Johann Wolfgang von Goethe, Faust. Der Tragödie erster Teil. In Marthens Garten. 3432–3458.

[21] Publik-Forum 24/2007, 42 (Dossier).

[22] E. Fromm, Psychoanalyse und Religion, München ⁵1993, 86f.

[23] H. Okano, Christliche Theologie im japanischen Kontext (Theologie interkulturell, Bd. 13), Frankfurt 2001.

[24] J. Estermann, Andine Philosophie. Eine interkulturelle Studie zur autochthonen andinen Weisheit, Frankfurt 1999, 128.

[25] Ebd., 292.

[26] Ebd., 293.

[27] K. Reich, Das Reale und das Religiöse in Pragmatismus und Konstruktivismus, in: H.-G. Ziebertz / G. R. Schmidt (Hg.), Religion in der Allgemeinen Pädagogik. Von der Religion als Grundlegung bis zu ihrer Bestreitung, Freiburg/Gütersloh 2006, 163–190; hier: 179.

[28] Zit. nach: J. Jäger-Sommer, Gibt es „das" christliche Gottesbild? Vom Streit um den wahren Gottesnamen, von Schwierigkeiten mit traditionellen Bildern und von Neu-Entdeckungen, in: Orientierung 18/2007, 191–195; hier: 194. Zu den Quellen schreibt die Autorin: „Dieses wie alle im Folgenden nicht ausgewiesenen Zitate von Bischöfin Bärbel Wartenberg-Potter, Bischof Joachim Wanke [...] und Hanna Strack stammen aus mündlichen Interviews, die ich im Mai und Juni dieses Jahres mit ihnen geführt habe."

[29] Ebd., 194.

[30] Ebd.

[31] Vgl. R. Junker / S. Schwerer, Evolution. Ein kritisches Lehrbuch. Gießen [6]2006.

[32] R. Dawkins, Der Gotteswahn, Berlin [2]2007.

[33] http://www.kahl-marburg.privat.t-online.de/Kahl_LF_Dawkins.pdf.

[34] Ich orientiere mich im Folgenden an einem Beitrag von H.-H. Peitz, Von Gott als Schöpfer reden, in: Herder Korrespondenz 2010, 34–38.

[35] Ch. Kummer, Der Fall Darwin. Evolutionstheorie contra Schöpfungsglaube, Düsseldorf 2009.

[36] Ebd., 260–262.

[37] Ebd., 243.

[38] Ebd., 179f.268.

[39] Ebd., 177. Zum aristotelischen Begriff der Substanz: W. Stegmaier, Substanz. Grundbegriff der Metaphysik [Problemata 63], Stuttgart-Bad Cannstatt 1977.

[40] H. Kessler, Evolution und Schöpfung in neuer Sicht, Kevelaer 2009.

[41] Ebd., 126.

[42] Ebd., 126f.

[43] Ebd., 127.

[44] Ebd., 129f. (kursiv im Original).

[45] Apg 17,28. Die hymnisch klingende Formulierung „In ihm leben wir, bewegen wir uns und sind wir“ lässt sich in der Dreier-Form „leben – bewegen – sein“ bis heute in den Schriften der griechischen Philosophen nicht belegen. Es finden sich immer nur zwei von ihnen. Ursprünglich könnte die Dreier-Form auf Platon († 347 v.Chr.) zurückgehen. In jedem Fall waren die Gedanken der zeitgenössischen volkstümlichen Philosophie durchaus geläufig. „Nahe ist dir Gott, mit dir ist er, ja in dir. Darum sollst du ihn in deinem eigenen Inneren verehren.“ So lehrt Seneca († 65 n.Chr., zit. nach: G. Stählin, Die Apostelgeschichte [NTD 5], Göttingen [11]1966, 235 – dort leider ohne Quellenangabe). Ähnliche Gedanken finden sich in der christlichen Mystik, vor allem bei Meister Eckhart (1260–1328): „Jegliche Kreatur ist Gottes voll. [...] Wenn sich Gott einen Augenblick von allen Kreaturen abkehrte, so würden sie zunichte“ (Die deutschen Werke I [hg. v. J. Quint], Stuttgart 1958, Tr. 11, 70). Das Leben Gottes entfaltet sich in den Dingen. Wer die Geschöpfe kennt, braucht keine Predigt, denn jedes Geschöpf ist ein von Gott beschriebenes Buch (ebd., Pr. 1, 156). Die Dinge „schmecken“ nach Gott. „Alle Dinge“ sind für Eckhart „reiner Gott“ (ebd., 201, 11). Es liegt nur am Menschen, dieses Geheimnis der Dinge zu entdecken und ihm gemäß zu leben.

[46] H. Kessler, a.a.O., 162.

[47] Ich orientiere mich hier – teilweise wörtlich – an: A. Haas SJ, Schöpfungslehre als „Physik“ und „Metaphysik“ des Einen und Vielen bei Teilhard de Chardin, nach der Schrift „Comment je vois“; in: Scholastik 39, Frankfurt 1964, 321–342.510–527.

[48] B. de Spinoza, Ethica ordine geometrico demonstrata, Amsterdam 1677. II. Buch, Lehrsatz 7.

[49] Vgl. hierzu den Artikel „Panentheismus“ in Wikipedia (http://de.wikipedia.org/wiki/Panentheismus).

[50] K. Müller, Streit um Gott. Politik, Poesie und Philosophie im Ringen um das wahre Gottesbild, Regensburg 2006.

[51] K. Müller, Geschichte der Gotteskrise, in: Christ in der Gegenwart 2010, 86.

[52] K. Müller, Vom Dogma zur Poesie: das neue Gott-Denken, in: Christ in der Gegenwart 2010, 121f. Müller weist darauf hin, dass auch große Gottdenker wie Karl Rahner

oder Alfred Delp immer wieder in den Bannkreis einer solchen panentheistischen Denkform gerieten. Und vor ihnen waren es schon Nikolaus von Kues und Meister Eckhart. Vgl. auch: K. Müller, Streit um Gott. Politik, Poesie und Philosophie im Ringen um das wahre Gottesbild, Regensburg 2006.

[53] K. Müller, Vom nötigen Ärgernis der Wahrheit, oder: Warum religiöser Relativismus inhuman ist, in: zur debatte. Themen der Katholischen Akademie in Bayern 1/2010, 26–28; hier: 27.

[54] E. Heitsch, Xenophanes. Die Fragmente, München/Zürich 1983, 43 (F. 15); zit. nach: A. Benk, Gott ist nicht gut und nicht gerecht. Zum Gottesbild der Gegenwart, Düsseldorf 2008, 24.

[55] E. Heitsch, Xenophanes, a.a.O., 175 (Benk, a.a.O., 24f.).

[56] Dionysius Areopagita, Die Namen Gottes; zit. nach: A. Benk, Gott ist nicht gut und nicht gerecht. Zum Gottesbild der Gegenwart, Düsseldorf 2008, 45.

[57] J. Hochstaff, Negative Theologie. Ein Versuch zur Vermittlung des patristischen Begriffs, München 1976, 154; zit. nach: A. Benk, Gott ist nicht gut und nicht gerecht. Zum Gottesbild der Gegenwart, Düsseldorf 2008, 58f.

[58] H. Denzinger, Enchiridion symbolorum, definitionum et declarationum de rebus fidei et morum. Kompendium der Glaubensbekenntnisse und kirchlichen Lehrentscheidungen. Lateinisch-deutsch, übers. und hg. von P. Hünermann, Freiburg [37]1991, Nr. 806.

[59] H.-J. Höhn, Ferne Nähe. Plädoyer für eine „theologia negativa“, in: Publik-Forum 16/2009, 33f.; vgl. auch: ders., Der fremde Gott. Glaube in postsäkularer Kultur, Würzburg 2009.

[60] Meister Eckhart. Deutsche Predigten und Traktate. Hg. u. übersetzt von J. Quint, München o.J., 30; dort auch Angabe der Fundstellen bei Eckhart.

[61] H.-J. Höhn, Ferne Nähe. Plädoyer für eine „theologia negativa“, in: Publik-Forum 16/2009, 33.

[62] Ebd., 34.

Ausblick

[1] Blaise Pascal, Über die Religion und über andere Gegenstände (Pensées), Heidelberg 1954, Fr. 434.